"十二五"高职高专会计专业规划教材

审计基础

SHENJI JICHU

龙 霞◎主 编
潘三毛 刘义秀◎副主编
姚云霞◎主 审

中国经济出版社
CHINA ECONOMIC PUBLISHING HOUSE
·北京·

图书在版编目(CIP)数据

审计基础 / 龙霞主编.

北京:中国经济出版社,2015.2(2020.5重印)

“十二五”高职高专会计专业规划教材

ISBN 978-7-5136-3685-8

Ⅰ.①审… Ⅱ.①龙… Ⅲ.①审计学—高等职业教育—教材 Ⅳ.①F239.0

中国版本图书馆CIP数据核字(2015)第018271号

责任编辑 焦晓云

责任审读 贺 静

责任印制 马小宾

封面设计 任燕飞装帧设计工作室

出版发行 中国经济出版社

印 刷 者 北京建宏印刷有限公司

经 销 者 各地新华书店

开 本 787mm×1092mm 1/16

印 张 16.25

字 数 353千字

版 次 2015年2月第1版

印 次 2020年5月第5次

定 价 35.00元

广告经营许可证 京西工商广字第8179号

中国经济出版社 **网址** www.economyph.com **社址** 北京市东城区安定门外大街58号 **邮编** 100011

本版图书如存在印装质量问题，请与本社销售中心联系调换（联系电话：010-57512564）

前言

审计基础是高等职业教育财务会计类专业教学难度较大的一门课程。从事该课程教学的大部分老师都深有体会：教材理论内容比较抽象，涉及大量的概念、原理与方法，学生理解难度比较大；教材涵盖知识面广，需要学生具备扎实的财务和管理等专业知识；课程实践操作性强，需要教师具有较强的实践能力，这些因素严重影响了这门课程的教学效果。为满足审计教学的需要，我们在总结多年教学经验和教训的基础上，编写了这本教材，力争适合高等职业教育教学需要，使学生易学、老师易教。

具体来说，本教材具有以下特点：

(1)贯彻高等职业院校专业教学标准的新要求。教育部2012年发布《高等职业学校专业教学标准(试行)：财经大类、文化教育大类》，力推“边学边练”“理实一体”“学做合一”的教学理念。本教材在编写过程中充分考虑了新标准、新理念的要求，在知识目标、能力目标、引导案例、教学内容、章节练习等方面做了精心的编排。

(2)反映了相关法规的最新变化。本教材在内容上反映了2012年开始实施的新《中国注册会计师执业准则》、2014年开始实施的新《中国内部审计准则》、2013年在全国范围内实施的营业税改征增值税政策。

(3)符合教育规律。本教材选择基本的审计理论和审计方法作为教学内容，始终站在学生立场上，按照知识获取和能力的形成过程，由浅入深，循序渐进，以切实提升学生自身素质，全面培养学生的职业能力。

(4)提供教学配套PPT课件及习题参考答案。

本教材由安徽财贸职业学院龙霞(注册会计师)担任主编，安徽财贸职业学院潘三毛(会计师)和安徽省农业科学院刘义秀(副研究员、高级会计师、注册会计师、注册税务师)担任副主编，安徽财贸职业学院姚云霞(纳税筹划师)担任主审。具体分工如下：第一章、第八章由龙霞编写，第二章、第三章和第十章由安徽财贸职业学院胡海燕编写；第四章由安徽财贸职业学院耿泽涵编写；第五章、第九章和第十二章由安徽财贸职业学院刘洁编写；第六章、第七章和第十一章由潘三毛编写；第十三章由刘义秀和龙霞共同编写。

在本教材编写过程中，我们还得到了许多同行和专家的大力支持和帮助。感谢安徽财贸职业学院刘中爱、谢梅花、孙敬平、葛瑶和杨伟等同志，他们在多年的教学工作中积累了丰富的实践教学资料，为审计教学提供了大量的素材；感谢安徽财贸职业学院张露和章银平两位同志参与教材的校对工作；还要特别感谢安徽财苑会计师事务所所长、注册会计师赵成龙和安徽省正度税务师事务所所长、高级会计师韩红的无私指导和帮助。

由于编者水平有限，教材中疏漏与不足之处在所难免，恳请广大读者批评指正。如需索取课件，或提出您的意见和建议，请发邮件至：jiaoxiaoyun@126.com。

编　者

2015 年 1 月

目录

第一章　审计概论

知识目标

了解审计产生和发展的过程及动因；掌握审计的含义及属性，理解审计的对象和职能；掌握审计的基本分类，了解审计的其他分类；掌握社会审计的业务范围。

能力目标

能确定审计关系中的审计主体、审计客体和审计委托人；会确定具体的审计类型；能分清注册会计师审计业务与其他业务的区别。

引导案例

在日常生活中，很多人认为审计就是查账。真的是这样吗？

事例一：当你在超市选购商品时，促销员会先了解清楚你要买的是什么，然后不断地向你介绍相关信息，目的只有一个——让你觉得商品定价合适、物有所值，最终购买商品。有些人对促销员的推介行为比较反感，甚至对其所介绍的信息表示怀疑。在难以决定是否购买时，如果有一个相对公正的第三方介入，表示促销员披露的信息是真实的，你可能会较快做出购买决定。

事例二：安徽华泰股份有限公司向徽商银行提出贷款申请。徽商银行要求该公司提供相关信息，如公司历史沿革、行业及产品分析、商业模式介绍、财务状况、资金预算及公司前景等方面信息，以做出合理的风险评估。安徽华泰股份有限公司按要求提供了相关的资料，但银行还需要第三方对该公司所提供资料的鉴证文件，以判断这些资料的可信度。

事例三：谢某担任某县县长一职已经五年，刚刚收到调令去另一地区任职。在其离任前，需要对其任职以来的经济责任进行判断，因此有关部门委托审计部门对其任职期间的相关经济责任进行了调查，并出具了相关报告。

思考：什么是审计？审计的基本职能是什么？审计可以分为哪几类？

以上事例反映了审计的一些基本概念，本章将对相关内容进行详细阐述。

第一节　审计的产生与发展

一、审计产生与发展的基础

一般认为，审计是因经济监督需要而产生的，社会经济环境决定了审计的产生与发展。当社会经济发展到一定程度，经济组织规模逐渐扩大，经济活动越来越复杂，财产所有者无法直接管理和经营其所拥有的财富时，就有必要委托他人代为经营和管理，财产所有权和经营管理权发生分离,这样就形成了受托责任关系。财产所有者为了保护其财产的安全、完整并使其有所增值,同时也为了监督经营管理者的经济行为和受托责任的履行情况,有必要授权或委托专门的机构和人员代替自己进行监督检查,由此就产生了审计。

审计工作涉及三方关系人:第一关系人,即审计主体(审计机构或人员),他们根据审计委托者的委托对被审计单位的财务收支状况及有关人员履行受托经济责任情况进行验证、审查,并提出审查报告;第二关系人,即被审计单位,它们对审计委托者承担的委托经济责任须经审计机构或人员验证审查后才能确定或解除;第三关系人,即审计委托者,被审计单位对他们承担某种受托经济责任,它们之间存在一定的权责关系。审计三方关系如图 1－1 所示。

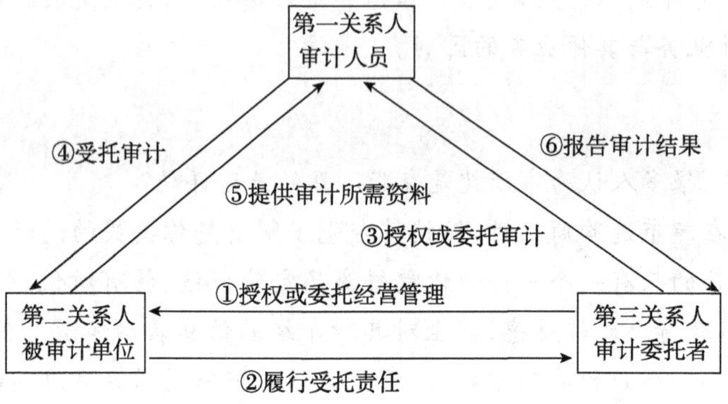

图 1－1　审计三方关系

二、我国审计的产生与发展

我国审计的产生与发展经历了一个漫长的过程。

西周初期,我国审计就进入了萌芽阶段。根据《周礼》记载,周朝奴隶主政权设有“宰夫”一职。“宰夫”虽不掌管财物收支,但有权对负责会计的“司会”和负责财政的“小宰”所掌管的账目进行审查。宰夫标志着我国政府审计的产生。

秦汉时期是我国审计的确立阶段,其标志是“上计”制度的建立和日趋完善。所谓“上计”制度,就是皇帝亲自听取和审核各级地方官吏的财政会计报告,以确定赏罚的制度。秦还设御史大夫,掌管国家政治经济监察大权,控制和监督财政收支活动,三十六郡设监察御史,形成全国性的监察系统。汉承秦制,仍由御史大夫掌管审计监督大权。

隋唐宋时代是我国封建社会的鼎盛时期,在这一时期,审计在制度方面日臻健全。隋唐时期,在刑部之下设比部,与司法监督并列,是审计工作走向专业化、独立化和司法化的开始。比部是我国最早的独立于财政机关之外的审计监督机关。宋朝时期设立审计院,“审计”在我国正式命名,从此“审计”一词便成为财政监督的专用名词。

元明清三代封建经济渐趋衰败,君主专制日益强化,与此相适应,国家审计也逐步衰退,专门的审计机构被撤销,户部自己行使“审计”权力,审计监督流于形式。这一时期审计停滞不前。

辛亥革命以后，中华民国于1912年在国务院下设审计处。1914年，北洋政府将审计处改为审计院，同年颁布了《审计法》，这是我国历史上第一部审计法典。1928年，国民政府成立审计院（后改为审计部，隶属“监察院”），并引进西方的审计制度，形成了比较完整的国家审计体系。与此同时，我国资本主义工商业有所发展，民间审计（注册会计师审计）应运而生。1918年，北洋政府颁布了我国第一部注册会计师法规——《注册会计师章程》，著名会计学家谢霖成为我国第一位注册会计师。谢霖在北京创办了我国第一家会计师事务所——正则会计师事务所。随后，一些大城市相继成立了会计师事务所，民间审计得到了发展。但在半封建半殖民地的旧中国，因政治动荡、经济发展缓慢，审计的发展也受到了制约。

中华人民共和国成立以后，我国没有设置独立的审计机构，对财税的监督主要是通过不定期的财务大检查进行的。20世纪80年代，为适应改革开放和经济建设的需要，我国全面开展审计工作，于1980年恢复和重建了注册会计师制度。1981年“上海会计师事务所”成立。1988年，中国注册会计师协会成立。1993年10月，国务院颁布了《中华人民共和国注册会计师法》，标志着我国社会审计步入了法制轨道。根据《中华人民共和国注册会计师法》，中国注册会计师协会于1996年1月1日颁布并实施了《中国独立审计准则》，有力地促进了社会审计的发展。2006年2月15日，财政部发布了48项《中国注册会计师执业准则》，构成了一个完整的框架体系，标志着我国与国际惯例趋同的注册会计师执业准则体系正式建立。2010年11月，新准则又对其中38项审计准则进行了修订，并于2012年1月1日起实施，保持了与国际准则持续、全面的国际趋同。

我国把设立政府审计机构、实行审计监督载入1982年修改的《中华人民共和国宪法》。1983年，我国成立了政府审计最高机关——审计署，在地方设置各级审计机关。1995年1月1日，我国正式实施《中华人民共和国审计法》，在法律上确定了政府审计的地位。2006年2月，全国人大常委会审议通过修订《中华人民共和国审计法》，自2006年6月1日起施行，从法律上进一步确定了政府审计的地位。政府审计逐步走上了法制化、制度化、规范化的轨道。

为加强组织内部的经济监督和管理，我国于1984年在各组织内部建立审计机构，实行内部审计监督制度。1985年、1995年和2003年先后几次发布《审计署关于内部审计工作的规定》。中国内部审计协会于2003年发布了《内部审计准则》，之后不断修订完善，至2011年初步形成了内部审计准则体系，包括内部审计基本准则、内部审计人员职业道德规范、29个具体准则和5个实务指南。近年来，随着我国社会经济的发展，内部审计也迎来了新的发展机遇和挑战。为了更好地发挥内部审计准则规范内部审计行为、提升内容部审计质量的作用，中国内部审计协会于2012年开始，对原准则进行了全面、系统的修订，新准则于2013年8月20日以公告形式发布，2014年1月1日起施行。修订后的准则体系由内部审计基本准则、内部审计人员职业道德规范、20个具体准则和5个实务指南构成。

至此，我国形成了国家会计、内部审计和社会审计三位一体的审计监督体系。审计监督体系的构建和完善，对我国市场经济体制的有序运行乃至整个社会的良性发展都起到了积极的促进作用。

从审计的产生与发展历程中我们可以看到,审计的产生和发展与经济环境密切相关,经济越发展,审计越重要。

小思考▶▶▶

目前,我国有哪些大型的会计师事务所?国际上又有哪些大型的会计师事务所?

第二节　审计的基本概念

一、审计的概念与属性

(一)审计的概念

审计是由独立的、专业的机构和人员接受委托或根据授权,依法对被审计单位的财务报表和其他资料及其所反映的经济活动的真实性、合法性、效益性进行审查并提出结论的一种监督、鉴证和评价活动。

(二)审计的属性

1. 独立性

独立性是审计的灵魂,是保证审计工作顺利进行的必要条件。在审计过程中,独立性表现在以下三个方面:

(1)机构独立。为确保审计机构独立地行使审计监督权,对审查的事项做出客观公正的评价和鉴证,充分发挥审计的监督作用,审计机构应当独立于被审计单位之外。《中华人民共和国审计法》第五条规定:"审计机关依法独立行使审计监督权,不受其他行政机关、社会团体和个人的干涉。"

(2)人员独立。审计人员执行审计业务,必须恪守独立、客观、公正的原则,按照审计范围、审计标准和审计程序进行独立思考,做出公允、合理的评价,不受任何部门、单位和个人的干涉。美国注册会计师协会指出体现"人员独立"属性的三个方面:一是审计人员的自主性,即不受委托人的任何影响;二是精神上的独立性,即审计人员必须公正无私、没有任何偏见;三是审计人员地位的独立性,这种独立性应得到公认,为社会所接受。

(3)经济独立。审计机构或组织从事审计业务活动,必须要有一定的经济收入和经费来源,以保证其生存和发展。经济独立是指审计机构或组织的经济来源应有一定的法律和法规做保证,不受被审计单位的制约。《中华人民共和国审计法》第十一条规定:"审计机关履行职责所必需的经费,应当列入财政预算,由本级人民政府予以保证。"

正因为审计具有独立性,才会得到社会的认可,才能保证审计人员依法进行的经济监督活动客观且公正,审计人员提供的证实财务状况和经营成果的信息才更有价值,才能对被审计单位确定或解除受托经济责任,更好地发挥审计的监督作用。审计的独立性是保证审计结论客观、公正的前提和基础。

2. 权威性

审计的独立性决定了审计的权威性。审计人员在机构、人员、经济关系上的独立，保证了审计结论的公正，这就为审计的权威性奠定了基础。

为有效保障审计组织独立地行使审计监督权，我国的《宪法》《审计法》《注册会计师法》等法律对实行审计制度、各类审计组织的设立与职权范围、审计人员依法执行业务等都做出了明确的规定，这也从法律上保证了审计的权威性。

二、审计的对象与职能

（一）审计的对象

审计的对象是指审计的客体。通常把审计的对象高度概括为被审计单位的经济活动。具体地说，它包括以下两方面内容：

1. 被审计单位的财务收支及与其有关的经营管理活动

不论是传统审计还是现代审计，不论是政府审计还是民间审计、内部审计，都要求以被审计单位客观存在的财务收支及与其有关的经营管理活动为审计对象，对其是否真实、合法及其效益情况进行审查和评价，以便对其所负受托经济责任是否认真履行进行确定、证明和监督。根据我国《宪法》的规定，政府审计的对象为国务院各部门和地方各级政府的财政收支、国家财政金融机构和企业、事业组织的财务收支；内部审计的对象为本部门、本单位的财务收支及与其有关的经济活动；民间审计的对象为委托人指定的被审计单位的财务收支及与其有关的经营管理活动。

2. 被审计单位的各种作为提供财务收支及与其有关经营管理活动信息载体的会计资料和其他资料

审计对象主要包括记载和反映被审计单位财务收支、作为会计信息载体的会计凭证、账簿、报表等会计资料，以及有关计划、预算、经济合同等其他资料；提供被审计单位的经营管理活动信息的载体。除上述会计资料、计划统计等资料以外，审计对象还包括经营目标、预测、决策方案、经济活动分析资料、技术资料等其他资料，以及电子计算机的磁盘、光盘等会计信息载体。

综上所述，审计对象是指被审计单位的财务收支及与其有关的经营活动，以及作为提供这些经济活动信息载体的会计资料和其他有关资料。会计资料和其他有关资料是审计对象的现象，其所反映的被审计单位的财务收支及与其有关的经营管理活动是审计对象的本质。

（二）审计的职能

审计的职能是指审计能够完成任务、发挥作用的内在功能。审计的职能是审计自身固有的，但并不是一成不变的，它随着社会经济的发展、经济关系的变化、审计对象的扩大、人类认识能力的提高而不断深化和扩展。

1. 经济监督

监督是指监察和督促。经济监督是审计的基本职能，是指审计人员通过对被审计单位会计信息的审核检查,判断被审计单位的经济活动是否符合既定的标准,对违反标准的经济行为予以揭露并提出纠正措施,或提出处罚意见。

2. 经济鉴证

鉴证是指鉴定和证明。经济鉴证是指通过对被审计单位的会计报表及有关经济资料所反映的财务收支和有关经济活动的公允性、合法性的审核检查,确定其可信赖程度,并做出书面证明,以取得审计委托人或其他有关方面的信任。鉴证职能是在传统审计职能的基础上扩展而来的。

3. 经济评价

评价是指肯定成绩、指出不足。经济评价是指通过审核检查,评定被审计单位的计划、决策等是否科学可行,经济活动是否按照既定的决策和目标进行,经济效益的高低优劣,以及内部控制制度是否健全、有效等,从而提出有针对性的意见和建议,以促使被审计单位改善经营管理、提高经济效益。评价职能也是在传统审计职能的基础上扩展而来的。

第三节　审计的种类

一、按照审计的主体进行分类

1. 政府审计

政府审计是指由政府审计机关执行的审计。在我国,政府审计机关包括审计署和地方审计机关。政府审计主要是依法对国务院各部门和地方各级人民政府及其各部门、国有金融机构、国有企事业单位以及其他有国有资产的单位的财政财务收支进行审计监督。

2. 内部审计

内部审计是指由本部门或本单位内部设立的审计机构或专门人员实施的审计。部门内部审计是由政府各部门的审计机构或专职审计人员对本部门及所属单位的财政财务收支及经济活动所进行的审计监督。单位内部审计是企事业单位内部设置的审计机构或专职的审计人员对本单位的财务收支及经济活动进行的审计。

3. 社会审计

社会审计是指由经有关部门审核批准成立的会计师事务所实施的审计。它是一种委托审计,审计的内容和目的取决于委托人的要求。会计师事务所接受政府审计机关、国家行政机关、企事业单位和个人的委托,依法对被审计单位的财务收支及其经济效益承办审计鉴证、经济案件鉴定、注册资本验证和年检、管理咨询服务等项业务。社会审计是商品经济发展的产物,是财产所有权与经营权相分离的必然结果。随着我国社会主义市场经济体制的完善,社会审计将在整个审计监督体系中占据日益重要的地位。在以后的章节中,我们会具体介绍社会审计。

政府审计、内部审计与社会审计三者的主要区别如表1-1所示。

表 1－1 政府审计、内部审计与民间审计的主要区别

审计类型	审计目标	审计标准	独立性
政府审计	对单位的财政收支或财务收支的真实性、合法性和效益性进行审计	依据《中华人民共和国审计法》和《中华人民共和国国家审计准则》	独立性较弱（单向独立）
内部审计	根据规定对组织内部的经营活动及内部控制的适当性、合法性和有效性进行审计	依据《中国内部审计准则》	独立性较弱（单向独立）
社会审计	受托对被审计单位财务报表的合法性和公允性进行审计	依据《中华人民共和国注册会计师法》和《中国注册会计师执业准则》	独立性较强（双向独立）

二、按照审计的内容和目的分类

1. 财政财务审计

财政财务审计也称传统审计，由财政审计和财务审计组成。财政审计是国家审计机关对各级财政资金及预算外资金的管理和使用情况的真实性、合法性进行的审计。财务审计是审计单位对被审计单位的财务收支情况的真实性和合法性所进行的审计。财务审计又可分为两大类：一是审计单位对国有金融机构、企事业单位及其他与财政机关有关的单位的财务收支活动的审计；二是审计单位对外商投资企业、股份制企业及其他企业的财务报表所陈述的财务状况、经营成果和现金流量等重大方面的真实性、合法性所进行的审计。

2. 财经法纪审计

财经法纪审计是指政府审计机关对被审计单位严重违反财经法纪而损害国家利益的行为所进行的专项审计。其目的是与经济活动中的贪污、行贿受贿等有损国家和集体利益的行为做斗争，保证国家经济方面的法律、法规、规章和制度的贯彻落实。财经法纪审计的特点是根据检举或已发现的问题，对有关单位或人员进行立案审查。

3. 经济效益审计

经济效益审计是指以改善经营管理、提高经济效益为目的，对诸多影响被审计单位经济效益的因素所进行的审查、分析和评价活动。经济效益审计的内容不仅包括被审计单位的各项财政财务收支活动，还包括其组织结构、内部管理制度、生产作业流程和管理业绩等一系列影响被审计单位经济效益的因素，因此可以说经济效益审计是传统审计即财政财务审计的发展。

三、审计的其他分类

（1）按对象范围划分，可以分为全部审计、局部审计和专项审计。

（2）按实施时间划分，可以分为事前审计、事中审计和事后审计。

（3）按执行地点划分，可以分为报送审计和就地审计。

（4）按审计主体与被审计单位的关系划分，可以分为外部审计和内部审计。

（5）按审计技术和方法划分，可以分为账表导向审计、系统导向审计和风险导向审计。

账表导向审计是围绕会计账簿、会计报表的编制过程进行的，通过对账表上的数据进行详细检查来判断是否存在舞弊行为和技术性错误。账表导向审计是审计技术和方法发展的第一阶段。

系统导向审计建立在对内部控制系统评价的基础上，当测试控制结果表明内部控制系统可以信赖时，在实质性测试阶段只抽取少量样本就可以得出审计结论；当测试控制结果表明内部控制系统不可靠时，才根据内部控制的具体情况扩大审查范围。系统导向审计是财务审计发展的高一级阶段。

风险导向审计产生于20世纪90年代后期，它以战略观和系统观为指导思想，以被审计单位的战略经营风险为导向，以风险的识别、评估和应对程序为中心，侧重评估财务报表重大错报风险的审计模式，是审计技术和方法发展的最新阶段。

第四节　审计组织与审计人员

一、国家审计机关与人员

（一）我国国家审计机关的设置

根据我国《宪法》和《审计法》的规定，我国的国家审计机关分为国务院和地方两级，坚持统一领导、分级负责的原则。国务院设立审计署，在国务院总理的领导下，主管全国的审计工作，对国务院负责并报告工作。审计署设审计长一人，副审计长若干人。审计长由总理提名，全国人民代表大会决定，国家主席任命；副审计长由国务院任命。

审计机关根据工作需要，可以在重点地区、部门设立派出机构，进行审计监督。审计署向重点地区、城市和计划单列市派出的代表人员，在该地区和城市组成审计特派员办事处，代表审计署执行审计业务，解决某些地方审计局难以解决的审计项目。

审计机关还可按工作内容和范围分设财政、金融、外贸外资、农林水基本建设、科教文卫等职能部门，开展对行政机关、企业、事业、团体、军队等的专业性审计工作。另外，审计机关还可以设置科研培训机构，开展审计科学研究并培训审计人员。

县以上各级人民政府设立的审计局（厅）分别在该级行政长官和上一级审计机关的领导下，负责本行政区的审计工作。地方审计机关实际上处于本级政府和上一级审计机关的双重领导下。

（二）我国国家审计机关的职责

根据我国《审计法》和《审计法实施条例》的规定，我国国家审计机关的主要职责是对本级人民政府各部门、下级人民政府、国家金融机关、国有企事业单位及其他国有资产单位的财政财务收支的真实性和合法性以及经济效益状况进行监督。主要包括：

（1）审计机关对本级各部门和下级政府的预算执行情况和决算以及其他财政财务收支情况进行审计监督。

(2)审计署在国务院总理的领导下,对中央预算执行情况和决算以及其他财政财务收支情况进行审计监督,向国务院总理提出审计结果报告。

(3)审计署对中央银行的财务收支进行审计监督。

(4)审计机关对国家的事业组织以及使用财政资金的其他事业组织的财务收支进行审计监督。

(5)审计机关对政府投资和以政府投资为主的建设项目的预算执行情况和决算进行审计监督。

(6)审计机关对政府部门管理的和其他单位受政府委托管理的社会保障基金、社会捐赠资金以及其他有关基金、资金的财务收支进行审计监督。

(7)审计机关对国际组织和外国政府援助、贷款项目的财务收支进行审计监督。

(8)审计机关按照国家有关规定,对国家机关和依法属于审计机关监督对象的其他单位的主要负责人,在任职期间由本地区、本部门或者本单位的财政收支、财务收支以及有关经济活动应负经济责任的履行情况,进行审计监督。

(9)审计机关有权对与国家财政收支有关的特定事项,向有关地方、部门、单位进行专项审计调查,并向本级人民政府和上一级审计机关报告审计调查结果。

(10)审计机关根据被审计单位的财政、财务隶属关系或者国有资产监督管理关系,确定审计管辖范围。

(三)我国国家审计机关的权限

国家审计机关在审计过程中,行使下列权限:

(1)审计机关有权要求被审计单位按照规定报送预算或者财务收支计划、预算执行情况、决算、财务报告,以及其他与财政收支或财务收支有关的资料。

(2)审计机关进行审计时,有权检查被审计单位的会计凭证、会计账簿、会计报表以及其他与财政财务收支有关的资料。

(3)审计机关进行审计时,有权就审计事项的有关问题向有关单位和个人进行调查,并取得有关证明材料。

(4)审计机关对被审计单位正在进行的违反国家规定的财政财务收支行为有权予以制止;制止无效的,经县级以上审计机关负责人批准,通知财政部门和有关主管部门暂停拨付与违反国家规定的财政财务收支行为直接有关的款项。

(5)审计机关进行审计时,被审计单位不得转移、隐匿、篡改、毁弃会计凭证、会计账簿,财务报表以及其他与财政收支和财务收支有关的资料,不得转移、隐匿所持有的违反国家规定取得的资产。

(6)审计机关认为被审计单位所执行的上级主管部门有关财政收支、财务收支的规定与法律、行政法规相抵触的,应当建议有关主管部门纠正;有关主管部门不予纠正的,审计机关应该提请有权处理的机关依法处理。

(7)审计机关履行审计监督职责时,可以提请公安、监察、财政、税务、海关、价格、工商行政管理等机关予以协助。

(8)审计机关可以向政府有关部门或者向社会公布审计结果。

(四)政府审计人员

政府审计人员是指在政府审计机关中从事审计工作的人员。政府审计人员一般属于公务员。我国对国家审计人员设置了职称制度,职称分为三种,即高级审计师、审计师和助理审计师。高级审计师采取考评结合的方式评定,审计师和助理审计师则采用考试的形式评定。

审计工作要求审计人员不仅要具备良好的专业知识,还要具有良好的职业道德。我国的国家审计人员应符合以下要求:①熟悉有关的法律、法规和政策;②掌握会计、审计及其他相关专业知识;③有一定的会计、审计及其他相关专业的工作经历;④具有调查研究、综合分析和文字表达能力;⑤具有良好的职业道德。

二、内部审计机构与人员

(一)内部审计机构的设置

我国的内部审计机构是根据审计法规和其他财经法规的规定设置的,主要包括部门内部审计机构和单位内部审计机构。

1. 部门内部审计机构

国务院和县级以上地方各级人民政府和部门,应当建立内部审计监督制度,根据审计业务需要,分别设立审计机构并配备审计人员,在本部门主要负责人的领导下,负责所属单位和本行业的财务收支及经济效益的审计。

2. 单位内部审计机构

大中型企事业单位应当建立内部审计监督制度,设立审计机构,在本单位主要负责人的领导下,负责本单位的财务收支及其经济效益的审计。内部审计机构在本单位主要负责人或者董事会的领导下开展内部审计工作。审计业务少的单位和小型企事业单位,可设置专职的内部审计人员,而不设立独立的内部审计机构,企事业单位可以根据需要,设立审计委员会,配备总审计师。

不管是部门内部审计机构还是单位内部审计机构,都有其专职业务,其性质和会计检查并不相同,因此必须单独设立,并受本部门或本单位主要负责人的领导。内部审计机构不应设在财会部门之内、受财会负责人的领导,因为这样设置会使内部审计工作难以开展。

(二)内部审计机构的职责

内部审计机构按照本单位主要负责人或者权力机构的要求,履行下列职责:

(1)对本单位及所属单位的财政收支、财务收支及与其有关的经济活动进行审计。

(2)对本单位及所属单位预算内、预算外资金的管理和使用情况进行审计。

(3)对本单位内设机构及所属单位领导人员的任期经济责任进行审计。

(4)对本单位及所属单位固定资产投资项目进行审计。

(5)对本单位及所属单位内部控制制度的健全性和有效性以及风险管理进行评审。

(6)对本单位及所属单位经济管理和效益情况进行审计。

(7)法律、法规规定以及本单位主要负责人或者权力机构要求办理的其他审计事项。

(三)内部审计机构的权限

单位主要负责人或者权力机构应当制定相应规定,确保内部审计机构具有履行职责所必需的权限,主要包括:

(1)要求被审计单位按时报送生产、经营、财务收支计划、预算执行情况、决算、财务会计报告和有关的文件和资料。

(2)参加本单位有关会议,召开与审计事项有关的会议。

(3)对审计中的有关事项进行调查并获取证明材料。

(4)对阻挠、破坏审计工作以及拒绝提供有关资料的,经单位领导人批准,可以采取封存账册和资产等临时措施,并提出追究有关人员责任的建议。

(5)提出制止、纠正和处理违反财经法纪行为的意见,以及改进经营管理、提高经济效益的建议。

(6)参与研究制定有关的规章制度,提出内部审计规章制度,由单位审定公布后施行。

(7)检查有关生产、经营和财务活动的资料、文件,并现场勘察实物。

(8)检查有关的计算机系统及相关电子数据和资料。

单位主要负责人或者权力机构在管理权限范围内,授予内部审计机构必要的处理、处罚权:

(1)被审计单位不配合内部审计工作,拒绝审计或提供资料、提供虚假资料、拒不执行审计结论或者报复陷害内部审计人员的,单位主要负责人或者权力机构应当及时予以处理;构成犯罪的,移交司法机关追究刑事责任。

(2)被审计单位无正当理由拒不执行审计结论的,内部审计机构应当责令其限期改正;拒不改正的,报请单位主要负责人或者董事会依照有关规定予以处理。

(3)对被审计单位违反财经法规造成严重损失浪费行为负有直接责任的主管人员和其他直接责任人,构成犯罪的,依法追究刑事责任;不构成犯罪的,依照有关规定处理。

(四)内部审计人员

内部审计人员是指单位内部专门从事审计工作的人员。内部审计的独立性相对较弱,这就使得内部审计机构对审计人员的素质要求较高,尤其在职业道德方面。

我国虽然加入了国际内部审计师协会,同时有部分审计人员参加了国际内部审计师(CIA)考试并获得了国际内部审计师资格认定,但国内内部审计人员的资格认定尚未形成一个统一的标准。

三、社会审计组织与人员

(一)会计师事务所

社会审计组织是指根据国家法律或条例规定,经政府有关部门审核、注册登记的会计师事务所。会计师事务所是经国家批准成立的依法独立承办审计业务和会计咨询等业务的单位。会计师事务所是注册会计师的工作机构,实行自收自支、独立核算、依法纳税。注册会计师只有加入会计师事务所才能承办法定业务。会计师事务所的组织形式与责任类型如表1－2所示。

表1－2　会计师事务所组织形式

组织形式	责任类型
独资会计师事务所	无限责任
普通合伙会计师事务所	无限连带责任
有限责任会计师事务所	有限责任
特殊的普通合伙会计师事务所	无过失合伙人有限责任,过失合伙人无限责任

(二)会计师事务所的业务范围

会计师事务所的业务包括鉴证业务和相关服务业务两方面。

1.鉴证业务

鉴证业务是指注册会计师对鉴证对象做出结论,以增强除责任方之外的预期使用者对鉴证对象信息信任程度的业务。鉴证业务旨在增进某一鉴证对象信息的可信性。按照提供保证的程度和鉴证对象的不同,鉴证业务可分为审计业务、审阅业务和其他鉴证业务。

(1)审计业务。

审计业务是指注册会计师综合运用审计方法,对所审计的历史财务信息是否存在重大错报提供合理保证,并以积极方式提出结论。

合理保证是指注册会计师将鉴证业务风险降至该业务环境下可接受的低水平,并对鉴证后的信息提供高水平保证。需要注意的是,合理保证是低于百分之百的保证,并不是绝对保证。这是由于审计中存在的固有限制(如大量的职业判断、审计抽样的运用)影响了注册会计师发现重大错报的能力,注册会计师不能对财务报表整体不存在重大错报做出绝对保证。

以积极方式提出结论,就是从正面发表意见。比如:“我们认为,ABC公司财务报表在所有重大方面均按照《企业会计准则》的规定编制,公允反映了ABC公司2013年12月31日的财务状况以及2013年度的经营成果和现金流量。”

特别提示▶▶▶

审计业务是注册会计师的法定业务,也是注册会计师的核心业务,其他组织和个人不得承接。

注册会计师提供的审计服务可以分为财务报表审计、经营审计和合规性审计。

财务报表审计是注册会计师通过执行审计工作,对财务报表是否按照适用的财务报告编制基础编制发表审计意见。财务报告编制基础分为通用目的编制基础和特殊目的编制基础,其中通用目的编制基础主要是指会计准则和会计制度。财务报表通常包括资产负债表、利润表、现金流量表、所有者权益(或股东权益)变动表以及财务报表附注。一般来说,经注册会计师审计的财务报表通常由被审计单位管理层提供给外部利益相关者使用。在许多情况下,财务报表的信息也可供管理层在进行内部决策时使用。尽管财务报表审计在大多数情况下由注册会计师完成,他们以独立第三者的身份对财务报表发表意见,但政府审计和内部审计有时也会对企业财务报表进行审计。

经营审计是注册会计师为了评价被审计单位经营活动的效率和效果,而对其经营秩序和方法进行的审计。注册会计师在完成经营审计工作后,一般要向被审计单位管理层提出经营管理建议。在经营审计中,审计对象不限于会计,还包括组织机构、计算机信息系统、生产方法、市场营销以及注册会计师能够胜任的其他领域。从某种意义上说,经营审计更像是管理咨询。

合规性审计是指注册会计师确定被审计单位是否遵循了特定的法律、法规、程序或规则,或者是否遵守将影响经营或报告的合同的要求。例如:确定会计人员是否遵守了财务主管规定的手续,检查工薪率是否符合工资法的最低限额,或者审查与银行签订的合同,以确信被审计单位遵守了法定要求。合规性审计的结果通常报送给被审计单位管理层或外部特定使用者。

注册会计师在对财务报表进行审计时,应当充分关注被审计单位违反法律法规、程序、规则或合同可能对财务报表产生的重大影响。如果特定的法律法规、程序、规则或合同对财务报表有直接和重大的影响,通常构成注册会计师财务报表审计的一部分。

(2)审阅业务。

审阅业务是指注册会计师主要使用询问和分析程序,对所审阅的历史财务信息是否不存在重大错报提供有限保证,并以消极方法提出结论,如财务报表审阅。

有限保证是指注册会计师将鉴证业务风险降至该业务环境下可接受的水平(高于审计中的低水平),对审阅后的信息提供低于审计中的高水平的保证。当然,这个有限保证要有意义,要做到审阅了就比不审阅要好些。

以消极方式提出结论,就是不从正面发表意见。比如:"根据我们的审阅,我们没有注意到任何事项使我们相信,ABC 公司财务报表没有按照《企业会计准则》的规定编制,未能在所有重大方面公允反映被审阅单位的财务状况、经营成果和现金流量。"

(3)其他鉴证业务。

其他鉴证业务是指注册会计师执行的除了审计业务与审阅业务以外的鉴证业务,如内部控制鉴证、预测性财务信息的审核等。预测性财务信息是指被审核单位依据对未来可能发生的事项或采取的行动的假设而编制的财务信息。根据鉴证业务的性质和业务约定的要求,其保证程度可能是合理保证,也可能是有限保证。

2.相关服务业务

相关服务业务是非鉴证业务,包括对财务信息执行商定程序、代编财务信息、税务服务、会计服务和管理咨询等。相关服务业务通常不像鉴证业务那样对注册会计师提出独立性的要求。在提供相关服务时,注册会计师不能提供任何程度的保证。

（二）注册会计师

社会审计人员主要是注册会计师。注册会计师是指取得注册会计师资格并在会计师事务所执业的人员。国外一般称为会计师，简称 CPA。

在我国，要想取得注册会计师资格，必须通过注册会计师全国统一考试。目前，我国注册会计师考试分为两个阶段：

第一阶段：专业阶段。主要测试考生是否具备注册会计师执业所需的专业知识，是否掌握基本技能和职业道德要求。考试科目有会计、审计、财务成本管理、公司战略与风险管理、经济法和税法。

第二阶段：综合阶段。主要测试考生是否具备在注册会计师执业环境中运用专业知识，保持职业价值观、职业态度与职业道德，有效解决实务问题的能力。这一阶段只设有一个科目，即综合。

考生在通过第一阶段的全部考试科目后，才能参加第二阶段的考试。这两个阶段的考试每年各举行一次。

本章小结

本章阐述了审计产生和发展的基础，审计的概念、对象和职能，审计的分类和审计人员。

审计是由独立的、专业的机构和人员接受委托或根据授权，依法对被审计单位的财务报表和其他资料及其所反映的经济活动的真实性、合法性、效益性进行审查并提出结论的一种监督、鉴证和评价活动。

审计对象是指被审计单位的财务收支及与其有关的经营活动，以及作为提供这些经济活动信息载体的会计资料和其他有关资料。

审计的主要职能是经济监督、经济评价和经济鉴证。

审计按主体划分，可以分为政府审计、内部审计与社会审计。

会计师事务所的业务包括鉴证业务和相关服务业务。

思考与练习

一、单项选择题

1. 审计的最初形态是（　　），产生于（　　）社会。

A. 政府审计，奴隶　　　　B. 政府审计，封建

C. 社会审计，奴隶　　　　D. 内部审计，封建

2.（　　）职位的出现，标志着我国政府审计的产生。

A. 御史大夫　　　　B. 宰夫

C. 左右都御史　　　　D. 比部

3.（　　）是我国内部审计的起源。

A. 御史大夫　　　　B. 宰夫

C. 司会　　　　D. 小宰

4.(　　)是审计产生的基础。

A. 受托责任关系　　B. 会计

C. 经济监督　　D. 独立性

5. 经有关部门审核批准成立的会计师事务所实施的审计称为(　　)。

A. 政府审计　　B. 内部审计

C. 社会审计　　D. 以上都不对

6. 审计的本质特征是(　　)。

A. 权威性　　B. 监督

C. 独立性　　D. 建设性

7. 按审计主体的不同,审计可分为(　　)。

A. 财务报表审计、经营审计、合规性审计

B. 政府审计、社会审计、内部审计

C. 定期审计、不定期审计

D. 报送审计、就地审计

8. 所谓(　　),是指注册会计师将鉴证业务风险降至该业务环境下可接受的低水平,并对鉴证后的信息提供高水平保证。

A. 无任何保证　　B. 有限保证

C. 绝对保证　　D. 合理保证

9. 下列属于注册会计师法定业务的是(　　)。

A. 代理纳税申报　　B. 管理咨询

C. 审计业务　　D. 代编财务信息

10. 预测性财务信息审核属于(　　)。

A. 审计业务　　B. 相关服务业务

C. 审阅业务　　D. 其他鉴证业务

二、多项选择题

1. 独立性表现在(　　)。

A. 机构独立　　B. 人员独立

C. 经济独立　　D. 行政独立

2. 审计的对象包括(　　)。

A. 被审计单位的财务收支活动

B. 被审计单位的经营管理活动

C. 作为提供财务收支及与其有关经营管理活动信息载体的会计资料

D. 作为提供财务收支及与其有关经营管理活动信息载体的其他资料

3. 审计的职能主要包括(　　)。

A. 经济监督　　B. 经济评价

C. 经济独立　　D. 经济鉴证

4. 审计的独立性表现为单向独立的有(　　)。

A. 内部审计　　B. 政府审计

C. 经济效益审计　　D. 社会审计

5. 审计主体有(　　)。

A. 政府审计机关　　B. 内部审计机构

C. 公司经理　　D. 注册会计师

6. 注册会计师鉴证业务可能提供的保证程度包括(　　)。

A. 合理保证　　B. 有限保证

C. 绝对保证　　D. 无保证

7. 下列各项中,属于注册会计师业务范围的是(　　)。

A. 审查企业财务报表,出具审计报告

B. 验证企业资本,出具验资报告

C. 办理企业合并、分立、清算事宜中的审计业务,出具有关报告

D. 办理法律、行政法规规定的其他审计业务,出具相应的审计报告

8. 以下属于其他鉴证业务的是(　　)。

A. 预测性财务信息的审核　　B. 系统鉴证

C. 代理记账　　D. 代编财务信息

9. 相关服务包括(　　)。

A. 预测性财务信息的审核　　B. 税务服务

C. 对财务信息执行商定程序　　D. 代编财务信息

10. 会计师事务所的组织形式有(　　)。

A. 独资会计师事务所　　B. 有限责任合伙会计师事务所

C. 有限责任会计师事务所　　D. 普通合伙会计师事务所

第二章 注册会计师执业准则、职业道德与法律责任

知识目标

了解中国注册会计师执业准则体系；掌握注册会计师职业道德的具体要求；了解并掌握注册会计师法律责任的成因、种类及规避措施。

能力目标

能够区别注册会计师提供的鉴证业务及其提供的其他服务；能够运用职业道德规范，结合实际，判断出符合注册会计师职业道德的行为。

引导案例

小王和小李是中学同学。高中毕业后，二人选择了不同的大学和专业。小王就读于一所著名大学的会计专业，毕业后进入一家会计师事务所，目前已经成为这家会计师事务所的合伙人。小李则选择了广告专业，经过多年打拼，目前也有了自己的广告服务事务所。小李在一次拜访客户的过程中了解到，该客户所在公司目前正在寻找一家会计师事务所为其申请银行贷款进行会计报表审计。小李想到了老同学，便主动承揽了这项差事。他打电话给小王，让小王赶紧为这家公司进行审计，并多多美言，最后他说："你就不用付介绍佣金给我了，谁让我们是老同学呢！还有，你的事务所太没名气了，为什么不让我帮你策划一下，在媒体上做几次广告，好好地宣传一下你们的能力呢?"小王回答道："按照我们行业的职业道德规范，不管你是不是我的老同学，我们都不能付佣金给你。至于做广告，目前还没有这个必要。此外，按照我们质量控制的要求，能不能做你介绍的这项审计，我们还要对客户进行一些调查。"小李十分纳闷，在广告行业，为拉来广告业务委托的人支付佣金是很正常的事情，如果老同学为了省钱不付佣金也就罢了，但哪有对送上门的业务还挑三拣四的，而且还不愿做广告宣传自己的公司。职业道德规范做出这样奇怪的要求，事务所还能经营下去吗?

第一节 注册会计师执业准则

注册会计师执业准则(简称执业准则)是指注册会计师在执行业务的过程中所应遵守的职业规范，包括业务准则和质量控制准则。

一、注册会计师执业准则的作用

执业准则的根本作用在于保证注册会计师的执业质量，维护社会经济秩序。此外，执业准则的制定、颁布和实施，对于增强社会公众对注册会计师职业的信任、合理区分客户管理层和注册会计师的责任，客观评价注册会计师的执业质量、保护责任方及各利益关系人的合

法权益,以及推动审计理论的发展均有一定的作用。

具体地说,执业准则的作用主要表现在以下几个方面:①制定、实施执业准则,为衡量和评价注册会计师的执业质量提供了依据,从而有助于注册会计师执业质量的提高;②制定、实施执业准则,有助于规范审计工作,维护社会经济秩序;③制定、实施执业准则,有助于增强社会公众对注册会计师职业的信任;④制定、实施执业准则,有助于维护会计师事务所和注册会计师的正当权益,使他们免受不公正的指责和控告;⑤制定、实施执业准则,有助于推动审计与鉴证理论的研究和现代审计人才的培养,对推动经济发展和保持金融稳定发挥着重要作用。

应当指出的是,大多数人只注意到了执业准则的种种作用和优点,很少有人分析执业准则可能带来的负面作用。其实,任何事物都具有两面性,执业准则也不例外。执业准则既能发挥其积极作用,也会产生消极作用。在充分认识执业准则积极作用的同时,探讨其可能带来的负面效应,对于正确理解和认识准则、合理运用准则是大有裨益的。

执业准则的负面效应主要表现在以下几个方面:①执业准则可能导致僵化,人为缩小注册会计师职业判断的范围;②报告使用者往往认为依据执业准则审定的财务报表是确实可靠的;③执业准则可能源于社会或政治压力,致使会计师职业受到操纵;④执业准则可能抑制批评性思想、建设性思想的发展;⑤准则越多,注册会计师的执业成本越高。

二、中国注册会计师执业准则

(一)中国注册会计师执业准则体系

2001 年以来,针对国际资本市场上的一系列上市公司财务舞弊事件,国际审计准则制定机构改进了国际审计准则的制定机制和程序,强调以社会公众利益为宗旨,引入了风险导向审计的概念,全面提升了国际审计准则的质量。在充分借鉴国际审计准则的基础上,中国注册会计师协会根据我国的实际情况和国际趋同的需要,将"中国注册会计师独立审计准则体系"改进为"中国注册会计师执业准则体系",以适应注册会计师业务多元化的需要。新的注册会计师执业准则体系借鉴了国际通行的做法,将非审计业务准则从审计准则体系中分离出来,按照其业务性质冠以适当的名称。

中国注册会计师执业准则体系包括注册会计师业务准则和会计师事务所质量控制准则。注册会计师业务准则(简称业务准则)又包括两部分,即注册会计师鉴证业务准则和注册会计师相关服务准则。中国注册会计师执业准则体系的构成如图 2 - 1 所示。

注册会计师鉴证业务准则(简称鉴证业务准则)是整个执业准则体系中最主要的部分,它是注册会计师在执行鉴证业务的过程中所应遵守的职业规范。

注册会计师审计准则(简称审计准则)是注册会计师执行历史财务信息审计业务时所应遵守的职业规范。在提供审计服务时,注册会计师对所审计信息是否不存在重大错报提供合理保证,并以积极方式提出结论。

注册会计师审阅准则(简称审阅准则)是注册会计师执行历史财务信息审阅业务所应遵守的职业规范。在提供审阅服务时,注册会计师对所审阅信息是否不存在重大错报提供

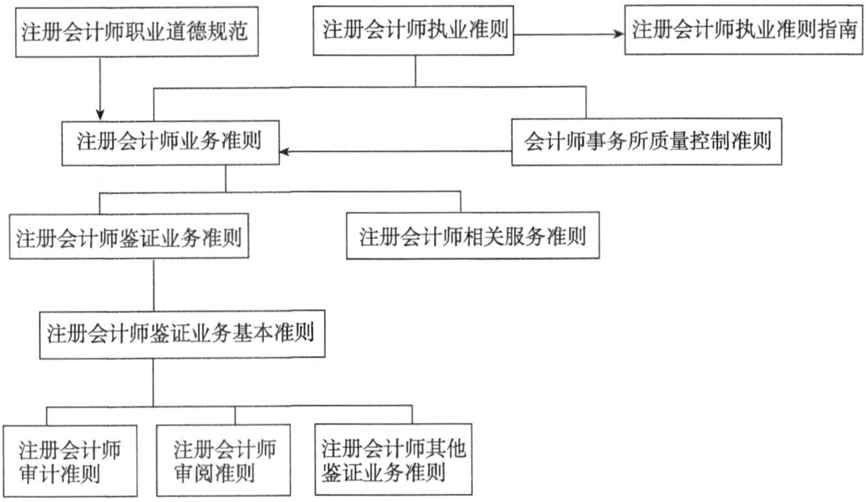

图 2-1 中国注册会计师执业准则体系

有限保证,并以消极方式提出结论。

注册会计师其他鉴证业务准则(简称其他鉴证业务准则)是注册会计师执行历史财务信息审计或审阅以外的其他鉴证业务时所应遵守的职业规范。注册会计师执行其他鉴证业务时,根据鉴证业务的性质和业务约定的要求,提供有限保证或合理保证。

注册会计师相关服务准则(简称相关服务准则)是注册会计师代编财务信息、执行商定程序、提供管理咨询等其他服务时所应遵守的职业规范。在提供相关服务时,注册会计师不提供任何程度的保证。

会计师事务所质量控制准则(简称质量控制准则)是会计师事务所在执行各类业务时应当遵守的质量控制政策和程序,是对会计师事务所质量控制提出的制度要求。

目前,中国注册会计师执业准则体系共包括 51 项准则,其具体构成是:

中国注册会计师鉴证业务基本准则(1 项)

中国注册会计师审计准则第 1101 号—第 1633 号(44 项)

中国注册会计师审阅准则第 2101 号(1 项)

中国注册会计师其他鉴证业务准则第 3101 号—第 3111 号(2 项)

中国注册会计师相关服务准则第 4101 号—第 4111 号(2 项)

会计师事务所质量控制准则第 5101 号(1 项)

(二)业务准则

1. 鉴证业务准则

鉴证业务准则是整个执业准则体系中最主要的部分,分为两个层次:

第一层次是起统领作用的注册会计师鉴证业务基本准则(简称鉴证业务基本准则),其目的是规范执行鉴证业务,明确鉴证业务的目标和要素,确定审计准则、审阅准则、其他鉴证业务准则适用的鉴证业务类型的准则。

第二层次包括三部分，即审计准则、审阅准则和其他鉴证业务准则。

(1)审计准则。审计准则用来规范注册会计师执行历史财务信息(主要是财务报表)，共分为六大类。

●一般原则与责任

中国注册会计师审计准则第 1101 号——注册会计师的总体目标和审计工作的基本要求

中国注册会计师审计准则第 1111 号——就审计业务约定条款达成一致意见

中国注册会计师审计准则第 1121 号——对财务报表审计实施的质量控制

中国注册会计师审计准则第 1131 号——审计工作底稿

中国注册会计师审计准则第 1141 号——财务报表审计中与舞弊相关的责任

中国注册会计师审计准则第 1142 号——财务报表审计中对法律法规的考虑

中国注册会计师审计准则第 1151 号——与治理层的沟通

中国注册会计师审计准则第 1152 号——向治理层和管理层通报内部控制缺陷

中国注册会计师审计准则第 1153 号——前任注册会计师和后任注册会计师的沟通

●风险评估与风险应对

中国注册会计师审计准则第 1201 号——计划审计工作

中国注册会计师审计准则第 1211 号——通过了解被审计单位及其环境识别和评估重大错报风险

中国注册会计师审计准则第 1221 号——计划和执行审计工作时的重要性

中国注册会计师审计准则第 1231 号——针对评估重大错报风险采取的应对措施

中国注册会计师审计准则第 1241 号——对被审计单位使用服务机构的考虑

中国注册会计师审计准则第 1251 号——评价审计过程中识别出的错报

●审计证据

中国注册会计师审计准则第 1301 号——审计证据

中国注册会计师审计准则第 1311 号——对存货、诉讼和索赔、分部信息等特定项目获取审计证据的具体考虑

中国注册会计师审计准则第 1312 号——函证

中国注册会计师审计准则第 1313 号——分析程序

中国注册会计师审计准则第 1314 号——审计抽样

中国注册会计师审计准则第 1321 号——审计会计估计(包括公允价值会计估计)和相关披露

中国注册会计师审计准则第 1323 号——关联方

中国注册会计师审计准则第 1324 号——持续经营

中国注册会计师审计准则第 1331 号——首次审计业务涉及的期初余额

中国注册会计师审计准则第 1332 号——期后事项

中国注册会计师审计准则第 1341 号——书面声明

●利用其他主体的工作

中国注册会计师审计准则第 1401 号——对集团财务报表审计的特殊考虑

中国注册会计师审计准则第 1411 号——利用内部审计人员的工作

中国注册会计师审计准则第 1421 号——利用专家的工作

●审计结论与报告

中国注册会计师审计准则第 1501 号——对财务报表形成审计意见和出具审计报告

中国注册会计师审计准则第 1502 号——在审计报告中发表非无保留意见

中国注册会计师审计准则第 1503 号——在审计报告中增加强调事项段和其他事项段

中国注册会计师审计准则第 1511 号——比较信息:对应数据和比较财务报表

中国注册会计师审计准则第 1521 号——注册会计师对含有已审计财务报表的文件中的其他信息的责任

●特殊领域审计

中国注册会计师审计准则第 1601 号——对按照特殊目的编制基础编制的财务报表审计的特殊考虑

中国注册会计师审计准则第 1602 号——验资

中国注册会计师审计准则第 1603 号——对单一财务报表和财务报表特定要素审计的特殊考虑

中国注册会计师审计准则第 1604 号——对简要财务报表出具报告的业务

中国注册会计师审计准则第 1611 号——商业银行财务报表审计

中国注册会计师审计准则第 1612 号——银行间函证程序

中国注册会计师审计准则第 1613 号——与银行监管机构的关系

中国注册会计师审计准则第 1631 号——财务报表审计中对环境事项的考虑

中国注册会计师审计准则第 1632 号——衍生金融工具的审计

中国注册会计师审计准则第 1633 号——电子商务对财务报表审计的影响

(2)审阅准则。

中国注册会计师审阅准则第 2101 号——财务报表审阅

(3)其他鉴证业务准则。

中国注册会计师其他鉴证业务准则第 3101 号——历史财务信息审计或审阅以外的鉴证业务

中国注册会计师其他鉴证业务准则第 3111 号——预测性财务信息的审核

2. 相关服务准则

中国注册会计师相关服务准则第 4101 号——对财务信息执行商定程序

中国注册会计师相关服务准则第 4111 号——代编财务信息

注册会计师执行这种相关服务时没有独立性要求,且对出具的报告不发表任何鉴证意见。

（三）质量控制准则

《会计师事务所质量控制准则第5101号——业务质量控制》准则，适用于会计师事务所执行历史财务信息审计和审阅业务、其他鉴证业务及相关服务业务，目的是规范会计师事务所的业务质量控制，明确会计师事务所及其人员的质量控制责任。

会计师事务所应当根据该准则制定质量控制制度，以合理保证会计师事务所及其人员遵守法律法规、审计职业道德规范以及审计准则、审阅准则、其他鉴证业务准则和相关服务准则的规定，同时合理保证会计师事务所和项目负责人根据具体情况出具恰当的报告。会计师事务所业务质量控制制度应当包括针对以下要素而制定的政策和程序：①对业务质量承担的领导责任；②相关职业道德要求；③客户关系和具体业务的接受与保持；④人力资源；⑤业务执行；⑥监控。

1. 对业务质量承担的领导责任

会计师事务所应当制定政策和程序，培育以质量为导向的内部文化。这些政策和程序应当要求会计师事务所主任会计师或同等职位的人员对质量控制制度承担最终责任，并使受会计师事务所主任会计师或同等职位的人员委派具有充分、适当的经验和能力的人员负责质量控制制度的运行，以及给予其必要的权限以履行其责任。

2. 相关职业道德要求

会计师事务所应当制定政策和程序，以合理保证会计师事务所及其人员遵守相关职业道德要求，以及合理保证会计师事务所及其人员和其他受独立性要求约束的人员（包括网络事务所的人员）保持相关职业道德要求规定的独立性。这些政策和程序应当包括：①向会计师事务所人员及其他受独立性要求约束的人员传达独立性要求。②识别和评价对独立性产生不利影响的情形，并采取适当的行动消除这些不利影响；或通过采取防范措施将其降至可接受的水平；或如果认为适当，在法律法规允许的情况下解除业务约定。③项目合伙人向会计师事务所提供与客户委托业务相关的信息（包括服务范围），以保证会计师事务所能够评价这些信息对保持独立性的总体影响。④会计师事务所人员立即向会计师事务所报告对独立性产生不利影响的情形，以便会计师事务所采取适当行动。⑤会计师事务所收集相关信息，并向适当人员传达，以使会计师事务所及其人员能够容易确定是否满足独立性要求；会计师事务所能够保持和更新与独立性相关的记录；会计师事务所能够针对识别出的超出可接受水平的对独立性产生的不利影响采取适当的行动。

会计师事务所应当制定政策和程序，以合理保证能够获知违反独立性要求的情况，并能够采取适当行动予以解决。这些政策和程序应当包括：①会计师事务所人员将注意到的违反独立性要求的情况立即报告给会计师事务所；②会计师事务所将识别出的违反这些政策和程序的情况，立即传达给需要与会计师事务所共同处理这些情况的项目合伙人、需要采取适当行动的会计师事务所和网络内部的其他相关人员，以及受独立性要求约束的人员；③项目合伙人、会计师事务所和网络内部的其他相关人员以及受独立性要求约束的其他人员，在必要时立即向会计师事务所告知他们为解决有关问题而采取的行动，以使会计师事务所能够决定是否采取进一步的行动。

会计师事务所应当每年至少一次，向所有需要按照相关职业道德要求保持独立性的人员获取其遵守独立性政策和程序的书面确认函。

会计师事务所应当制定以下政策和程序：①明确标准，以确定长期委派同一名合伙人或高级员工执行某项鉴证业务时，是否需要采取防范措施，将因密切关系产生的不利影响降至可接受的水平；②对所有上市实体财务报表审计业务，按照相关职业道德要求和法律法规的规定，在规定期间届满后轮换项目合伙人、项目质量控制复核人员，以及受轮换要求约束的其他人员。

3. 客户关系和具体业务的接受与保持

会计师事务所应当制定有关客户关系和具体业务接受与保持的政策和程序，以合理保证只有在下列情况下，才能接受或保持客户关系和具体业务：①能够胜任该项业务，并具有执行该项业务必要的素质、时间和资源；②能够遵守相关职业道德要求；③已考虑客户的诚信，没有信息表明客户缺乏诚信。

如果在接受业务后获知某项信息，而该信息若在接受业务前获知，可能导致会计师事务所拒绝该项业务，会计师事务所应当针对这种情况制定保持具体业务和客户关系的政策和程序。这些政策和程序应当考虑：①适用于这种情况的职业责任和法律责任，包括是否要求会计师事务所向委托人报告或在某些情况下向监管机构报告；②解除业务约定或同时解除业务约定和客户关系的可能性。

4. 人力资源

会计师事务所应当制定政策和程序，以合理保证拥有足够的具有胜任能力和必要素质并承诺遵循道德基本原则的人员，以使：①会计师事务所按照职业准则和适用的法律法规的规定执行业务；②会计师事务所和项目合伙人能够出具适合具体情况的报告。

关于业务委派，会计师事务所应当采取以下措施：①对每项业务委派至少一名项目合伙人，并制定政策和程序，明确下列要求：将项目合伙人的身份和作用告知客户管理层和治理层的关键成员；项目合伙人具有履行职责所要求的适当的胜任能力、必要素质和权限；清楚界定项目合伙人的职责，并告知该项目合伙人。②会计师事务所应当制定政策和程序，委派具有必要胜任能力和素质的适当人员，以便按照职业准则和适用的法律法规的规定执行业务；会计师事务所和项目合伙人能够出具适合具体情况的报告。

5. 业务执行

会计师事务所应当制定政策和程序，以合理保证按照职业准则和适用的法律法规的规定执行业务，使会计师事务所和项目合伙人能够出具适合具体情况的报告。这些政策和程序应当包括：与保持业务执行质量一致性相关的事项，监督责任，复核责任。

会计师事务所在安排复核工作时，应当由项目组内经验较多的人员复核经验较少的人员的工作。会计师事务所应当根据这一原则，确定有关复核责任的政策和程序。

（1）咨询。

会计师事务所应当制定政策和程序，以合理保证：就疑难问题或争议事项进行适当咨询；能够获取充分的资源进行适当咨询；咨询的性质和范围以及咨询形成的结论得以记录，并经过咨询者和被咨询者的认可；咨询形成的结论得到执行。

(2)项目质量控制复核。

会计师事务所应当制定政策和程序,对特定业务实施项目质量控制复核,以客观评价项目组做出的重大判断以及在准备报告时得出的结论。

这些政策和程序应当包括下列要求:①要求对所有上市实体的财务报表审计实施项目质量控制复核;②制定标准,据此评价所有其他的历史财务信息审计和审阅、其他鉴证和相关服务业务,以确定是否应当实施项目质量控制复核。

会计师事务所应当制定政策和程序,以明确项目质量控制复核的性质、时间和范围。这些政策和程序应当要求,只有完成项目质量控制复核,才能签署业务报告。这些政策和程序要求项目质量控制复核包括下列工作:①就重大事项与项目合伙人进行讨论;②复核财务报表或其他业务对象信息及拟出具体报告;③复核选取的与项目组做出重大判断和得出的结论相关的业务工作底稿;④评价在准备报告时得出的结论,并考虑拟出具报告的恰当性。

针对上市实体的财务报表审计,会计师事务所应当制定政策和程序,要求实施的项目质量控制复核包括对下列事项的考虑:①项目组就具体业务对会计师事务所的独立性做出评价;②项目组是否已就涉及意见分歧的事项、其他疑难问题或争议事项进行适当咨询,以及咨询得出的结论;③选取的用于复核的业务工作底稿,是否反映了项目组针对重大判断执行的工作,以及是否支持得出的结论。

会计师事务所应当制定政策和程序,以满足下列要求:①安全保管业务工作底稿并对业务工作底稿进行保密;②保证业务工作底稿的完整性;③便于使用和检索业务工作底稿。

会计师事务所应当制定政策和程序,以使业务工作底稿的保存期限满足会计师事务所的需要和法律法规的规定:对历史财务信息审计和审阅业务、其他鉴证业务,会计师事务所应当自业务报告日起对业务工作底稿至少保存 10 年;如果组成部分业务报告日早于集团业务报告日,会计师事务所应当自集团报告日起对组成部分业务工作底稿至少保存 10 年。

6. 监控

会计师事务所应当制定监控政策和程序,以合理保证与质量控制制度相关的政策和程序具有相关性和适当性,并正在有效运行。监控过程应当包括:①持续考虑和评价会计师事务所的质量控制制度;②要求委派一个或多个合伙人,或会计师事务所内部具有充分、适当的经验和权限的其他人员负责监控过程;③要求执行业务或实施项目质量控制复核的人员不参与该项业务的检查工作。

(四)注册会计师执业准则指南

注册会计师执业准则指南(简称指南)以注册会计师执业准则为依据,二者共同构成了完整的注册会计师执业规范体系。指南是对执业准则的细化、深化和具体化,重点阐述其核心程序和具体方法,通过大量的解释、说明、举例和图示,指导注册会计师正确运用程序和方法,具有很强的可操作性和实用性。

第二节　注册会计师职业道德

注册会计师职业道德是指注册会计师的职业品德、职业纪律、专业胜任能力及职业责任等的总称。

一、注册会计师职业道德规范与注册会计师执业准则的关系

注册会计师职业道德规范（简称职业道德规范）是指注册会计师在执业过程中应遵循的道德标准，它从职业道德角度规范注册会计师的执业行为，而不是直接指导执业。注册会计师执行业务时，应当遵守职业道德规范和执业准则。职业道德规范不属于执业准则，它是高于执业准则的标准，是注册会计师与会计师事务所执业时的最高要求。

二、注册会计师职业道德的主要内容

2009 年 10 月，财政部发布《中国注册会计师职业道德守则》（简称《职业道德守则》）。《职业道德守则》包括 5 个组成部分，即《中国注册会计师职业道德守则第 1 号——职业道德基本原则》《中国注册会计师职业道德守则第 2 号——职业道德概念框架》《中国注册会计师职业道德守则第 3 号——提供专业服务的具体要求》《中国注册会计师职业道德守则第 4 号——审计和审阅业务对独立性的要求》《中国注册会计师职业道德守则第 5 号——其他鉴证业务对独立性的要求》。《职业道德守则》于 2010 年 7 月 1 日起施行。以下仅就注册会计师职业道德的基本原则和具体要求做简要介绍。

（一）职业道德的基本原则

会员为实现执业目标，必须遵守一系列前提或一般原则。这些原则包括下列职业道德基本原则：诚信、独立、客观和公正、专业胜任能力和应有的关注、保密、良好职业行为。

1. 诚信

诚信是指诚实、守信。也就是说，个人言行与内心思想要一致，不虚假；能够履行与别人的约定而取得对方的信任。诚信原则要求注册会计师应当在所有的职业关系和商业关系中保持正直和诚实，秉公处事、实事求是。

注册会计师如果认为业务报告、申报资料或其他信息存在下列问题，则不得与这些有问题的信息发生牵连：①含有严重虚假或误导性的陈述；②含有缺乏充分根据的陈述或信息；③存在遗漏或含糊其词的信息。

注册会计师如果注意到已与有问题的信息发生牵连，应当采取措施消除牵连。在鉴证业务中，如果注册会计师依据执业准则出具了恰当的非标准业务报告，不被视为违反上述要求。

2. 独立性

独立性是注册会计师执行鉴证业务（审计、审阅和其他鉴证业务）的灵魂，是客观、公正的基础，是职业道德的精髓。独立性原则要求注册会计师执行审计和审阅业务以及其他鉴

证业务时,应当与鉴证客户保持实质上的独立性和形式上的独立性,不得因任何利害关系影响其客观性;应当从整体层面和具体业务层面采取措施,以保持会计师事务所和项目组的独立性。

(1)实质上的独立性。实质上的独立性是一种内心状态,它能使注册会计师在做出结论时不受职业判断因素的影响,诚信行事,遵循客观与公正原则,保持职业怀疑态度。

(2)形式上的独立性。形式上的独立性是一种外在表现,它能使一个理性且充分掌握信息的第三方,在权衡所有相关事实和情况后,认为注册会计师没有损害诚信原则与客观和公正原则,并保持了职业怀疑态度。

3. 客观和公正

客观是指按照事物的本来面目去考察,不添加个人的偏见。公正是指公平、正直、不偏袒。客观和公正原则要求会员公正处事、实事求是,不得由于偏见、利益冲突或他人的不当影响而损害自己的职业判断。如果存在导致职业判断出现偏差或对职业判断产生不当影响的情形,注册会计师不得提供相关专业服务。

4. 专业胜任能力和应有的关注

(1)专业胜任能力。专业胜任能力是指注册会计师具有专业知识、技能和经验,能够经济、有效地完成客户委托的业务。

专业胜任能力可分为两个独立阶段:一是专业胜任能力的获取;二是专业胜任能力的保持。注册会计师通过教育、培训和执业实践获取和保持专业胜任能力。注册会计师应当持续了解并掌握当前法律、技术和实务的发展变化,将专业知识和技能始终保持在应有的水平,确保为客户提供具有专业水准的服务。

如果注册会计师缺乏专业胜任能力而提供专业服务,则构成欺诈,因为这可能给客户乃至社会公众带来危害。一个合格的注册会计师,不仅要充分认识自己的能力,对自己充满信息,更重要的是,必须清醒地认识到自己在专业胜任能力方面的不足,不承接自己不能胜任的业务。

当注册会计师在会计或审计以外的领域不具有专长时,可以利用有关专家的工作,使项目组具备应有的专业胜任能力。

(2)应有的关注。应有的关注要求会员遵守执业准则和职业道德规范的要求,勤勉尽责,认真、全面、及时地完成工作任务。应有的关注要求注册会计师在执业过程中保持职业怀疑态度。所谓职业怀疑态度,是注册会计师执行审计业务的一种态度,包括采取质疑的思维方式,对可能表明由于错误或舞弊而导致错报的迹象保持警觉,以及对审计证据进行审慎评价。

5. 保密

注册会计师应当对职业活动中获知的客户及所在会计师事务所的涉密信息予以保密。

保密原则要求注册会计师对在职业活动中获知的涉密信息予以保密,不得有下列行为:①未经客户授权或法律法规允许,向会计师事务所以外的第三方披露其所获知的涉密信息;②利用所获知的涉密信息为自己或第三方谋取利益。

注册会计师在社会交往中应当履行保密义务，警惕无意泄密的可能性，特别是无意中向近亲属或关系密切的人员泄密的可能性。近亲属是指配偶、父母、子女、兄弟姐妹、祖父母、外祖父母、孙子女、外孙子女。

注册会计师在下列情况下可以披露涉密信息：①法律法规允许披露，并且取得客户或工作单位的授权；②根据法律法规的规定，为法律诉讼、仲裁准备文件或提供证据，以及向有关监管机构报告发现的违法行为；③法律法规允许的情况下，在法律诉讼、仲裁中维护自己的合法权益；④接受注册会计师协会或监管机构的执业质量检查，答复其询问和调查；⑤法律法规、执业准则和职业道德规范规定的其他情形。

6. 良好职业行为

会员应当遵守相关法律法规，避免发生任何毁坏职业声誉的行为。

会员在向公众传递信息以及推介自己和工作时，应当客观、真实、得体，不得夸大宣传提供的服务、拥有的资质或获得的经验；不得贬低或无根据地比较其他注册会计师的工作；不得暗示有能力影响有关主管部门、监管机构或类似机构。

（二）对基本原则的不利影响及防范措施

1. 不利影响

注册会计师对职业道德基本原则的遵循可能受到多种因素的不利影响，可以归纳为以下五类：

（1）自身利益。如果经济利益或其他利益对注册会计师的职业判断或行为产生不当影响，将产生自身利益导致的不利影响。例如：注册会计师持有客户的股份，可能因担心自身利益受损而同意客户虚增利润的不当会计处理；会计师事务所的收入过分依赖某一客户，与该客户就鉴证业务达成或有收费的协议。

（2）自我评价。如果注册会计师对其（或者其所在会计师事务所的其他人员）以前的服务结果进行评价，将产生自我评价导致的不利影响。例如：会计师事务所为客户设计或运行财务系统后，又对该财务系统运行的有效性出具鉴证报告；注册会计师为客户代编财务报表，又对该财务报表进行审计。

（3）过度推介。如果注册会计师过度推介客户的某种立场或意见，使其客观性受到损害，将产生过度推介导致的不利影响。例如：在审计客户与第三方发生诉讼或纠纷时，注册会计师担任该客户的辩护人。

（4）密切关系。如果注册会计师与客户员工存在家庭或亲密的私人关系，而过于倾向他们的利益或认可他们的工作，将产生密切关系导致的不利影响。例如：注册会计师的近亲属担任客户的董事、高级管理人员或特定员工（即所处职位能够对鉴证对象信息施加重大影响的员工）；注册会计师与客户存在长期业务关系。

（5）外在压力。如果注册会计师受到压力而无法客观行事，将产生外在压力导致的不利影响。例如：会计师事务所受到客户解除业务关系的威胁；由于客户员工对所讨论的事项更具有专长，注册会计师面临服从其判断的压力；会计师事务所受到降低收费的影响而不恰当地缩小工作范围。

2. 防范措施

防范措施是指可以消除不利影响或将其降至可接受低水平的行动或其他措施。

会计师事务所应当在战略上采取一些应对不利影响的防范措施。例如：会计师事务所领导层强调遵循职业道德基本原则的重要性；制定政策和程序来保证遵循职业道德的基本原则。

在具体业务层面，相关防范措施因具体情形而异。业务层面的防范措施通常有以下几种：

(1)对已执行的非鉴证业务，由未参与该业务的注册会计师进行复核，或在必要时提供建议；

(2)将相关人员调离项目组；

(3)对关键的职业判断向客户审计委员会、监管机构或注册会计师协会咨询；

(4)与客户治理层讨论有关的职业道德问题；

(5)向客户治理层说明提供服务的性质和收费的范围；

(6)由其他会计师事务所执行或重新执行部分业务；

(7)轮换项目组合伙人和高级员工；

(8)处置经济利益；

(9)合理安排项目组成员的职责，使该成员的工作不涉及其近亲属或与其有密切关系的员工的职责范围；

(10)进行独立的项目质量控制复核；

(11)修改审计计划；

(12)向项目组委派经验更丰富的人员。

第三节　注册会计师法律责任

审计法律责任是指审计人员在履行审计职责的过程中因损害法律上的义务关系所应承担的法律后果。本节主要介绍注册会计师的法律责任。

注册会计师法律责任是指注册会计师或会计师事务所在执业过程中因损害法律上的义务关系所应承担的法律后果。

一、注册会计师法律责任的成因

在现代社会中，注册会计师被起诉控告的事件越来越多，他们承担的法律责任也越来越大。其原因是多方面的，有的是被审计单位方面的原因（如财务报表中存在错误或舞弊、经营失败等），有的是注册会计师方面的原因，有的是双方的原因，还有的是审计报告使用者误解的原因（如审计报告使用者将被审计单位的经营失败指责为审计失败，即认为注册会计师没有尽责而发表不恰当的审计意见）。实际上，由于审计固有的局限性，不能期望注册会计师发现所有的错误与舞弊情况。从理论层面上讲，注册会计师是否承担法律责任最终取决于注册会计师自身是否有过错。如果注册会计师执业时完全遵循职业道德规范和执业准则，而没有发现被审计单位财务报表中的错报，注册会计师不应当承担责任；如果注册会计师执业时没有遵循注册会计师职业道德规范和执业准则，而存在违约、过失或欺诈行为，就要承担相应的法律责任。

（一）违约

违约是指注册会计师未能按照合同的要求履行义务。当违约给他人造成损失时，注册会计师应承担违约责任。比如，注册会计师未能在约定的时间内出具审计报告，或违反了为客户保密的规定。

（二）过失

过失是指在一定条件下注册会计师未能保持应有的职业谨慎。通常将过失按其程度不同分为一般过失和重大过失。

一般过失又称普通过失，是指注册会计师没有完全遵循执业准则的要求执业。比如，未对特定审计项目取得充分、适当的审计证据。

重大过失是指注册会计师完全没有遵循执业准则的要求执业。比如，注册会计师完全不按照《中国注册会计师审计准则》的规定执行审计业务。

（三）欺诈

欺诈又称舞弊，是指为了达到欺骗或坑害他人的目的，注册会计师明知已审计的财务报表有重大错报，却加以虚假地陈述，发表不恰当的意见。

二、注册会计师法律责任的类型

注册会计师法律责任可分为行政责任、民事责任和刑事责任三种。这三种责任可单处，也可并处。

（一）行政责任

行政责任是行政法律责任的简称，是指行为主体因其行为违反与行政管理相关的法律、法规，但尚未构成犯罪，依法应当承担的法律后果。

对注册会计师个人来说，追究行政责任包括警告、暂停执业、吊销注册会计师证书等；对会计师事务所而言，追究行政责任包括警告、没收违法所得、罚款、暂停执业、吊销营业执照等。

（二）民事责任

民事责任是指依法承担赔偿经济损失的法律责任。民事责任的承担方式一般包括停止侵害、消除影响、赔偿损失等。对注册会计师来说，民事责任的形式主要有赔偿受害人损失、支付违约金等。

（三）刑事责任

刑事责任是指由于违反国家的法律、法规情节严重，构成刑事犯罪而应承担的法律后果。承担刑事责任的表现，就是按有关法律程序判处一定的徒刑或附带罚金。一般来说，违约和过失可能使注册会计师负行政责任和民事责任，欺诈可能使注册会计师负民事责任和刑事责任。

三、注册会计师避免法律诉讼的对策

注册会计师的职业性质决定了注册会计师行业极易遭受法律诉讼。注册会计师要避免法律诉讼，就必须在执业时尽可能减少过失，防止欺诈。为此，注册会计师应做到以下几点：

(1)增强执业独立性。

(2)严格遵循职业道德规范与执业准则的要求，执业时保持应有的关注。

(3)强化执业质量控制，如强化执业监督。

(4)建立健全会计师事务所的质量控制制度。

(5)谨慎接受委托。一旦发现客户缺乏正直的品格，就应尽量拒绝接受委托。对陷入财务困境的客户要特别注意。

(6)聘用和委派有胜任能力的注册会计师。

(7)严格签订业务约定书，明确业务的性质、范围和双方的责任。

(8)深入了解被审计单位的业务，熟悉被审计单位的经济业务和生产经营实务。

(9)提取风险基金或购买职业保险。

(10)聘请熟悉注册会计师法律责任的律师。

内容小结

本章主要阐述了注册会计师执业准则、职业道德及法律责任方面的内容。

(1)注册会计师执业准则体系。中国注册会计师执业准则体系由注册会计师业务准则和会计师事务所质量控制准则两大部分构成。注册会计师业务准则又包括两部分，即注册会计师鉴证业务准则和注册会计师相关服务准则。

(2)中国注册会计师职业道德的具体内容。目前，我国注册会计师职业道德方面的规范主要有《中国注册会计师职业道德基本准则》和《中国注册会计师职业道德指导意见》。两项规范对注册会计师执行鉴证业务所应遵守的一般原则、专业胜任能力和应有的关注及对客户、同行等应负的责任做出了具体规定。

(3)注册会计师的法律责任。注册会计师法律责任的产生有多方面的原因，但总的来说，可以归为内因和外因两个方面。注册会计师法律责任的种类有行政责任、民事责任和刑事责任三类。注册会计师法律责任的有效规避不仅需要有良好的外部条件，而且需要注册会计师和会计师事务所自身的不断努力。

思考与练习

一、单项选择题

1. 审计准则是对(　　)的要求。

A. 审计客体　　　　B. 审计对象

C. 审计证据　　D. 审计主体

2. 注册会计师执业准则体系的核心是(　　)。

A. 审计准则　　B. 审阅准则

C. 其他鉴证业务准则　　D. 质量控制准则

3. 注册会计师审阅业务提供的是(　　)保证。

A. 绝对　　B. 合理

C. 有限　　D. 相对

4. 下列各项业务中,属于其他鉴证业务的是(　　)。

A. 历史财务信息审阅　　B. 预测性财务信息的审核

C. 代编财务信息　　D. 对财务信息执行商定程序

5. 会计师事务所对无法胜任或不能按时完成的业务,应当(　　)。

A. 聘请其他专业人员帮助　　B. 将审计业务转包给其他会计师事务所

C. 适当减少业务收费　　D. 拒绝接受委托

6. (　　)是指注册会计师没有完全遵循执业准则的要求进行执业。

A. 普通过失　　B. 重大过失

C. 欺诈　　D. 违约

7. (　　)是指为了达到欺骗或坑害他人的目的,注册会计师明知已审计的财务报表有重大错报,却加以虚假地陈述,发表不恰当的意见。

A. 违约　　B. 一般过失

C. 重大过失　　D. 欺诈

8. 在注册会计师鉴证业务准则中,起统领作用的是(　　)。

A. 鉴证业务基本准则　　B. 审计准则

C. 审阅准则　　D. 鉴证业务准则指南

二、多项选择题

1. 我国审计准则体系包括(　　)。

A. 国家审计准则　　B. 内部审计准则

C. 行业审计准则　　D. 质量控制准则

2. 我国注册会计师执业准则体系包括(　　)。

A. 鉴证业务准则　　B. 注册会计师职业道德规范

C. 相关服务准则　　D. 质量控制准则

3. 审计人员应当恪守的基本审计职业道德包括(　　)。

A. 严格依法　　B. 客观公正

C. 独立自主　　D. 保守秘密

4. 在鉴证业务中,注册会计师可以(　　)提出结论。

A. 肯定方式　　B. 否定方式

C. 积极方式　　D. 消极方式

5. 注册会计师职业道德规范要求注册会计师执行审计业务或其他鉴证业务时，应当保持(　　)的独立。

A. 形式上　　　　B. 实质上

C. 时间上　　　　D. 地点上

6. 注册会计师存在(　　)行为时，可能需要承担法律责任。

A. 违约　　　　B. 过失

C. 欺诈　　　　D. 出具无法表示意见的审计报告

三、判断题

1. 审计准则是规范审计主体和审计客体的准则，有关人员必须遵循。(　　)

2. 在提供相关服务业务时，注册会计师提供有限保证。(　　)

3. 会计师事务所质量控制准则是对会计师事务所的规范，不是对注册会计师的规范。(　　)

4. 会计师事务所在任何情况下不得对外泄露审计档案所涉及的商业秘密等内容。(　　)

5. 如果注册会计师未查出被审计单位财务报表中的错报，则注册会计师应当承担法律责任。(　　)

6. 在审计过程中，当注册会计师在会计或审计以外的领域不具有专长时，可以利用有关专家的工作，从而使项目组具备应有的专业胜任能力。(　　)

7. 注册会计师只要按照执业准则进行审计，应能发现被审计单位财务报表中存在的所有由于错误或舞弊而导致的错报。(　　)

四、案例分析

1. ABC 会计师事务所是一家新成立的事务所，最近制定了业务质量控制制度。有关内容摘录如下：

(1) 合伙人考核和晋升制度规定，连续三年业务收入额排名前三位的高级经理晋级为合伙人，连续三年业务收入额排名后三位的合伙人降级为高级经理。

(2) 内部业务检查制度规定，以每三年为一个周期，对已完成业务进行检查，如果事务所当年接受相关部门的外部检查，则当年暂停对所有业务的内部检查。

(3) 项目质量控制复核制度规定，除上市公司审计业务外，其他需要实施质量控制复核的审计业务由审计项目组负责人执行项目质量控制复核。

(4) 工作底稿保管制度规定，推行业务档案电子化就是将纸质工作底稿经电子扫描后保存为业务电子档案，同时销毁纸质工作底稿。

(5) 独立性政策规定，每年为需要保持独立性的人员提供关于独立性要求的培训，并要求高级经理以上(含高级经理)人员每年签署遵守独立性要求的书面确认函。

(6) 分所管理制度规定，分所可以根据自身的实际情况，自行制定业务质量控制制度。

要求：针对上述内容，分别指出 ABC 会计师事务所业务质量控制制度是否符合会计师事务所质量控制准则的规定，并简要说明理由。

2. 上市公司甲公司系 ABC 会计师事务所的常年审计客户。2010 年 4 月 1 日，ABC 会计师事务所与甲公司续签了2010年度财务报表审计业务约定书。XYZ会计师事务所和ABC会计师事务所使用同一品牌，共享重要的专业资源。ABC会计师事务所遇到下列与职业道德有关的事项：

(1)ABC会计师事务所委派A注册会计师担任甲公司2010年度财务报表审计项目合伙人。A注册会计师曾担任甲公司2004—2008年度财务报表审计项目合伙人，但未担任甲公司2009年度财务报表审计项目合伙人。

(2)2010年9月15日，甲公司收购了乙公司80%的股权，乙公司成为其控股子公司。A注册会计师自2009年1月1日起担任乙公司的独立董事，任期5年。

(3)B注册会计师系ABC会计师事务所的合伙人，与A注册会计师同处一个业务部门。2010年3月1日，B注册会计师购买了甲公司股票5 000股，每股10元，由于尚未出售该股票，ABC会计师事务所未委派B注册会计师担任甲公司审计项目组成员。

(4)丙公司系甲公司的母公司，甲公司审计项目组成员C的妻子在丙公司担任财务总监。

(5)甲公司审计项目组成员D曾在甲公司人力资源部负责员工培训工作，于2010年2月10日离开甲公司，加入ABC会计师事务所。

(6)2010年2月25日，XYZ会计师事务所接受甲公司委托，提供内部控制设计服务。

要求：针对上述事项，请逐项指出ABC会计师事务所及其人员是否违反《职业道德守则》，并简要说明理由。

第三章 管理层认定与审计目标

知识目标

掌握管理层、治理层及注册会计师的责任，以及审计总目标、管理层认定和具体审计目标的相关知识。

能力目标

区别管理层、治理层责任与注册会计师责任；在了解并掌握审计总目标的基础上，把握管理层认定、具体审计目标及二者之间的关系。

引导案例

渝钛白事件

重庆渝港钛白粉股份有限公司（简称渝钛白公司）1997 年亏损额为 3 136 万元。1997 年该公司将实际上已于 1995 年底完工且投入试生产的钛白粉建设项目应付债券利息约 8 064万元计入了在建工程成本。渝钛白公司总会计师给出的理由：一是钛白粉这种化工产品对各项技术指标的要求非常严格，需要反复试生产，直到生产出合格的产品才能投放市场，而试产期的产品性能不稳定，是不能投放市场的；二是原料（如硫酸）的腐蚀性强，一旦停工，原料淤积于管道、容器中，再次开工前须彻底清洗、调试设备。因此，在钛白粉项目交付使用并产生效益前，还有一个过渡的整改和试生产期，仍属工程建设期。

经审计，重庆会计师事务所的注册会计师认为：应计利息 8 064 万元应计入当期损益，因为公司钛白粉工程于 1995 年下半年就开始投产，1996 年已经具备生产能力，可以生产出合格产品。工程虽一度停产，1997 年全年生产 0.168 万吨，这一产量与设计能力 1.5 万吨相差甚远，但主要原因是缺乏流动资金并且市场暂未打开，而非工程尚未完工，该工程已达到预定可使用状态。根据《企业会计准则》的规定：固定资产达到预定可使用状态时，为购建固定资产而发生的借款利息应当停止资本化，此后发生的借款利息应在发生时确认为费用。如此一来，渝钛白公司 1997 年的亏损额应为 11 200 万元。

双方各执一词，最后，重庆会计师事务所发表了否定意见。

案例中，将借款费用资本化是被审计单位对其财务报表做出的认定，注册会计师的职责是确定被审计单位的认定是否正确。

思考：渝钛白公司管理层的认定正确吗？

第一节 管理层、治理层的责任及注册会计师的责任

在介绍财务报表审计目标之前，有必要先介绍一下被审计单位管理层、治理层的责任及

注册会计师的责任。

这里的“被审计单位管理层、治理层的责任”指的是被审计单位管理层、治理层对报表的责任。

一、管理层的责任

管理层是指对企业经营活动的执行负有管理责任的人员。

管理层的责任是指在治理层的监督下，按照适用的会计准则和相关会计制度的规定编制财务报表，其具体工作由管理层领导下的会计部门承担。管理层对编制财务报表的责任具体包括：

(1)选择适用的会计准则和相关会计制度。例如：事业单位适用《事业单位会计制度》；而企业根据规模、组织形式的不同，可能分别适用《企业会计准则》、《企业会计制度》和《小企业会计制度》等。

(2)选择和运用恰当的会计政策。管理层应当根据企业的具体情况，选择和运用恰当的会计政策。

(3)做出合理的会计估计。财务报表中涉及大量的会计估计，如固定资产的预计使用寿命和净残值、应收账款的可收回金额、存货的可变现净值以及预计负债的金额等。管理层有责任根据企业的具体情况做出合理的会计估计。

(4)设计、实施和维护与财务报表编制相关的内部控制。为了履行编制财务报表的职责，管理层通常会设计、实施和维护与财务报表编制相关的内部控制，以保证财务报表不存在由于舞弊或错误而导致的重大错报。

二、治理层的责任

治理层是指对企业战略方向和管理层履行经营管理职责负有监督责任的组织和人员。

治理层的责任是监督财务报告的编制与披露过程。治理层对财务报告过程的监督职责主要体现在以下几方面：

(1)审核或监督企业的重大会计政策。

(2)审核或监督企业财务报告编制与披露程序，以及与财务报告相关的企业内部控制。

(3)组织和领导企业内部审计，审核和批准企业的财务报告和相关信息披露。

(4)聘任或解聘负责企业外部审计的注册会计师，并与其进行沟通。

三、注册会计师的责任

注册会计师的责任是按照《中国注册会计师审计准则》的规定对财务报表发表审计意见。

注册会计师作为独立的第三方对财务报表发表审计意见，有利于提高财务报表的可信赖程度。为履行这一职责，注册会计师应当遵守职业道德规范，按照审计准则的规定计划和实施审计工作，收集充分、适当的审计证据，据以得出合理的审计结论，发表恰当的审计意见。在审计过程中,注册会计师应合理运用职业判断,保持职业怀疑态度。注册会计师通过签署审计报告确认其责任。

四、管理层、治理层的责任与注册会计师的责任之间的关系

财务报表审计不能减轻被审计单位管理层与治理层的责任。

财务报表编报和财务报表审计是财务信息生成链条上的不同环节。编报财务报表一般是管理层的责任。对财务报表的编制与披露过程,治理层负有监督职责。法律法规要求管理层和治理层对编报财务报表承担责任,有利于从源头上保证财务信息的质量。在审计过程中,尽管注册会计师可能向管理层和治理层提出调整建议,甚至在不违反独立性的前提下为管理层编制财务报表提供一些协助,但仍然要由管理层、治理层对编报财务报表承担责任,并通过签署财务报表确认这一责任。如果财务报表存在重大错报,而注册会计师通过审计没能够发现,也不能因为财务报表已经过注册会计师审计这一事实而减轻管理层和治理层对财务报表的责任。

第二节　管理层认定

审计目标的确定与管理层认定密切相关。注册会计师的基本职责就是确定被审计单位管理层对其财务报表的认定是否恰当。认定对于审计的作用是,注册会计师根据认定推出具体审计目标,再根据具体审计目标设计和实施恰当的审计程序,从而完成审计工作。

一、管理层认定的含义

管理层认定是指被审计单位管理层对财务报表各组成要素的确认、计量、列报做出的明确或隐含的表达。

二、管理层认定的类别

(一)与各类交易和事项相关的认定类别

(1)发生。发生是指记录的交易和事项已发生且与本单位有关。如果没有发生销售交易,但在销售账中记录了一笔销售,则已记录的销售交易是不真实的,属于发生认定错报。发生认定主要与财务报表组成要素的高估有关。

(2)完整性。完整性是指所有应当记录的交易和事项均已记录。如果发生了销售交易,但没有在销售账中记录,则已发生的销售交易被漏记了,属于完整性认定错报。完整性认定主要与财务报表组成要素的低估有关。

(3)准确性。准确性是指与交易和事项有关的金额及其他数据已恰当记录。如果销售交易中发出商品的数量与发票账单上的数量不符,或是开具发票账单时使用了错误的销售价格,或是发票账单中的乘积或加总有误,或是在销售账中记录了不恰当的金额,则已记录

的销售交易金额不准确。

特别提示▶▶▶

发生、完整性和准确性认定之间的关系:发生认定表明没有虚构,没有多列交易和事项;完整性认定表明没有遗漏,没有少列交易和事项;准确性认定是在发生和完整性认定基础上对数量的认定,表明没有多计或少计数量;发生和完整性是对交易和事项"质"的认定,准确性是对交易事项"量"的认定。

(4)截止。截止是指交易和事项已记录于正确的会计期间。如果本期交易推到下期记录,或下期交易提到本期记录,均属于截止认定错报。

(5)分类。分类是指交易和事项已记录于恰当的账户,就是将易混淆的交易、事项区分开来。如果将现销记录为赊销,将出售经营性固定资产所得的收入记录为营业收入,将应予资本化的利息计入财务费用,将应收账款计入其他应收款,则会导致分类认定错报。

(二)与期末账户余额相关的认定类别

(1)存在。这是指记录的资产、负债和所有者权益是存在的。如果不存在某项应收账款,在应收账款明细账中却列入了该项应收账款,则属于存在认定错报。

(2)权利和义务。这是指记录的资产由本单位拥有或控制,记录的负债是本单位应当履行的现时义务。将他人寄售商品记入本单位存货中,属于权利认定错报;将不属于本单位的债务记入账内,属于义务认定错报。

(3)完整性。这是指所有应当记录的资产、负债和所有者权益均已记录。如果存在某项应收账款,在应收账款明细表中却没有列入该项应收账款,则属于完整性认定错报。

(4)计价和分摊。这是指资产、负债和所有者权益以恰当的金额包含在财务报表中,与之相关的计价或分摊调整已恰当记录。如果期末没有对应收账款计提坏账准备,致使高估应收账款金额,就属于计价与分摊认定错报。

(三)与列报相关的认定类别

(1)发生及权利和义务。这是指披露的交易、事项和其他情况已发生,且与本单位有关。将没有发生的交易、事项或与本单位无关的交易和事项包括在财务报表中,则属于本项认定错报。例如,附注披露将要获得政府补贴;应收账款质押或固定资产抵押,需在财务报表附注中披露,说明其权利受到限制。

(2)完整性。这是指所有应当包括在财务报表中的披露均已包括。如果应当披露的事项没有包括在财务报表中,则属于完整性认定错报。例如,关联方和关联交易没有在财务报表附注中充分披露。

(3)分类和可理解性。这是指财务信息已被恰当地列报,且表述清晰明了。例如:资产与负债必须分列,资产必须分为流动资产、固定资产及其他资产,负债必须分为流动负债和长期负债,以增强财务信息的有用性和可理解性;将一年内到期的长期负债列入流动负债项下,则分类是正确的;披露存货的主要类别,增强可理解性。

(4)准确性和计价。这是指财务信息和其他信息已公允披露,且金额恰当。例如,财务报表中的合计数准确无误,财务报表附注分别对原材料、在产品和产成品等存货的成本核算方法做了恰当说明。

第三节 审计目标

审计目标是指在一定环境中,审计主体通过审计活动所期望达到的境地或最终结果。它分为审计总目标与具体审计目标两个层次。

一、审计总目标

1. 国家审计目标

根据《中华人民共和国审计法》的规定,国家审计目标定位于真实性、合法性与效益性,侧重于维护国家财经秩序、促进廉政建设、改进政府管理。

2. 内部审计目标

根据有关法律的规定,内部审计目标也定位于真实性、合法性与效益性,侧重于促进加强内部管理、提高经济效益。

3. 注册会计师审计目标

根据《中国注册会计师审计准则第 1101 号——财务报表审计的目标和一般原则》的规定,财务报表审计的总目标是注册会计师通过执行审计工作,对财务报表的合法性和公允性发表审计意见,侧重于提高会计信息质量、维护公众利益、服务于市场经济。

所谓合法性,是指被审计单位的财务报表是否按照适用的会计准则和相关会计制度的规定编制的。

所谓公允性,是指被审计单位的财务报表是否在所有重大方面公允反映其财务状况、经营成果和现金流量。

二、具体审计目标

这里只介绍注册会计师的具体审计目标。

具体审计目标是审计总目标的具体化,必须根据审计总目标和被审计单位管理层的认定来确定。注册会计师应当运用交易、账户余额、列报认定来更好地确定每个项目的具体审计目标,以便更好地评估重大错报风险,设计和实施进一步审计程序。

将审计总目标与管理层各项认定相对应,便形成了具体审计目标。

(一)与各类交易和事项相关的审计目标

(1)发生。由发生认定推导的审计目标是确认已记录的交易是否真实。它所要解决的问题是管理层是否把那些不曾发生的项目记入财务报表中。发生目标针对的是潜在的虚记(高估)。

(2)完整性。由完整性认定推导的审计目标是确认已发生的交易是否确实已经记录。它所要解决的问题是管理层是否未把那些真实发生的项目记入财务报表中。完整性目标针对的是漏记(低估)。

(3)准确性。由准确性认定推导出的审计目标是确认已记录的交易是否按正确金额反映。

(4)截止。由截止认定推导出的审计目标是确认接近于资产负债表日的交易是否记录于恰当的会计期间,有无跨期事项。通常,最可能出现截止错报的交易是那些临近资产负债表日的交易。

(5)分类。由分类认定推导出的审计目标是确认被审计单位记录的交易是否经过适当分类,是否记入恰当账户。

(二)与期末账户余额相关的审计目标

(1)存在。由存在认定推导出的审计目标是确认记录的金额是否确实存在。

(2)权利和义务。由权利和义务认定推导出的审计目标是确认资产是否归属于被审计单位(拥有或控制),负债是否属于被审计单位的现时义务。

(3)完整性。由完整性认定推导出的审计目标是确认已存在的金额是否均已记录。

(4)计价和分摊。由计价和分摊推导出的审计目标是确认资产、负债和所有者权益是否以恰当的金额包括在财务报表中,与之相关的计价或分摊调整是否已恰当记录。

(三)与列报相关的审计目标

交易和事项、期末账户余额的认定正确与否决定了列报的正确性,但财务报表还可能因被审计单位误解有关列报的规定或舞弊等而产生错报。另外,还可能因被审计单位没有遵守一些专门的列报要求而导致财务报表错报。即使注册会计师审计了各类交易和账户余额的认定,实现了各类交易和账户余额的具体审计目标,也不意味着获取了足以对财务报表发表审计意见的充分的、适当的审计证据,因此注册会计师还应当对各类交易和事项、期末账户余额等列报的正确与否进行审计。

(1)发生及权利和义务。由发生及权利和义务认定推导出的审计目标是确认财务报表披露的交易、事项与其他情况是否已发生,且与被审计单位有关。

(2)完整性。由完整性认定推导出的审计目标是确认所有应当在财务报表中披露的交易、事项与其他情况是否均已包括。

(3)分类和可理解性。由分类和可理解性认定推导出的审计目标是确认财务信息是否已被恰当地列报,且表述清晰明了。

(4)准确性和计价。由准确性和计价认定推导出的审计目标是确认财务信息和其他信息是否已公允披露,且金额恰当。

内容小结

本章属于审计学的基本理论,指明了审计的目标,介绍了一些基本概念。主要包括以下内容:

审计目标是在一定的审计环境下所确定的对审计行为结果的一种期望。

注册会计师财务报表审计的目标是注册会计师通过执行审计工作，对财务报表的下列方面发表审计意见：一是财务报表是否按照适用的会计准则和相关会计制度的规定编制；二是财务报表是否在所有重大方面公允地反映了被审计单位的财务状况、经营成果和现金流量。

管理层认定是指被审计单位管理层对财务报表组成要素的确认、计量、列报做出的明确或隐含的表达。

审计具体目标包括与各类交易和事项相关的、与账户余额相关的、与列报相关的三类具体目标。

思考与练习

一、单项选择题

1. 被审计单位管理层认定，在资产负债表中列作长期负债的各项负债一年内不会到期，这属于管理层的(　　)认定。

A. 计价和分摊　　B. 分类和可理解性

C. 发生及权利和义务　　D. 存在和完整性

2. 在注册会计师对下列各项目分别提出的具体目标中，(　　)是完整性目标。

A. 有价证券的金额是否予以适当列示

B. 关联交易类型、金额是否在附注中恰当披露

C. 购货引起的借贷双方会计科目是否在同期入账

D. 实现的销售是否登记入账

3. 在注册会计师所关心的下列问题中，(　　)是为了实现截止目标。

A. 年后开出的支票是否未计入报告期报表中

B. 应收账款是否已经按照规定计提坏账准备

C. 存货的跌价损失是否已抵减

D. 固定资产是否有用作抵押的

4. 审计意见旨在提高被审计单位(　　)的可信赖程度。

A. 财务报表　　B. 持续经营能力

C. 管理层经营效率　　D. 管理层经营效果

5. 所谓(　　)，是指被审计单位管理层对财务报表各组成要素的确认、计量、列报和披露做出的明确或隐含的表达。

A. 认定　　B. 管理层责任

C. 治理层责任　　D. 审计目标

6. 下列认定中，与财务报表列报无关的是(　　)。

A. 权利和义务认定　　B. 完整性认定

C. 发生认定　　D. 截止认定

7.(　　)的责任是按照适用的财务报表编制基础编制财务报表。

A. 注册会计师　　B. 管理层

C. 治理层　　D. 单位负责人

二、多项选择题

1. 被审计单位管理层对资产负债表认定的项目主要有(　　)。

A. 发生　　B. 权利和义务

C. 准确性　　D. 完整性

2. 如果被审计单位将应计入 A 账户的业务错记在同一会计期间的 B 账户中,则下列说法中,(　　)是正确的。

A. A 账户违反了完整性认定

B. B 账户违反了存在或发生认定

C. A 账户违反了存在或发生认定

D. B 账户违反了完整性认定

3. 具体审计目标是注册会计师根据被审计单位管理层对财务报表的认定推论得出的。具体审计目标一般包括(　　)。

A. 总体合理性与其他审计目标

B. 与各类交易和事项相关的审计目标

C. 与期末余额相关的审计目标

D. 与列报有关的审计目标

4. 注册会计师财务报表审计总目标是指注册会计师对财务报表整体是否不存在由于舞弊或错误导致的重大错报获取合理保证,使得注册会计师对财务报表的(　　)发表审计意见。

A. 合法性　　B. 公允性

C. 重大错报风险　　D. 重要性水平

5. 审计目标分为(　　)两个层次。

A. 审计总目标　　B. 报表层次审计目标

C. 具体审计目标　　D. 认定层次审计目标

6. 一般而言,具体审计目标要根据(　　)来确定。

A. 被审计单位治理层意见　　B. 被审计单位主管部门意见

C. 被审计单位管理层的认定　　D. 审计总目标

7. 下列关于注册会计师责任与被审计单位管理层、治理层责任之间关系的表述正确的是(　　)。

A. 如果财务报表存在重大错报,而注册会计师通过审计没有发现,由于财务报表已经通过注册会计师审计,所以可以减轻管理层和治理层对财务报表的责任

B. 如果财务报表存在重大错报,而注册会计师通过审计没有发现,注册会计师可能承担过失或欺诈的责任

C. 如果财务报表存在重大错报,而注册会计师通过审计没有发现,也不能因为财务报表经过注册会计师审计这一事实而减轻管理层和治理层对财务报表的责任

D. 管理层和治理层对编制财务报表承担责任,从源头上保证财务信息的质量

三、判断题

1. 注册会计师对财务报表进行审计,能够减轻被审计单位管理层与治理层的责任。(　　)

2. 管理层认定只是对财务报表各组成要素的确认、计量、列报做出的明确表述。(　　)

3. 完整性认定可能存在的问题是漏记交易(低估)。(　　)

4. 如果被审计单位未在财务报表附注中披露有关存货的担保、抵押情况,就意味着管理层对外承诺存货不存在担保、抵押的情况。(　　)

5. 如果将现销记录为赊销,将出售经营性固定资产所得的收入记录为营业收入,则会导致交易分类的错误,这违反了发生的目标。(　　)

6. 若已入账的销售交易是对正确发出商品的记录,但金额计算错误,则属于准确性认定错报,而发生认定没有错报。(　　)

7. 具体审计目标是对管理层各项认定的再认定。(　　)

四、案例分析

ABC 公司是一家专营商品零售的股份公司。经了解,注册会计师确定存货项目为重点审计领域,同时决定根据管理层认定来确定存货项目的具体审计目标。

具体审计目标:①公司对存货是否拥有所有权?②记录的存货数量是否包括了公司所有的在库存货?③是否按成本与可变现净值孰低法调整期末存货的价值?④已售存货成本的计算及结转是否准确?⑤存货的计价基础是否已在财务报表附注中恰当披露?⑥存货的主要类别是否已在财务报表附注中恰当披露?

认定:①账户余额的完整性;②账户余额的存在性;③账户余额的权利和义务;④账户余额的计价与分摊;⑤列报和披露的准确性和计价;⑥列报和披露的分类与可理解性;⑦交易的截止;⑧交易的准确性。

要求:假定计提审计目标已经被注册会计师选定,注册会计师应当确定的与各具体审计目标最相关的认定是什么?

第四章 审计业务约定书与审计计划

知识目标

了解审计业务约定书的作用和内容;理解制定总体审计策略应当考虑的事项;理解并掌握具体审计计划的内容,以及获取审计证据的审计程序。

能力目标

能判断是否接受业务委托;会编制总体审计策略与具体审计计划,并恰当运用审计程序和方法。

引导案例

某会计师事务所对 ABC 公司(大型制造业企业)已连续审计多年,由于该公司的内部控制一直是令人满意的,而且该公司所处的行业非常稳定,实施审计工作的结果表明,该公司的财务报表合法、公允,因此从未向其出具过保留意见的审计报告。

2014 年,该会计师事务所派一位新招募来的职员负责这项审计工作。主任会计师通知他,2014 年的时间预算应当与以前年度保持一致。审计期间,该职员向会计师事务所报告了以下事项:该公司最近对存货系统实施自动化改造;总会计师此间辞职,其职位空闲已有两个月;控制测试发现许多缺陷。尽管如此,原定的时间预算并未做修改。由于紧迫的时间预算,审计人员并未对自动化系统进行测试。审计恰恰在预算时间内完成,最终发表了无保留意见。主任会计师对审计组的工作效率和效果感到很满意。但几个月后,这家公司陷入严重的财务困境,无法偿还到期债务。随后的调查表明,由于计算机系统错误的存货定价,未考虑存货的过期贬值,导致了高估存货价值;新任总会计师伪造发票,维持销售收入水平与以前年度相当,由此高估了销售收入和债权;负责存货审计的助理人员是一个刚毕业的学生,只测试了很少的存货样本,样本中存在的存货计价错报被认为不重要,因此没有追加进一步的审计程序;由于时间预算的限制,没有执行债务周转率等分析程序。这些情况导致了审计失败。

思考:恰当的审计程序与审计前充分的审计计划孰轻孰重?

第一节 审计业务约定书

一、审计业务约定书的含义

审计业务约定书是指会计师事务所与被审计单位签订的用以记录和确认审计业务的委托与受托关系、审计目标和范围、双方的责任以及报告的格式等事项的书面协议。

二、审计业务约定书的作用

会计师事务所承接任何审计业务，都应与被审计单位签订审计业务约定书。

审计业务约定书具有经济合同的性质，一经双方签字认可，就成为法律上的契约，对双方均具有法律约束力。若出现法律诉讼，审计业务约定书是明确双方责任的重要证据。

审计业务约定书可以明确双方的责任及义务，以避免双方对审计业务的理解产生分歧。

审计业务约定书可以作为被审计单位评价审计业务完成情况的标准，也可以作为会计师事务所审查被审计单位对约定义务履行情况的依据，能有效保证双方的利益。

三、审计业务约定书的基本内容

不同的审计对象和审计目标可能导致审计业务约定书的具体内容和格式有所不同，但均应包括以下主要内容：

(1)财务报表审计的目标与范围；

(2)财务报告的编制基础；

(3)注册会计师的责任；

(4)管理层的责任；

(5)详细说明审计工作的范围；

(6)对审计结果的其他沟通形式；

(7)计划和执行审计工作的安排；

(8)阐明由于存在审计和内部控制的固有限制，即使审计工作按照审计准则的规定得到恰当的计划和执行，仍不可避免地存在某些重大错报未被发现的风险；

(9)管理层为注册会计师提供必要的工作条件和帮助；

(10)管理层确认将会提供管理层声明书；

(11)管理层同意向注册会计师及时提供财务报表及其他所有附带信息；

(12)管理层同意告知注册会计师在审计报告日到财务报表报出日间注意到的任何可能影响财务报表的事实；

(13)管理层确认收到审计业务约定书并同意其中的条款；

(14)注册会计师可能在某些方面利用其他注册会计师和专家的工作；

(15)注册会计师对执业过程中获知的信息保密；

(16)注册会计师可不受限制地接触任何与审计有关的记录文件和所需要的其他信息；

(17)说明注册会计师责任可能存在限制；

(18)审计收费；

(19)违约责任；

(20)解决争议的办法；

(21)注册会计师与被审计单位之间需要达成进一步协议的其他事项。

四、审计业务约定书范例

实务中，审计业务约定书有合同式和信函式两种，尽管两者在形式上有所不同，但内容是相同的。

合同式审计业务约定书格式见参考格式 4-1。

参考格式 4-1 审计业务约定书

编号：

甲方：×××公司

乙方：×××会计师事务所

兹由甲方委托乙方对____年度财务报表进行审计，经双方协商，达成如下约定：

一、业务范围及审计目标

1. 乙方接受甲方委托，对甲方按照《企业会计准则》和《　　企业会计制度》编制的____年 12 月 31 日的资产负债表，____年度的利润表、现金流量表以及财务报表附注（以下统称财务报表）进行审计。

2. 乙方通过执行审计工作，对财务报表的下列方面发表审计意见：①财务报表是否按照《企业会计准则》和《　　企业会计制度》的规定编制；②财务报表是否在所有重大方面公允反映甲方的财务状况、经营成果和现金流量。

二、甲方的责任与义务

（一）甲方的责任

1. 根据《中华人民共和国会计法》及《企业财务会计报告条例》，甲方及甲方负责人有责任保证会计资料的真实性和完整性。甲方管理层有责任妥善保存和提供会计记录（包括但不限于会计凭证、会计账簿及其他会计资料），这些记录必须真实、完整地反映甲方的财务状况、经营成果和现金流量。

2. 按照《企业会计准则》和《　　企业会计制度》的规定编制财务报表是甲方管理层的责任，这种责任包括：①设计、实施和维护与财务报表编制相关的内部控制，以使财务报表不存在由于舞弊或错误而导致的重大错报；②选择和运用恰当的会计政策；③做出合理的会计估计。

（二）甲方的义务

1. 及时地为乙方的审计工作提供其所要求的全部会计资料和其他有关资料（在乙方外勤开始时提供审计所需的全部资料），并保证所提供资料的真实性和完整性。

2. 确保乙方不受限制地接触任何与审计有关的记录、文件和所需的其他信息。

3. 甲方管理层对其做出的与审计有关的声明予以书面确认。

4. 为乙方派出的有关工作人员提供必要的工作条件和协助，主要事项将由乙方于外勤工作开始前提供清单。

5. 按本约定书的约定及时足额支付审计费用以及乙方人员在审计期间的交通、食宿和其他相关费用。

三、乙方的责任和义务

（一）乙方的责任

1. 乙方的责任是在实施审计工作的基础上对甲方财务报表发表审计意见。乙方按照《中国注册会计师独立审计准则》（以下简称审计准则）的规定进行审计。审计准则要求注册会计师遵守职业道德规范，计划和实施审计工作，以对财务报表是否不存在重大错报获取合理保证。

2. 审计工作涉及实施审计程序，以获取有关财务报表金额和披露的审计证据。选择的审计程序取决于乙方的判断，包括对由于舞弊或错误导致的财务报表重大错报风险的评估。在进行风险评估时，乙方考虑与财务报表编制相关的内部控制,以设计恰当的审计程序,但目的并非对内部控制的有效性发表意见。审计工作还包括评价管理层选用会计政策的恰当性和做出会计估计的合理性,以及评价财务报表的总体列报。

3. 乙方需要合理计划和实施审计工作,以获取充分、适当的审计证据,为甲方财务报表是否不存在重大错报获取合理保证。

4. 乙方有责任在审计报告中指明所发现的甲方在某重大方面没有遵循《企业会计准则》和《　　企业会计制度》编制财务报表且未按乙方的建议进行调整的事项。

5. 由于测试的性质和审计的其他固有限制,以及内部控制的固有局限性,不可避免地存在某些重大错报在审计后可能仍然未被乙方发现的风险。

6. 在审计过程中,乙方若发现甲方内部控制存在乙方认为的重要缺陷,应向甲方提交管理建议书,但乙方在管理建议书中提出的各种事项,并不代表已全面说明所有可能存在的缺陷或已提出所有可行的改善建议。甲方在实施乙方提出的改善建议前,应全面评估其影响。未经乙方书面许可,甲方不得向任何第三方提供乙方出具的管理建议书。

7. 乙方的审计不能减轻甲方及甲方管理层的责任。

(二)乙方的义务

1. 按照约定时间完成审计工作,出具审计报告。乙方应于　　年　月　日前出具审计报告。

2. 除下列情况外,乙方应当对执行业务过程中知悉的甲方信息予以保密:①取得甲方的授权;②根据法律法规的规定,为法律诉讼准备文件或提供证据,以及向监管机构报告发现的违反法规行为;③接受行业协会和监管机构依法进行的质量检查;④监管机构对乙方进行行政处罚(包括监管机构处罚前的调查、听证)以及乙方对此提起行政复议。

四、审计收费

1. 本次审计服务的收费是以乙方各级别工作人员在本次工作中所耗费的时间为基础计算的。乙方预计本次审计服务的费用总额为人民币　　元。

2. 甲方应于本约定书签署之日起　日内支付　%的审计费用,其余款项于审计报告完成日结清。

3. 如果由于无法预见的原因,致使乙方从事本约定书所涉及的审计服务实际时间较本约定书签订时预计的时间有明显的增加或减少,甲乙双方应通过协商,相应调整本约定书第四条第1项所述的审计费用。

4. 如果由于无法预见的原因,致使乙方人员抵达甲方的工作现场后,本约定书所涉及的审计服务不再进行,甲方不得要求退还预付的审计费用;如上述情况发生于乙方人员完成现场审计工作并离开甲方的工作现场之后,甲方应另行向乙方支付人民币　　元的补偿费,该补偿费应于甲方收到乙方的收款通知之日起　日内支付。

5. 与本次审计有关的其他费用(包括交通费、食宿费等)由甲方承担。

五、审计报告和审计报告的使用

1. 乙方按照《中国注册会计师审计准则第1501号——审计报告》和《中国注册会计师审计准则第1502号——非标准审计报告》规定的格式和类型出具审计报告。

2. 乙方向甲方致送审计报告一式　份。

3. 甲方在提交或对外公布审计报告时,不得修改乙方出具的审计报告及其后附的已审计财务报表。当甲方认为有必要修改会计数据、报表附注和所做的说明时,应当事先通知乙方,乙方将考虑有关的修改对审计报告的影响,必要时,将重新出具审计报告。

六、本约定书的有效期间

本约定书自签署之日起生效，并在双方履行完毕本约定书约定的所有义务后终止，但其中第三（二）2、四、五、八、九、十项并不因本约定书终止而失效。

七、约定事项的变更

如果出现不可预见的情况，影响审计工作如期完成，或需要提前出具审计报告，甲、乙双方均可要求变更约定事项，但应及时通知对方，并由双方协商解决。

八、终止条款

1. 如果根据乙方的职业道德及其他有关专业职责、适用的法律法规或其他任何法定的要求，乙方认为已不适宜继续为甲方提供本约定书约定的审计服务，乙方可以采取向甲方提出合理通知的方式终止履行本约定书。

2. 在终止业务约定的情况下，乙方有权就其于本约定书终止之日前对约定的审计服务项目所做的工作收取合理的审计费用。

九、违约责任

甲、乙双方按照《中华人民共和国合同法》的规定承担违约责任。

十、适用法律和争议解决

本约定书的所有方面均适用中华人民共和国法律进行解释并受其约束。本约定书履行地为乙方出具审计报告所在地，因本约定书所引起的或与本约定书有关的任何纠纷或争议（包括关于本约定书条款的存在、效力、终止或无效之后果），双方选择以下第　种解决方式：

（1）向有管辖权的人民法院提起诉讼；

（2）提交　　仲裁委员会仲裁。

十一、双方对其他有关事项的约定

本约定书一式贰份，甲、乙双方各执壹份，具有同等法律效力。

甲　方：（盖章）	乙　方：（盖章）
法定代表人	法定代表人
（或授权代表）：（签章）	（或授权代表）：（签章）
年　月　日	年　月　日

第二节　审计计划

一、审计计划的含义和分类

审计计划是指注册会计师为了高效地完成审计业务、达到预期审计目标，对审计工作做出的工作计划。审计计划可分为总体审计策略和具体审计计划两个层次。

二、总体审计策略

注册会计师通过制订总体审计策略来确定审计范围、时间安排和方向，并针对总体审计策略中的不同事项制定具体审计计划，通过有效利用审计资源实现审计目标。

表4-1　总体审计策略记录模式范例

客户名称:	财务报表期间:20××年度	工作底稿索引号:BE
编制人:	日期:	
复核人:	日期:	
项目质量控制复核人(如适用):	日期:	

(一)审计工作范围(见表4-2)

表4-2　审计工作范围

报告要求	
适用的财务报告准则	
适用的审计准则	
与财务报告相关的行业特别规定	
需审计的集团内组成部分的数量及所在地点	
需要阅读的含有已审计财务报表的文件中的其他信息	
制定审计策略需考虑的其他事项	

(二)报告目标、时间安排及所需沟通(见表4-3、表4-4)

表4-3　执行目标、时间

执行审计时间安排	时间
对外报告时间	
期中审计,包括:	
1. 制定总体审计策略及具体审计计划	
2. 与治理层和管理层沟通	
3. 出具与治理层的沟通函	
4. 项目组预备会议	
5. 与专家或有关人士沟通	
6. 与前任注册会计师沟通	
期末审计,包括:	
1. 监盘	
2. 提交审计报告	
3. 审计总结会议	

表 4-4 所需沟通

所需沟通	时间
与管理层及治理层的会议	
项目组会议(包括预备会和总结会)	
与专家或有关人士的沟通	
与其他注册会计师的沟通	
与前任注册会计师的沟通	

(三)人员安排

1. 项目组主要成员的责任

项目组主要成员的职位、姓名及主要责任如表 4-5 所示。

表 4-5 项目组主要成员的职位、姓名及主要责任

职 位	姓 名	主要责任
项目负责人		
项目经理		
注册会计师		
会计师		
审计助理人员		

2. 与项目质量控制复核人员的沟通(见表 4-6)

表 4-6 与项目质量控制复核人员的沟通

沟通内容	负责沟通的项目组成员	计划沟通时间
1. 风险评估、对审计计划的讨论		
2. 对财务报表的复核		
……		

(四)对其他组织或人员工作的利用

1. 对内部审计工作的利用(见表 4-7)

表 4-7 对内部审计工作的利用

主要会计科目	拟利用的内部审计工作	工作底稿索引号
存货		
生产成本		
制造费用		
……		

2. 对其他注册会计师工作的利用(见表4－8)

表4－8 对其他注册会计师工作的利用

其他注册会计师姓名	利用其工作的范围及程度	工作底稿索引号

3. 对专家工作的利用(见表4－9)

表4－9 对专家工作的利用

主要会计科目	专家名称	主要职责及工作范围	利用专家工作的原因	工作底稿索引号

4. 对被审计单位使用服务机构的考虑(见表4－10)

表4－10 对被审计单位使用服务机构的考虑

主要会计科目	服务机构名称	服务机构提供的相关服务及其注册会计师出具的审计报告意见及日期	工作底稿索引号

三、具体审计计划

具体审计计划是依据总体审计策略制订的,比总体审计策略更加详细。

具体审计计划应当包括:①风险评估程序;②计划实施的进一步审计程序;③其他审计程序等。具体内容如表4－11所示。

表4－11 审计计划的具体内容

客户名称:	财务报表期间:20××年度	工作底稿索引号:G2
编制人:	日期:	
复核人:	日期:	
项目质量控制复核人(如适用):	日期:	

(一)风险评估程序

1. 一般风险评估程序

项目组需记录为了解被审计单位及其环境所执行的风险评估程序。该程序可能包括询问、观察、检查及分析程序等。项目组需记录的内容如表4－12所示。

2. 针对特定项目的审计程序

针对特定项目的审计程序如表4－13所示。

3. 了解被审计单位及其环境(不包括内部控制)

应了解被审计单位的内容及相关情况如表4－14所示。

表4－12 项目组需记录的内容

风险评估程序	主要工作内容和范围	执行人及日期	工作底稿索引号
向管理层询问有关被审计单位业务、经营环境、内部控制及其变化情况			
出于计划的目的，对20×1年×月×日至20×2年×月×日年度（期间）财务报表的财务信息进行分析程序			
经营成果与预算预期的比较分析			
多期报表对比分析			
分析中期审阅的结果（如有）			
……			

表4－13 针对特定项目的审计程序

确定特定项目	执行人及日期	工作底稿索引号
关联方及其交易		
期后事项		
或有事项		

表4－14 应了解被审计单位的内容及相关情况

内　容	重点及注意事项	执行人及日期	索引号
行业状况、法律环境与监管环境以及其他外部因素			
被审计单位的性质			
会计政策的选择和运用			
目标、战略及相关经营风险			
财务业绩的衡量和评价			
……			

4. 了解被审计单位的内部控制

应了解被审计单位内部控制的具体内容如表4－15所示。

表4－15 应了解被审计单位的内部控制

应了解的内部控制的具体内容	设计和执行的评价结果	执行人及日期	工作底稿索引号
了解控制环境			
被审计单位风险评估过程			
信息系统与沟通			
控制活动			
对控制的监督			

（二）计划实施的进一步审计程序

计划实施的进一步审计程序包括两方面内容：一是重要账户或列报的计划总体方案，二是进一步审计程序。这部分内容将在第六章进行具体介绍。

（三）其他审计程序

总体审计策略和具体审计计划的制定过程紧密联系，两者的内容也紧密相关。注册会计师应当针对总体审计策略中所识别的不同事项制订具体审计计划，并考虑通过有效利用审计资源来实现审计目标。值得注意的是，虽然编制总体审计策略的过程通常在具体审计计划之前，但是两项计划活动并不是孤立、不连续的过程，而是紧密联系的，对其中一项的决定可能会影响甚至改变对另外一项的决定。对此，注册会计师可能会在具体审计计划中制定相应的审计程序，并相应调整总体审计策略的内容，做出是否利用信息技术专家工作的决定。

注册会计师应当根据实施风险评估程序的结果，对总体审计策略的内容予以调整。在实务中，注册会计师将制定总体审计策略和具体审计计划结合进行，可能会使计划审计工作更有效率及效果。注册会计师也可以采用将总体审计策略和具体审计计划合并为一份审计计划文件的方式，提高编制及复核工作的效率，以增强其效果。

第三节　审计程序

会计师事务所一旦决定接受业务委托，就应当与客户对审计约定条款达成一致意见并签订审计业务约定书。在此之后，注册会计师为高效完成审计工作、达到预期审计目标，应对整体审计工作制订出合理可行的审计计划，继而在审计计划的基础上实施恰当的审计程序和方法，以获取充分、适当的审计证据，对财务报表发表审计意见。

一、审计程序的含义

审计程序是指注册会计师在审计过程中获取审计证据的具体方法。在设计审计程序时，注册会计师应当考虑以下几点：选用何种审计程序；应当从哪些总体中选取哪些项目；对选取的审计程序应当选取多大的样本规模；何时执行这些审计程序。

二、审计程序的种类

在审计过程中，为获取充分、适当的审计证据，注册会计师可以根据需要，单独或综合运用以下审计程序：

（一）检查

检查是指注册会计师对被审计单位内部或外部生成的，以纸质、电子或其他介质形式存在的记录、文件或有形资产进行的审查。

检查的记录或文件主要包括原始凭证、记账凭证、会计账簿、财务报表以及其他文件。

例如：检查会计凭证，看其有无涂改、刮擦、挖补等不合法或伪造的现象，记账凭证的填写是否符合要求；检查会计账簿，注意账户的运用是否恰当，账户对应关系是否正确，账证、账账、账实核对是否相符等。

检查的有形资产主要包括库存现金和存货、有价证券、应收票据和固定资产等。例如：检查固定资产等资产是否真实存在等。有形资产的检查可为其存在提供可靠的审计证据，但不一定能够为其权利和义务的归属、计价是否准确等提供可靠证据，应结合其他审计程序获取充分、适当的审计证据。

（二）观察

观察是指注册会计师察看相关人员正在从事的活动或执行的程序。例如：注册会计师对被审计单位正在实施的某项控制活动进行观察，或对被审计单位的存货盘点进行观察等。观察所提供的审计证据仅限于观察发生的时点，且被观察人员的行为可能因为被观察而受到影响，因此某些情况下观察获取的审计证据可能受到限制。

（三）询问

询问是指注册会计师以书面或口头方式向被审计单位内部或外部的知情人员调查获取财务信息和非财务信息，并对答复进行评价的过程。询问广泛应用于整个审计过程。

知情人员对询问的答复可能为注册会计师提供尚未获悉的信息或佐证证据，同时也可能提供与注册会计师已经获取的其他信息存在重大差异的信息。在某些情况下，对询问的答复仅作为对其他审计程序的补充。

（四）函证

函证是指注册会计师为了获取某些信息，通过直接来自第三方对有关信息和现存状况的声明，获取和评价审计证据的过程。函证强调从独立的第三方直接获取信息，获得的审计证据可靠性相对较强，所以倍受重视，经常应用于银行存款、借款、应收账款等项目审计。

函证的方式有积极式和消极式两种。积极式函证又称肯定式函证，是指被询证者在所有情况下都必须对询证信息回函，确认相关信息。消极式函证又称否定式函证，是指被询证者只有在不同意询证函所列示信息的情况下才回函。审计过程中，注册会计师可以采用积极式函证或消极式函证方式实施函证，也可两种方式相结合。

（五）重新计算

重新计算是指注册会计师以人工或使用计算机辅助审计技术的方式，对记录或文件中数据计算的准确性进行核对。例如：通过重新计算验证被审计单位折旧费用是否正确；检验坏账准备、减值准备等的计算是否正确。

（六）重新执行

重新执行是指注册会计师以人工或使用计算机辅助审计技术的方式，对被审计单位内部控制组成部分的程序或控制重新独立执行。例如：注册会计师重新编制银行存款余额调节表与被审计单位编制的银行存款余额调节表进行比较。

（七）分析程序

分析程序是指注册会计师通过研究不同财务数据之间，以及财务数据与非财务数据之间的内在关系，对财务信息做出评价。分析程序还包括必要时对识别出的与其他相关信息不一致或与预测数据严重偏离的波动和关系进行调查。

例如：注册会计师通过对被审计单位及其环境的了解得知，由于宏观环境影响，本期的销售收入较上期有所下降，在销售成本基本不变的情况下，注册会计师可以合理地预测本期的毛利率较上期应有所下降，但通过执行分析程序发现，本期的毛利率较上期变化不大（甚至超过上期毛利率），注册会计师可能据此认为本期销售收入存在重大错报风险。

注册会计师实施分析程序的使用环境和目的如表 4－16 所示。

表 4－16　注册会计师实施分析程序的使用环境和目的

情形	使用环境	目的
1	用作风险评估程序	了解被审计单位及其环境评估重大错报风险
2	当使用分析程序比细节测试能更有效地将认定层次的检查风险降至可接受的水平时	用作实质性程序
3	审计结束或邻近结束时	对财务报表进行总体复核

在风险评估程序和财务报表总体复核程序中使用分析程序是审计准则的强制要求。

在审计过程中，为了搜集充分、适当的审计证据，注册会计师可以根据需要，单独或综合运用审计程序。

注意事项

对于连续审计，会计师事务所可以决定与被审计单位签订长期审计业务约定书，而不必在每期都致送新的业务约定书或其他书面协议。注册会计师应当根据具体情况评估是否需要对审计业务条款做出修改，以及是否需要提醒被审计单位注意现有条款。

独立制订审计计划是注册会计师的责任。在制订审计计划的过程中，注册会计师可以同被审计单位的有关人员就审计工作的某些情况进行沟通，但应保持一定的职业谨慎，防止审计程序被管理层或治理层预见而损害审计工作的有效性。

审计计划制订后并不是一成不变的，注册会计师应根据审计工作的具体情况，及时对审计计划进行修改和更新，并对重大修改的理由和应对措施做出详细的记录，这个记录应贯穿于整个审计过程。

内容小结

审计业务约定书是指会计师事务所与被审计单位签订的用以记录和确认审计业务的委托与受托关系、审计目标和范围、双方的责任以及报告的格式等事项的书面协议。会计师事务所承接任何审计业务，都应与被审计单位签订审计业务约定书。

审计计划是指注册会计师为了高效地完成审计业务、达到预期审计目标,对审计工作做出的工作计划。审计计划可分为总体审计策略和具体审计计划两个层次。总体审计策略主要用以确定审计范围、时间安排和方向。具体审计计划比总体审计策略更加详细,主要包括:①风险评估程序;②计划实施的进一步审计程序;③其他审计程序等。

审计程序是指注册会计师在审计过程中获取审计证据的具体方法。审计程序主要有检查、观察、询问、函证、重新计算、重新执行和分析程序。

思考与练习

一、单项选择题

1. 会计师事务所一旦决定接受业务委托,就应当与客户对审计约定条款达成一致意见并签订(　　)。

A. 审计计划　　B. 审计通知书　　C. 审计报告　　D. 审计业务约定书

2. 注册会计师为了高效地完成审计业务、达到预期审计目标,对审计工作做出的工作计划叫作(　　)。

A 审计准则　　B. 审计计划　　C. 审计报告　　D. 审计工作底稿

3. (　　)是依据总体审计策略制定的,比总体审计策略更为详细。

A. 审计业务约定书　　B. 审计计划　　C. 具体审计计划　　D. 总体审计计划

4. 下列不适合用函证的项目是(　　)。

A. 库存现金　　B. 银行存款　　C. 应收账款　　D. 委托加工物资

5. 下列不适合用分析程序的是(　　)。

A. 管理费用的真实性　　B. 应收账款的合理性

C. 主营业务收入的完整性　　D. 内部控制的有效性

6. 注册会计师应当制订审计计划来规划审计工作。以下有关计划审计工作的描述中,不恰当的是(　　)。

A. 计划审计工作是一个持续的、不断修正的过程,贯穿于整个审计过程

B. 具体审计计划比总体审计策略更为具体、详细

C. 注册会计师应当记录总体审计策略和具体审计计划及其重大修改

D. 制定总体审计策略和具体审计计划是注册会计师和被审计单位共同的责任

7. 下列关于分析程序的表述中,正确的是(　　)。

A. 实施风险评估必须使用分析程序

B. 实施实质性程序必须使用分析程序

C. 实施财务报表总体复核可以不使用分析程序

D. 风险评估中运用分析程序是为了找出财务报表中的所有错报

8. (　　)是指注册会计师察看相关人员正在从事的活动或执行的程序。

A. 检查　　B. 观察　　C. 询问　　D. 重新执行

9. (　　)是指注册会计师对被审计单位内部或外部生成的,以纸质、电子或其他介质形

式存在的记录、文件或有形资产进行的审查。

A. 检查　　B. 观察　　C. 询问　　D. 重新执行

10. 下列审计程序中获取的信息，可靠性相对最强的是(　　)。

A. 函证　　B. 观察　　C. 询问　　D. 检查

二、多项选择题

1. 下列有关审计业务约定书的表述正确的有(　　)。

A. 审计业务约定书是会计师事务所与被审计单位签订的契约

B. 会计师事务所承接业务时也可以与被审计单位不签订业务约定书

C. 审计业务约定书应由会计师事务所与被审计单位签署，并加盖双方单位印章

D. 审计业务约定书的具体内容和格式必须是相同的

2. 审计计划可以分为(　　)。

A. 总体审计策略　　B. 审计工作底稿

C. 具体审计计划　　D. 审计通知书

3. 制定总体审计策略时，注册会计师应考虑的因素有(　　)。

A. 审计工作方向　　B. 审计工作时间安排

C. 审计工作范围　　D. 控制测试性质

4. 函证的方式有(　　)。

A. 积极式　　B. 否定式

C. 肯定式　　D. 消极式

5. 下列运用重新计算审计程序的是(　　)。

A. 验证所得税额计算的正确性　　B. 验证销售发票总金额的正确性

C. 计算各月营业收入的正确性　　D. 重新编制银行存款余额调节表

6. 下列关于计划审计工作的说法中，不正确的有(　　)。

A. 计划审计工作前需要充分了解被审计单位及其环境，一旦确定，无须进行修改

B. 计划审计工作通常由项目组中经验最多的人完成，其他人无须参与

C. 小型被审计单位无须制定总体审计策略

D. 项目合伙人和项目组关键成员应当参与制订审计计划

7. 注册会计师实施分析程序的目的是(　　)。

A. 用作风险评估程序，了解被审计单位及其环境

B. 比细节测试更有效地将认定层次的检查风险降低至可接受的水平

C. 在审计结束时对财务报表进行总体复核

D. 对内部控制进行评价

8. 具体审计计划包括的内容有(　　)。

A. 风险评估程序　　B. 确定审计范围、时间和方向

C. 计划实施的进一步审计程序　　D. 计划其他审计工作

9. 检查文件或记录适用于(　　)。

A. 银行存款总账　　B. 保险柜内的现金

C. 销售发票记账联　　D. 应收账款明细账

10. 下列可运用观察审计程序的是(　　)。

A. 监督客户执行存货盘点　　B. 对客户的控制活动进行观察

C. 亲自抽点客户的存货　　D. 对客户的固定资产使用状况进行观察

三、判断题

1. 审计业务约定书具有经济合同的性质,一经签订双方签字认可,即具有法定约束力。(　　)

2. 审计计划一旦制定,在执行过程中不得做任何修改。(　　)

3. 为了防止审计程序被管理层或治理层遇见,注册会计师在审计过程中不得与被审计单位做任何的沟通。(　　)

4. 审计过程中,注册会计师可以采用积极式函证或消极式函证方式实施函证,也可两种方式相结合。(　　)

5. 重新执行是指注册会计师以人工或使用计算机辅助审计技术的方式,对记录或文件中数据计算的准确性进行核对。

6. 通过询问,可以获得大量可靠的、可以直接作为结论的证据。(　　)

7. 只要询证的内容正确,积极式函证也可以不回复。(　　)

8. 审计业务约定书只能由签约双方法人代表亲自签署。(　　)

9. 除了项目负责人,项目组其他成员都不应该参与审计计划的编制工作。(　　)

10. 在审计过程中,为了搜集充分、适当的审计证据,注册会计师可以根据需要单独或综合运用审计程序。(　　)

四、简答题

1. 什么是审计业务约定书?审计业务约定书有哪些作用?

2. 什么是审计计划?注册会计师为什么要编制审计计划?

3. 总体审计策略主要包括哪些内容?

4. 什么是审计程序?审计程序可以分为哪几类?

5. 如何理解函证?哪些报表项目的审计可以使用函证?

第五章 审计依据、审计证据与审计工作底稿

知识目标

了解审计证据的含义、特征及分类；熟悉审计工作底稿；掌握审计工作底稿编制、复核与归档的要点。

能力目标

结合实际，了解审计证据的特征及其获取方法；能正确评价审计证据的充分性和适当性；能编制、复核、归档审计工作底稿。

引导案例

海南琼民源案

1993年4月，海南琼民源现代农业发展股份有限公司（简称琼民源）的股票在深圳证券交易所上市交易。1995年，琼民源每股收益不足1厘。经过一番精心包装后，1997年1月，该公司率先公布1996年年报。年报上赫然显示：实现利润5.7亿元，资本公积增加6.57亿元。照此计算，该公司1996年利润总额和净利润分别较1995年增长848倍和1 290倍。对这种超常增长，该公司解释说找到了利润增长点。尽管琼民源的有关人员在这一案件中难逃其责任，但是对琼民源年报进行审计的海南中华会计师事务所（以下简称事务所）同样负有不可推卸的责任。面对琼民源1996年年报中利润和资本公积如此大幅度的增加，具有审计专业知识的注册会计师自然应该给予足够的重视，保持应有的职业谨慎，搜集充分、适当的审计证据。但事实却并非如此。在众多投资者对资本公积、盈余公积、未分配利润等项目提出疑问的情况下，事务所还站出来为琼民源辩护称"报表的真实性不容置疑"。该公司和事务所的"声明"使股市得到暂时的平静。然而，经过1997年2月28日罕见的、巨大的成交量之后，证交所突然宣布"琼民源"于3月1日起停牌，"琼民源"从股市"最大黑马"变成"最大骗局"。

按照独立审计准则的规定，对财务报表进行审计时，一旦出现异常变动情况，在获取审计证据时，注册会计师就必须追踪审核，掌握异常变动的根本原因及证据。这是年报审计的基本常识。

事务所为自己辩护称，由于成本效益原则，注册会计师不可能对每一个项目都进行实质性测试。《独立审计具体准则第5号——审计证据》第12条写道："注册会计师获取审计证据时，可以考虑成本效益原则，但对于重要审计项目，不应将审计成本的高低或获取审计证据的难易程度作为减少必要审计程序的理由。"据此，在"琼民源"一案中，审计人员负有不可推卸的责任。证监会和中注协对相关的注册会计师事务所和个人均做出了严厉的处罚，证明他们在工作中确实出现了严重的过失与错误。

资料来源：http://www.doc88.com/p-8945970225209.html.

思考：审计人员获取审计证据的方法有哪些？审计证据有哪些类型？

第一节 审计依据

审计依据也称审计标准，是对审计对象做出判断的标准。要得出审计结论、提出审计意见，就必须有明确的、具有权威性的审计依据。如果没有审计依据，也就没有判断标准，就无法得出审计结论。

一、审计依据的种类

审计依据可按不同的标准进行分类。审计人员选择不同的审计依据，得出的评价和结果也会有所不同。

（一）按审计依据的来源渠道分类

1. 外部制定的审计依据

外部制定的审计依据指的是国家制定的法律、法规等，主要包括地方政府、上级主管部门颁发的规章制度和下达的文件，按照国际惯例所引用的法律、法规等。

2. 内部制定的审计依据

内部制定的审计依据指的是被审计单位内部所制定的规章制度、行为准则、责任制度等。

（二）按审计依据的性质分类

1. 法律、法规

这里的法律、法规，主要是指全国人民代表大会、全国人大常委会、国务院颁布的法律、法规，如《会计法》《公司法》《企业财务会计报告条例》等。

2. 规章制度

这里的规章制度，主要是指国务院各部门颁布的规章制度，如《企业会计准则》、相关会计制度等。

3. 计划、预算、合同等

这里的计划、预算、合同等，主要是指国家机关、事业单位制定的标准，如计划、合同、预算、质量标准等。

（三）按审计依据的对象分类

1. 财务审计依据

财务审计主要是依据国家的法律、法规，对被审计单位经济活动的真实性、合法性做出审计评价。财务审计的主要依据有法律、法规、规章制度等。

2. 经济效益审计依据

经济效益审计主要是根据预算、合同、技术规范等，对被审计单位经济活动的有效性做出审计评价。经济效益审计的主要依据有预算、合同、计划、标准等。

二、审计依据的特征

随着经济的发展和管理方法的不断更新，旧的标准不断被淘汰，新的标准不断出现，审计依据也随之改变，所以无论什么样的审计依据，只是在一定范围内、一定历史时期内有效。

（一）权威性

任何审计依据都具有一定的权威性，但不同层次的审计依据的权威性大小是不同的。例如，全国人民代表大会制定的法律、法规处于最高地位，具有最高的权威性；企业内部制定的规章制度要求企业人员都要遵守，也具有权威性。

（二）层次性

一般来说，制定依据的部门级别越高，该依据的权威性越强。例如，全国人大制定的法律、法规和企业内部制定的规章制度虽然都具有权威性，但是全国人大制定的法律、法规的权威性较高，而企业内部制定的规章制度的权威性较低。

（三）地域性

审计依据受到地域性的限制。由于各个国家、各个地区的经济发展水平不同，所以一个国家、一个地区的审计依据不能照搬另一个国家或是另一个地区的审计依据。

（四）时效性

审计依据都有一定的时效性，随着社会和经济的发展，审计依据也要不断更新，否则，就不能称之为审计依据，而是妨碍审计人员从事审计工作的绊脚石。

（五）相关性

审计依据与被审计项目应是相关的，这样才能够判断被审计项目是否真实、合法、有效。只有相关的审计证据，才能为审计人员提出审计意见、得出审计结论提供充足的理由。

三、运用审计依据的原则

由于不同的被审计事项需要不同的评价依据和衡量标准，所以审计人员应根据实际需要和具体的审计目标，选择适当的审计依据进行审计，提出恰当的审计意见，得出正确的审计结论。这就要求审计人员在选用审计依据时应遵循一定的审计原则。

（一）从实际出发

审计依据具有权威性、层次性、地域性、时效性、相关性等特征，这就要求审计人员要做到从实际出发，具体问题具体分析。例如，在权威性方面，应尽可能使用权威性大的审计依据。

（二）把握实质问题

被审计单位的经济活动是不断变化的，这就要求审计人员要辩证地看问题，分清问题的主次，要抓住问题的实质。

（三）准确、可靠

审计依据必须准确、可靠，绝不能把主观臆测作为判断是非的依据。审计人员只有坚持准确、可靠的原则，才能提出合理的审计意见，得出正确的审计结论。

第二节 审计证据

整个审计实施的过程，也是注册会计师收集审计证据的过程。注册会计师应当运用恰当的审计方法，获取充分、适当的审计证据，以得出合理的审计结论，并将该结论作为形成审计意见的基础。

一、审计证据的概念

审计证据是审计中的一个核心概念。《中国注册会计师审计准则第 1301 号——审计证据》第三条规定："本准则所称审计证据，是指注册会计师为了得出审计结论、形成审计意见而使用的所有信息，包括财务报表依据的会计记录中含有的信息和其他信息。"

（一）会计记录中含有的信息

依据会计记录编制财务报表是被审计单位管理层的责任，注册会计师应当测试会计记录，以获取审计证据。会计记录是被审计单位管理层编制财务报表的基础，主要包括原始凭证、记账凭证、总分类账和明细分类账、未在记账凭证中反映的对财务报表的其他调整，以及支持成本分配、计算、调节和披露的手工计算表和电子数据表。

（二）其他信息

会计记录中含有的信息本身不足以提供充分的审计证据作为对财务报表发表审计意见的基础，注册会计师还应当获取审计证据的其他信息。可用作审计证据的其他信息包括以下几类：注册会计师取得的被审计单位内部或外部获取的会计记录以外的信息，如被审计单位的会议记录、内部控制手册、询证函的回函、分析师的报告、与竞争者的比较数据；通过询问、观察和检查等审计程序获取的信息，如通过检查获取存货实际存在与否的证据等；注册会计师自己编制或获取的可以通过合理推断得出结论的信息，如注册会计师亲自编制的各种计算表、分析表等。

二、审计证据的作用

审计证据在审计工作中具有十分重要的作用，它直接关系着审计质量的高低、审计结论的准确性，也关系着审计自身的发展和它在社会中的地位。

（一）证明经济活动真相

经济活动本身是客观存在的，审计的任务就是证明这种客观存在。例如：根据充分、可靠的审计证据，可以确认账目上的差错是属于无意的疏忽还是蓄意的弄虚作假；对于复杂事物，尤其是那些被假象掩盖着的事物，需要更多的证据来证明。

（二）揭示经济责任和法律责任

审计证据作为辨别是非功过的事实凭据，通常被司法、行政、经济等部门用作解除或追究相关责任人经济责任和法律责任的重要根据。

（三）形成审计结论的依据

在审计过程中，审计人员只有坚持客观公正的态度，运用恰当的审计方法和审计程序，获取充分、适当的审计证据，凭事实说话，才能保证所形成的审计意见和结论正确可靠、符合客观实际。若没有这些审计证据，审计结论充其量只是一种主观的判断、估计和推测，只能得出错误的审计意见和结论，最终将导致审计的失败。

（四）控制审计工作的质量

审计项目负责人对审计工作和审计结论负有主要责任，但他们不可能亲自参加全部审计工作。他们的责任是帮助和督促下属高质量地完成所布置的任务，并通过审阅审计人员收集的审计证据，及时纠正有关人员在工作过程中发生的问题，给有关人员提供必要的指导，从而控制审计风险，提高审计工作的质量。

三、审计证据的种类

从不同的角度看，审计证据有不同的类别。研究审计证据的分类，对有效取得证据、正确评价证据、提高审计工作效率都具有极其重要的意义。

（一）按形态进行分类

按形态进行分类，审计证据可分为实物证据、书面证据、口头证据和环境证据。

1. 实物证据

实物证据是指通过实际观察或盘点所获取的、用以证实实物资产的真实性和完整性的证据。例如，审计人员可以通过监盘的方式，证明各种存货和固定资产是否存在。实物证据通常是证明实物资产存在的最有说服力的证据，它可以有效地证实实物资产的状态、数量、特征和质量等，但不能完全证实被审计单位对实物资产的所有权和价值情况，还必须与查证书面资料结合，取得其他有关证据。

2. 书面证据

书面证据是指审计人员所获取的各种以书面形式存在的证实经济活动的证据。书面证据是最基本的证据，它包括与审计有关的各种会计凭证、账簿、报表、经济合同、报告书及函件等，既包括被审计单位的书面资料，也包括从外部单位获得的书面资料。书面证据数量多、来源广，是审计人员取证的主要部分，也是审计人员形成审计报告、得出审计结论的重要基础。

3. 口头证据

口头证据也称陈述证据，是指有关人员对审计人员的提问所做的口头答复形成的一类证据。一般而言，口头证据可能带有个人观点、意见和感情，可靠性较差，证明力较弱，大多数情况下只是作为旁证之用。审计人员往往可以通过口头证据发掘出一些重要的线索，从而有助于对某些需要审核的情况做出进一步的调查,以搜集到更为可靠的证据。

在审计过程中,收集口头证据时,要注意证明人与被审计事项之间的关系。口头证据一般以文字记录、录音等形式保存,文字记录必须经叙述人签字认可。相对而言,不同人员对同一问题所做的口头陈述相同时,口头证据具有较高的可靠性,但一般情况下,口头证据需要得到其他相应证据的支持。

4. 环境证据

环境证据也称情况证据,是指对被审计单位产生影响的各种环境因素所形成的证据。环境证据包括被审计单位的内部控制情况、管理人员素质和各种管理条件等。这类证据一般可靠性较差,不属于主要的审计证据,但它有助于审计人员了解被审计单位、被审计事项所处的环境,为确定审计重点和范围提供依据。

特别提示

一般来说,对实物资产(现金、存货、固定资产等)应取得实物证据。实物证据的获取方法主要是清查盘点和观察,它是对实物的存在性具有最强证明力的证据,但不能证明实物的所有权和价值;书面证据是针对书面资料审查而获取的以书面形式存在的证据,是证据存在的主要形式;口头证据本身不具备可靠性,主要是提供审计线索。实物证据、口头证据等往往以书面形式存在,但它们本质上不是书面证据;环境证据不是基本证据,其作用主要是帮助审计人员对已获取的证据进行判断。

(二)按取得途径进行分类

按取得途径进行分类,审计证据可分为外部证据和内部证据。

1. 外部证据

外部证据是指从被审计单位以外的组织机构或人员处取得的证据。这类证据一般具有较强的证明力。外部证据又分为两类:一是由被审计单位以外的单位或人员出具的,并由审计人员直接获得的审计证据,如应收账款函证的回函、被审计单位律师的证明函件、保险公司或证券公司的证明、证券分析师的报告、政府或民间机构发布的行业报告和统计数据;二是由被审计单位以外的单位或人员出具的,但为被审计单位所持有并提交给审计人员的审计证据,如银行对账单、购货发票等。

另外,外部证据往往还包括审计人员为证明某个事项而自己动手编制的各种计算表、分析表等。

2. 内部证据

内部证据是由被审计单位内部机构或人员编制和提供的书面证据。它包括被审计单位的会计记录、被审计单位管理层声明书,以及其他各种由被审计单位编制和提供的有关书面文件。

练一练

某注册会计师在审计过程中收集到以下书面证据:①销售发票;②明细账;③银行对账

单；④应收的票据；⑤有限责任公司章程；⑥购货合同；⑦董事会会议记录；⑧应收账款函证回函；⑨管理当局声明书；⑩货运提单复印件。

请将上述书面证据按其来源划分为外部证据和内部证据。

（三）按作用进行分类

按证据的作用进行分类，审计证据可分为直接证据和间接证据。

1. 直接证据

直接证据是指可以直接证明被审计事项的重要证据。例如，总分类账各账户的期末余额，可以直接证明作为审计对象的财务报表中的各项目是否正确和真实。由于是直接接触事实获取的证据，直接证据具有较强的证明力。

2. 间接证据

间接证据是指可以间接证明被审计事项的证据。审计人员依靠这种证据只能对作为审计对象的应证明事项进行间接推论。口头证据，不论其来源如何，都应作为间接证据。间接证据的证明力往往不如直接证据。

四、审计证据的特征

根据《中国注册会计师审计准则第1301号——审计证据》的要求，注册会计师应当保持职业怀疑态度，运用职业判断，评价审计证据的充分性和适当性。

（一）充分性

审计证据的充分性是指审计证据的数量足以支持注册会计师的审计意见。它是对审计证据数量的衡量，主要与注册会计师确定的样本量有关。例如，对某个审计项目实施某一选定的审计程序，从100个样本中获取的证据要比从50个样本中获取的审计证据更充分。

注册会计师需要获取审计证据的数量受错报风险的影响。错报风险越大，需要的审计证据可能越多。具体来说，在可接受的审计风险水平一定的情况下，重大错报风险越大，注册会计师就应实施越多的测试工作，将检查风险降至可接受水平，以将审计风险控制在可接受的低水平范围内；同时，注册会计师需要获取的审计证据的数量也受审计证据质量的影响，审计证据质量越高，需要的审计证据可能越少。

客观公正的审计意见，必须建立在足够数量的审计证据基础之上。审计证据数量太少或范围太窄，均难以形成客观公正的审计意见。当然，审计证据的数量并不是越多越好。审计证据数量的多少，要根据审计项目对审计证据的需要量进行具体分析。审计人员判断审计证据是否充分时，主要考虑的因素包括审计风险、具体审计项目的重要程度、审计人员的经验、审计证据的类型与获取途径、审计过程中是否发现错误或舞弊等。

（二）适当性

审计证据的适当性是对审计证据质量的衡量，即审计证据在支持各类交易、账户余额、列报和披露的相关认定或发现其中存在错报方面具有相关性和可靠性。相关性和可靠性是审计证据的核心内容，只有相关且可靠的审计证据才是高质量的。

1. 审计证据的相关性

审计证据要有证明力，必须与注册会计师的审计目标相关。例如：注册会计师在审计过程中怀疑被审计单位销售货物而没有记录完整，需要确认销售收入是否完整时，应当从销售发票追查至明细账，以确认所有的销售收入均已记账；如果注册会计师从明细账追查至销售发票，由此所获取的审计证据与完整性目标就不相关。

在确定审计证据的相关性时，注册会计师应当考虑以下几点：特定的审计程序可能只为某些认定提供相关的审计证据，而与其他认定无关；同一项认定可能从不同来源获取审计证据或获取不同性质的审计证据；只与特定认定相关的审计证据并不能替代与其他认定相关的审计证据。

2. 审计证据的可靠性

审计证据的可靠性是指审计证据的可信赖程度。审计证据的可靠性受其来源和性质的影响，并取决于审计证据的具体环境。注册会计师在判断审计证据的可靠性时，通常会考虑以下几点：

（1）从外部独立来源获取的审计证据比从其他来源获取的审计证据可靠。例如，从银行收回的函证比银行余额调节表可靠。

（2）内部控制有效时内部生成的审计证据比内部控制薄弱时内部生成的审计证据可靠。

（3）直接获取的审计证据比间接获取或推论得出的审计证据可靠。

（4）以文件、记录（无论是纸质、电子或其他介质）形式存在的审计证据比口头形式的审计证据可靠。

（5）从原件获取的审计证据比从传真件或复印件获取的审计证据可靠。

（6）如果针对某项认定从不同来源获取的审计证据或获取的不同性质的审计证据能够相互印证，则相关的审计证据具有更强的说服力。例如：注册会计师通过查阅相关的销售发票及账簿记录，发现几笔金额较大的应收账款，通过函证也证实了这些应收账款的存在，那么从不同来源所获取的审计证据就都证实了应收账款确实存在，并且金额正确；相反地，如果从不同来源获取的审计证据或不同性质的审计证据相互矛盾，则审计证据不可靠，注册会计师应当追加必要的审计程序。

注册会计师在按照上述几点评价审计证据的可靠性时，还应当注意可能出现的重要例外情况。例如，审计证据虽是从独立的外部来源获取的，但该证据是由相互串通的知情者提供的，显然是不可靠的。

（三）充分性和适当性的关系

充分性和适当性是审计证据的两个重要特征，二者缺一不可，只有充分且适当的审计证据才是有证明力的。注册会计师需要获取的审计证据的数量也受审计质量的影响。审计证据的质量越高，需要的审计证据的数量可能越少。尽管审计证据的充分性和适当性相关，但如果审计证据的质量存在缺陷，注册会计师仅靠获取更多的审计证据可能无法弥补其质量上的缺陷。

特别提示

在保证获取充分、适当的审计证据的前提下，注册会计师还应考虑控制审计成本，但不应以获取审计证据的困难和成本太高为由减少不可替代的审计程序。例如，对存货进行监盘是证实存货存在的不可替代的审计程序，注册会计师在审计时不得以实施成本高或实施困难为由减少这一审计程序。

五、审计证据的收集、鉴定、综合与运用

（一）审计证据的收集

审计证据的收集是指根据审计的具体目的收集、获取证据的审计活动，是审计过程的中心环节。审计证据数量多、来源广、内容复杂、形式多样，所以在此阶段，审计人员应通过各种途径、采取各种方法收集各种审计证据，并加以初步整理。

根据《中国注册会计师审计准则第1301号——审计证据》的要求，获取审计证据可以使用检查记录或文件、检查有形资产、观察、询问、函证、重新计算、重新执行和分析程序等审计方法。

（二）审计证据的鉴定

审计证据的鉴定是指审计人员根据形成审计意见所必须的审计证据应具有充分性和适当性的特征，对初步整理后的审计证据进行鉴定与判别，以保证所收集的审计证据支持审计结论和审计意见。另外，审计人员不可能把审计证据所反映的内容全部体现在审计报告中，这就需要审计人员对反映不同内容的审计证据按其重要性进行适当的取舍，所以审计人员在鉴定审计证据时，应主要考虑审计证据是否重要，是否真实可靠、充分相关，做到去伪存真、去粗取精。

（三）审计证据的综合

在对审计证据进行鉴别的基础上，还要对已收集的所有审计证据进行综合、整理、分析和研究，使分散的个别证据条理化，形成具有充分证明力的证据，从而能够有效地评价被审计单位的经济活动，以便得出正确的审计意见和结论。

审计证据的整理和分析没有固定的模式，审计目的、审计证据的种类不同，其整理、分析的方法也不相同。一般来说，整理和分析审计证据的方法有分类、计算、比较、小结和综合等。

（四）审计证据的运用

审计证据的收集、鉴定和综合都不是最终目的，最终目的是对收集、鉴定和综合过的审计证据加以运用，就是将这些审计证据统一交给主审人员，汇总编制取证材料清单，并由编制人员和审计人员签字盖章，形成审计工作底稿，进而得出审计结论，形成审计意见。

特别提示

审计工作通常不涉及鉴定文件记录的真伪,注册会计师也不是辨别鉴定文件记录真伪的专家,但如果在审计过程中识别出的情况使其认为文件记录可能是伪造的或文件记录中的条款已发生变动,注册会计师应做出进一步调查,包括直接向第三方询证,或考虑运用专家的工作以评价文件记录的真伪。

第三节 审计工作底稿

一、审计工作底稿概述

(一)审计工作底稿的含义

审计工作底稿是指注册会计师对制订的审计计划、实施的审计程序、获取的相关审计证据,以及得出的审计结论做出的记录。

审计工作底稿是审计证据的载体,具有法律效力,是注册会计师在审计过程中形成的审计工作记录和获取的资料。它形成于整个审计过程,也反映整个审计过程。

(二)审计工作底稿的作用

编制一套完整、清晰的审计工作底稿,是注册会计师在审核和检查中的一项重要工作。审计工作底稿的完整、清晰与否,与撰写审计报告密切相关——只有编制出完好的审计工作底稿,才能编制出高质量的审计报告。所以说,审计工作底稿对整个审计工作具有十分重要的作用。其作用具体表现在以下六个方面:

1. 审计工作底稿是连接整个审计工作的纽带

审计项目小组一般由经过合理分工的多人组成,不同的审计程序、不同会计账项的审计往往由不同的审计人员来执行,最终形成审计结论和发表审计意见时,则主要针对被审计单位的会计报表进行。通过审计工作底稿,能将不同人员的审计工作有机地结合起来,以便对整个会计报表发表意见。

2. 审计工作底稿是编写审计报告的基础

审计工作底稿反映了注册会计师工作的全部内容,其中记录、汇集了大量审计证据,并进行了判断与分析,为审计过程提供了一个集中的、持续的信息库,从而使审计结论有根有据,令人信服。因此,审计工作底稿是发表审计意见和得出审计结论的基础。

3. 审计工作底稿是控制审计质量的载体

会计师事务所进行审计质量控制,主要是指导和监督注册会计师实施审计程序,编制审计工作底稿,并对审计工作底稿进行严格的复核。注册会计师协会或其他有关单位依法进行审计质量检查,也主要是对审计工作底稿进行检查。所以说,没有审计工作底稿,审计质量的控制与检查就无法落到实处。

4. 审计工作底稿是明确审计责任的依据

在审计工作中,注册会计师难免会与委托人、被审计单位产生纠纷,甚至会被他们及相关的利益关系人提起诉讼,此时审计工作底稿便成为审计人员进行辩护、驳斥指控的重要工具,因此审计人员应当切实保证审计工作底稿的质量,并应力求前后内容一致,避免相互矛盾。

5. 审计工作底稿是未来审计业务的参考

当同一注册会计师对同一单位不同年度的财务报表进行审计时,由于审计业务具有一定的连续性,同一被审计单位前后年度的审计业务具有众多联系,因而当年的审计工作底稿可供以后年度制订审计计划和执行审计预测时参考,参阅前任注册会计师的审计工作底稿,可以大大节约审计时间和降低审计成本。

6. 审计工作底稿是审计业务培训的资料

审计工作底稿集中表现为整个审计工作的精华,是培训审计人员的活案例、活教材。

(三)审计工作底稿的分类

审计工作底稿按其性质和用途,通常可分为综合类工作底稿、业务类工作底稿和备查类工作底稿。

1. 综合类工作底稿

综合类工作底稿是指注册会计师在审计计划阶段和审计报告阶段,为规划、控制和总结整个审计工作,并最终发表审计意见所形成的工作底稿。综合类工作底稿主要包括审计业务约定书、审计计划、审计总结、审计差异调整表、审计报告草稿等综合性的审计记录。

2. 业务类工作底稿

业务类工作底稿是指在审计实施阶段,执行具体审计程序所编制和取得的工作底稿。业务类工作底稿主要包括控制测试和实质性程序所形成的记录。

3. 备查类工作底稿

备查类工作底稿是指注册会计师在整个审计过程中形成的对审计工作仅具有备查作用的工作底稿。备查类工作底稿主要包括被审计单位的设立批准文件、营业执照、协议、章程、组织机构图、董事会会议纪要、重要经济合同等。

二、审计工作底稿的编制

(一)审计工作底稿的基本要素

通常,审计工作底稿包括以下全部或部分要素:

1. 被审计单位名称

被审计单位名称是指财务报表编制单位的名称,若被审计单位有子公司,则应注明子公司的名称。

2. 审计项目名称

审计项目名称是指某一财务报表项目名称或某一审计程序及实施对象的名称。

3. 审计项目时点或期间

审计项目时点或期间指的是某一资产负债表项目的报告时点或某一利润表项目的报告期间。

4. 审计过程记录

审计过程记录指的是审计人员对审计程序实施的全过程详细记录，它体现了审计人员的工作轨迹与专业判断。

5. 审计结论

审计结论指审计人员通过实施必要的审计程序，对某一审计事项所做出的专业判断，如存货相关内部控制运行有效、营业收入没有发现重大错报等。

6. 审计标志及其说明

审计标志及其说明指的是审计工作底稿中所使用的各种审计标志，以及各种标志符号所代表含义的说明，应注意保持前后一致。常见的审计标志如表 5－1 所示。

表 5－1　审计标志及其含义

审计标志	含义	审计标志	含义
∧	纵加核对	<	横加核对
B	与上年结转数核对一致	T	与原始凭证核对一致
G	与总账核对一致	S	与明细账核对一致
C	已发询证函	C\	已收回询证函

7. 索引号

索引号就是按照一定规律对工作底稿进行的编号。注册会计师可以按照所记录的审计工作的内容层次进行编号。例如：固定资产汇总表的索引号为 C1，按类别列示的固定资产明细表的编号为 C1－1，后面还可列示单个固定资产原值及累计折旧的明细表索引号，如房屋建筑物的编号为 C1－1－1，机器设备的编号为 C1－1－2，运输工具的编号为 C1－1－3，其他设备的编号为 C1－1－4。相互引用时，需要在审计工作底稿中交叉注明索引号（引用的那张审计工作底稿的编号），使相关审计工作底稿之间保持清晰的勾稽关系，并便于复核。

8. 编制者姓名及编制日期

编制者姓名通常是审计工作执行人的姓名，编制日期通常是完成审计工作的日期。

9. 复核者姓名及复核日期

注册会计师必须在其复核过的工作底稿上签名并签署日期。若有多级复核，每级复核者均应签名并签署日期。

10. 其他应说明事项

下面以表 5－2 为例，说明以上所述审计工作底稿的基本要素。

表 5－2　应收账款审计工作底稿

索引号：

被审计单位名称：安徽华泰股份有限公司　　　　编制人：刘圣妮　2014 年 2 月 18 日

审计项目名称：应收账款　　　　复核人：范永亮　2014 年 2 月 23 日

单位名称	未审计数	审计调整	重分类	审定数	索引号	备注
A 公司	580 000S	20 000	0	600 000 < C\		
B 公司	684 000S	0	0	684 000 < C\		
C 公司	90 000S	0	0	90 000 <		
……	……	……	0	……		
合计	3 800 000 Λ	50 000 Λ	0 Λ	3 850 000 < T/B Λ		
审计标志及其说明	S：与明细账核对一致。G：与总账核对一致。T/B：与审核后的试算平衡表核对一致。C\：已收回询证函。Λ：纵加核对。<：横加核对。					
审计结论	调整后，应收账款余额可以确认。					

（二）审计工作底稿编制的基本要求

审计工作底稿反映审计工作的轨迹，其编制质量直接影响审计结论，因此审计工作底稿编制的基本要求是资料翔实、内容完整、重点突出、格式规范、标志一致、记录清晰、结论明确。由于被审计单位的经营性质不同，审计业务不同，其审计工作底稿的形式也不同。

（三）审计工作底稿的形成

注册会计师可直接从被审计单位或其他有关单位取得审计工作底稿，也可以要求被审计单位有关人员代为编制有关会计账项的明细分类或汇总底稿，甚至可以要求被审计单位就有关事项提供声明，如从被审计单位取得的有关法律文件、合同与章程，从与被审计单位有往来关系的对方单位获取的往来款项的询证函，要求被审计单位编制的存货盘点清单等。对于上述审计资料，注册会计师必须做到以下几点：注明资料来源；实施必要的审计程序；形成相应的审计记录。注册会计师在审阅或核对后，应形成相应的文字记录并签名，这样才能最终形成审计工作底稿。

三、审计工作底稿的复核

一张审计工作底稿往往由一名专业人员独立完成，编制者对有关资料的引用、对有关事项的判断、对会计数据的计算都有可能出现误差，因此在审计工作底稿编制完成后，通过一定的程序进行多层次的复核就十分必要。

（一）审计工作底稿复核的作用

1. 提高审计质量

对审计工作底稿进行复核，可以减少或消除人为的审计误差，从而降低审计风险、提高审计质量。

2. 提高审计效率

对审计工作底稿进行复核,能够及时发现和解决问题,保证审计计划顺利执行,并能够不断地协调审计进度、节约审计时间,从而提高审计效率。

3. 有利于审计质量监控和工作业绩考核

对审计工作底稿进行复核,便于上级管理人员对注册会计师进行审计质量监控和工作业绩考核。

(二)审计工作底稿的复核内容

会计师事务所应当建立多层次的审计工作底稿复核制度。不同层次的复核人员可能有不同的复核重点,无论是哪个层次的复核人员,在复核过程中,都应关注以下几个方面的内容:所引用的有关资料是否真实可靠;所获取的审计证据是否充分适当;审计判断是否有理有据;审计结论是否准确恰当等。

(三)审计工作底稿的三级复核制度

会计师事务所对审计工作底稿的复核,分为主任会计师、部门经理和项目负责人三层次的复核。这一复核制度在我国众多的会计师事务所实行,对提高审计质量发挥了重要作用。

项目负责人复核是三级复核中的第一级复核,称为详细复核。通常这一级复核较为详细,它要求项目负责人对下属审计人员形成的工作底稿逐张复核,发现问题及时指出,并督促改正。

部门经理(或签字注册会计师)复核是三级复核中的第二级复核,称为一般复核。一般复核是指在项目负责人完成了详细复核之后,再由部门经理对审计工作底稿中重要会计账项的审计、重要审计程序的执行和审计调整事项等进行复核。部门经理复核既是对项目负责人复核的一种监督,也是对重要审计事项的重点把关。

主任会计师复核是三级复核中的最后一级复核,又称重点复核。重点复核是指主任会计师对审计过程中的重大会计审计问题、重大调整事项和重要的审计工作底稿所进行的复核。主任会计师复核既是对前面两级复核的监督,也是对整个审计工作的计划、进度和质量的重点把握。

四、审计工作底稿的管理

(一)审计工作底稿的所有权

审计工作底稿的所有权属于会计师事务所。

(二)审计工作底稿的归档期限

审计工作底稿形成后,审计人员应对其进行分类、整理和归档,形成审计档案。审计工作底稿的归档期限为审计报告日后60天内。如果注册会计师未能完成审计业务,审计工作底稿的归档期限为审计业务中止后的60天内。

（三）审计工作底稿的保存期限

审计工作底稿是审计工作的重要历史资料，审计机构应妥善保管。审计工作底稿的保管分为一般档案的保管和永久性档案的保管两种。一般档案是指与本年度审计有关的文件；永久性档案指的是被审计单位的组织机构、人员编制、会计核算程序、内部控制制度、生产经营状况和财务状况等方面的资料。一般审计档案应当自审计报告日起至少保存10年，永久性档案应当长期保存。

如果注册会计师未能完成审计业务，会计师事务所应当自审计业务中止日起，对审计工作底稿至少保存10年。值得注意的是，对于连续审计的情况，当期规整的永久性档案虽然包括以前年度获取的资料（有可能是10年以前），但由于其作为本期档案的一部分，并作为支持审计结论的基础，注册会计师对这些对当期有效的档案，应视为当期取得，并保存10年；如果这些资料在某个审计期间被替换，被替换资料应该从被替换的年度起至少保存10年。

在完成最终审计档案的归整工作后，注册会计师不得在规定的保存期届满前将其删除或销毁。

（四）审计档案的保密与调阅

审计档案包含被审计单位的商业机密，会计师事务所应建立严格的保密制度，如需调阅，要按照有关规定办理手续。

按照《会计师事务所质量控制准则第5101号——业务质量控制》的规定，对审计工作底稿实施适当的控制程序，以满足对审计工作底稿的管理要求，就要做到：安全保管审计工作底稿并对审计工作底稿保密；保证审计工作底稿的完整性，以便于使用和检索；按照规定的期限保存审计工作底稿。

《中国注册会计师审计准则第1131号——审计工作底稿》对审计工作底稿的归档做出了具体规定。

特别提示

除下列情况外，会计师事务所应当对业务工作底稿包含的信息予以保密：取得客户的授权；根据法律法规的规定，会计师事务所为法律诉讼准备文件或提供证据，以及向监管机构报告发现的违反法规行为；接受注册会计师协会和监管机构依法进行的质量检查。

本章小结

审计依据也称审计标准，是对审计对象做出判断的标准。要得出审计结论、提出审计意见，就必须有明确的、具有权威性的审计依据。

审计依据可按不同的标准进行分类。按审计依据的来源渠道分类，可分为外部制定的审计依据和内部制定的审计依据；按审计依据的性质分类，可分为法律、法规，规章制度，计划、预算、合同等；按审计依据的对象分类，可分为财务审计依据和经济效益审计依据。

审计依据具有权威性、层次性、地域性、时效性和相关性等特征。

审计证据是指注册会计师为了得出审计结论、形成审计意见而使用的所有信息，它是审计人员形成审计意见、得出审计结论的依据。

按形态分类，审计证据可分为实物证据、书面证据、口头证据和环境证据；按取得途径分类，审计证据可分为外部证据和内部证据；按作用分类，审计证据可分为直接证据和间接证据。

审计人员通过对审计证据进行收集、鉴定和综合，形成具有充分证明力的审计证据，进而形成审计意见、得出审计结论。

审计工作底稿是注册会计师对制订的审计计划、实施的审计程序、获取的相关审计证据，以及得出的审计结论做出的记录。审计工作底稿是审计证据的载体，具有法律效力，是审计人员形成审计意见、得出审计结论的直接依据。

审计人员将审计工作底稿编制完成后，经过三级复核，对其进行分类、整理和归档，形成审计档案。审计档案是审计工作的重要历史资料，审计机构应妥善保管。

思考与练习

一、单项选择题

1. 审计人员判断审计事项是非优劣的准绳是(　　)。

A. 审计证据　B. 审计依据　C. 审计法规　D. 审计准则

2. 证明被审计事项真相的是(　　)。

A. 审计证据　B. 审计人员　C. 会计凭证　D. 审计工作底稿

3. 实物证据通常能证明(　　)。

A. 实物资产的所有权　B. 实物资产是否存在

C. 实物资产的计价准确性　D. 有关会计记录是否正确

4. 下列证据属于口头证据的是(　　)。

A. 座谈记录　B. 付款凭证　C. 银行对账单　D. 工资发放表

5. 收集(　　)是审计工作的核心。

A. 审计依据　B. 审计证据　C. 审计计划　D. 审计工作底稿

6. 下列有关审计证据可靠性的表述中，审计人员会认同的是(　　)。

A. 书面证据与实物证据相比是一种辅助证据，可靠性较弱

B. 内部证据在外部流转并获得其他单位承认，则具有较强的可靠性

C. 被审计单位管理层声明书有助于审计结论的形成，具有较强的可靠性

D. 环境证据比口头证据重要，属于基本证据，可靠性较强

7. 审计人员获取的下列审计证据中，证明力最弱的是(　　)。

A. 购货发票　B. 支票存根　C. 领料单　D. 律师声明书

8. 会计师事务所接受委托对被审计单位进行审计所形成的审计工作底稿，其所有权属于(　　)。

A. 签字的注册会计师　B. 会计师事务所

C. 被审计单位　D. 审计委托人

9. 下列关于审计工作底稿的表述正确的是(　　)。

A. 向委托人提交审计报告后,审计工作底稿可以立即销毁

B. 审计工作底稿只能由注册会计师亲自编制,不可以从被审计单位获取

C. 审计工作底稿是审计证据的载体

D. 由经验丰富的注册会计师编制的审计工作底稿不必进行复核

10. 审计工作底稿的归档期限是(　　)。

A. 审计报告日后 30 天内　　B. 审计报告日后 60 天内

C. 审计报告日后 90 天内　　D. 审计业务终止后 60 天内

二、多项选择题

1. 审计证据按其形态分类,可分为(　　)。

A. 实物证据　　B. 书面证据　　C. 口头证据　　D. 环境证据

2. 审计证据的特征有(　　)。

A. 充分性　　B. 风险性　　C. 适当性　　D. 相关性

3. 审计人员运用专业判断确定已获取的审计证据是否充分、适当时,应当考虑的主要因素包括(　　)。

A. 审计的成本与效益　　B. 审计风险与具体审计项目的重要性

C. 审计经验　　D. 审计证据的类型与获取途径

4. 下列属于外部证据的有(　　)。

A. 购货发票　　B. 应收账款函证回函

C. 银行对账单　　D. 律师声明书

5. 下列各项中,对审计证据充分性和适当性之间的关系表述正确的是(　　)。

A. 审计证据的相关性越强,所需审计证据的数量可以越少

B. 审计证据的充分性较高,就可以降低审计证据的质量

C. 审计证据的质量越高,可以减少审计证据的数量

D. 审计证据的可靠程度较低时,就需要更多的审计证据

6. 下列属于内部证据的有(　　)。

A. 会计记录　　B. 被审计单位的盘点单

C. 董事会会议记录　　D. 银行对账单

7. 审计工作底稿按照性质和用途分类,可分为(　　)。

A. 综合类　　B. 业务类　　C. 备查类　　D. 自编类

8. 会计师事务所对工作底稿进行复核的要点包括(　　)。

A. 所引用的资料是否翔实、可靠　　B. 所获取的审计证据是否充分恰当

C. 审计判断是否有理有据　　D. 审计结论是否恰当

9. 注册会计师应当及时编制审计工作底稿,其主要目的是(　　)。

A. 提供充分、适当的记录,作为审计报告的依据

B. 提高审计工作质量

C. 为自己是否按照审计准则的规定执行了审计工作提供依据

D. 便于对审计工作进行复核和评价

10. 注册会计师编制的审计工作底稿，应当使未曾接触该项审计工作的有经验的专业人士清楚地了解的内容包括(　　)。

A. 按照审计准则的规定实施的审计程序的性质、时间和范围

B. 审计证据是否充分和适当

C. 实施审计程序的结果和获取的审计证据

D. 就重大事项得出的结论

三、判断题

1. 实物证据是证实实物资产最有利的证据。(　　)

2. 审计人员在获取审计证据时应考虑成本效益原则，通常应取得当时条件下最为妥当的证据。(　　)

3. 没有审计依据和审计证据，就无法对被审计事项做出判断和评价。(　　)

4. 直接证据是指审计人员亲自检查、分析、计算、观察、核对和调查而取得的证据。(　　)

5. 一般情况下，审计人员从被审计单位内部获取的证据和从外部获取的证据相比，其证明力较差。(　　)

6. 审计证据的充分性和适当性是两个相互独立的特征，彼此之间没有影响。(　　)

7. 审计工作底稿是注册会计师形成审计结论、发表审计意见的直接依据。(　　)

8. 审计工作底稿必须由编制人和复核人签章。(　　)

9. 会计师事务所在任何情况下都不得对外泄露审计档案所涉及的商业秘密等有关内容。(　　)

10. 因为提供资料者应对资料的真实性负责，所以审计人员可将获取的资料直接作为审计工作底稿使用。(　　)

四、案例分析题

1. 注册会计师范永亮在对安徽华泰股份有限公司 2013 年度财务报表进行审计时，收集到以下六组审计证据：①收料单与购货发票；②领料单与材料成本计算表；③销货发票副本与产品出库单；④薪酬费用分配表与薪酬发放表；⑤存货盘点表与存货监盘记录；⑥银行询证函回函和银行对账单。

要求：请分别说明每组审计证据中哪项审计证据较为可靠，并简要说明理由。

2. 注册会计师范永亮是安徽华泰股份有限公司 2013 年度报表审计的项目负责人，在复核助理人员刘圣妮编制的审计工作底稿时，发现助理人员将被审计单位未经证实的存货盘存清单直接作为审计工作底稿。

思考：范永亮应如何指导助理人员编制这张审计工作底稿，审计工作底稿应该具备哪些基本要素？

第六章　审计重要性、审计风险、控制测试和实质性程序

知识目标

理解审计重要性的概念、审计风险与审计重要性的关系；明确内部控制的含义、内容及其与审计的关系。

能力目标

掌握重要性在审计中的运用，审计风险模型的构成及其评估，内部控制的评审内容、步骤及方法，以及进一步审计程序。

引导案例

安徽大华会计师事务所对安徽华泰股份有限公司2013年度的财务报表进行审计，审计助理小李参加了该公司的审计工作。审计工作完成后，注册会计师范永亮出具了无保留意见的审计报告。小李通过查看审计工作底稿发现，安徽华泰股份有限公司的财务报表上存在一定金额未更正的错报。小李很疑惑：为什么被审计单位的财务报表有错报而注册会计师出具了无保留意见的审计报告呢？怎样判断错报是否重大？

通过这一章的学习，你能给出答案吗？

第一节　审计重要性

审计重要性概念的运用贯穿于整个审计过程。在计划审计工作时，注册会计师应当确定财务报表层次的重要性水平，同时还应当评估各类交易、账户余额及列报认定层次上的重要性水平，以确定进一步审计程序的性质、时间和范围。在确定审计意见时，注册会计师也需要考虑审计重要性。

一、审计重要性的概念

《中国注册会计师审计准则》中审计重要性的定义为："如果合理预期某一错报（包括漏报）单独或连同其他错报可能影响财务报表使用者依据财务报表做出的经济决策，则该项错报通常被认为是重大的。"重要性取决于在具体环境下对错报金额或性质的判断，或同时受到两者的影响，并受到注册会计师对于财务报表使用者对财务信息需求的了解的影响。

重要性概念可从以下几方面进行理解：

1. 重要性概念中的错报包含漏报

财务报表错报包括财务报表金额的错报和财务报表披露的错报。

2. 重要性包括对数量和性质两个方面的考虑

数量方面，是指错报的金额大小；性质方面，则是指错报的性质。一般而言，金额大的错

报比金额小的错报更重要。在有些情况下，某些金额的错报从数量上看并不重要，但从性质上考虑，则可能是重要的。对于那些难以从数量上判断是否重要的财务报表披露的错报，应从性质上考虑其是否重要。

3. 重要性概念是针对财务报表使用者决策的信息需求而言的

判断一项错报重要与否，应视其对财务报表使用者依据财务报表做出经济决策的影响程度而定。如果财务报表中的某项错报足以改变或影响财务报表使用者的相关决策，则该项错报就是重要的，否则就不重要。在通用目的财务报表的审计中，注册会计师对重要性的判断是基于将财务报表使用者作为具有一定理解能力并能理性地做出相关决策的一个集体来考虑的。注册会计师难以考虑错报对具体的单个使用者可能产生的影响，因为他们的需求千差万别。

4. 重要性的确定离不开具体环境

由于不同的被审计单位面临不同的环境，不同的报表使用者有着不同的信息需求，因此注册会计师确定的重要性也不相同。某一金额的错报对某被审计单位的财务报表来说是重要的，而对另一个被审计单位的财务报表来说可能不重要。

5. 对重要性的评估需要运用职业判断

注册会计师需要运用职业判断来合理评估重要性。影响重要性的因素很多，注册会计师应当根据被审计单位面临的环境，综合考虑其他因素，合理确定重要性水平。不同的注册会计师在确定同一被审计单位财务报表层次和认定层次的重要性水平时，得出的结果可能不同，这主要是因为他们对影响重要性的各因素的判断存在差异。

二、计划阶段审计重要性水平的确定

在确定计划的重要性水平时，需要考虑对被审计单位及其环境的了解程度、审计的目标、财务报表各项目的性质及其相关关系、财务报表项目的金额及其波动幅度。注册会计师应当从数量和性质两个方面考虑重要性。

（一）从数量方面考虑重要性

重要性的数量表现即重要性水平，是针对错报金额的大小而言的。注册会计师应当考虑财务报表层次和各类交易、账户余额、列报认定层次的重要性水平。

1. 财务报表层次的重要性水平

财务报表审计的目标是注册会计师通过执行审计工作对财务报表发表审计意见，因此注册会计师应当考虑财务报表层次的重要性水平。注册会计师在制订总体审计策略时，应当确定财务报表层次的重要性水平。确定多大的错报会影响财务报表使用者所做出的经济决策，是注册会计师运用职业判断的结果。

注册会计师通常会先选择一个恰当的基准，再选用适当的百分比乘以该基准，从而得出财务报表层次的重要性水平。在选择基准时，要考虑以下几个因素：①财务报表要素（如资产、负债、所有者权益等）；②是否存在特定会计主体的财务报表使用者特别关注的项目（如为了评价财务业绩，使用者可能更关注利润、收入或净资产）；③被审计单位的性质、所处的生命周期阶段以及所处行业和经济环境;④被审计单位的所有权结构和融资方式(例如,如果被审计单位仅通过债务而非权益进行融资,财务报表使用者可能更关注资产及资产的索偿权,而非被审计单位的收益);⑤基准的相对波动性。

在实务中,有许多汇总性财务数据可以作为确定财务报表层次重要性水平的基准,如总资产、净资产、销售收入、费用总额、毛利、净利润等。由于销售收入和总资产具有相对稳定性,注册会计师经常将其作为确定计划重要性水平的基准。在确定恰当的基准后,注册会计师通常运用职业判断合理选择百分比,据此确定重要性水平。实务中通常使用的经验参考数值包括:①对于以营利为目的的企业,来自经常性业务的税前利润或税后净利润的5%,或总收入的0.5%;②对于非营利组织,费用总额或总收入的0.5%;③对于共同基金公司,净资产的0.5%。这些百分比只是一般的经验数值,注册会计师在执行审计业务时,可以根据被审计单位的具体情况做出职业判断,调高或调低上述百分比。

【例6-1】注册会计师范永亮对安徽华泰股份有限公司2013年度财务报表进行审计,其未经审计的有关财务报表项目如表6-1所示。

表6-1 未经审计的有关财务报表项目

财务报表项目名称	金额(万元)
资产总计	18 000
所有者权益合计	8 800
总收入	24 000
净利润	2 412

要求:如果以资产总额、净资产、总收入和净利润作为判断基础,采用固定比率法,并假定固定百分比数值分别为0.5%、1%、0.5%和5%,请代替注册会计师范永亮计算确定安徽华泰股份有限公司2013年度财务报表层次的重要性水平。

【解析】

表6-2 2013年度财务报表层次的重要性水平

财务报表项目名称	金额(万元)	固定比率	重要性水平(万元)
资产总计	18 000	0.5%	90
所有者权益合计	8 800	1%	88
总收入	24 000	0.5%	120
净利润	2 412	5%	120.6

财务报表层次重要性水平应确定为88万元,理由是选择金额最低的比较谨慎。

2. 各类交易、账户余额、列报认定层次的重要性水平

由于财务报表提供的信息由各类交易、账户余额、列报认定层次的信息汇集加工而成,注册会计师只有通过对各类交易、账户余额、列报认定层次实施审计,才能得出财务报表是

否公允反映的结论，因此注册会计师还应当考虑各类交易、账户余额、列报认定层次的重要性。

各类交易、账户余额、列报认定层次的重要性水平称为“可容忍错报”。可容忍错报的确定以注册会计师对财务报表层次的重要性水平的初步评估为基础，是指在不导致财务报表存在重大错报的情况下，注册会计师对各类交易、账户余额、列报确定的可接受的最大错报。在确定各类交易、账户余额、列报认定层次的重要性水平时，应考虑两个主要因素：第一，各类交易、账户余额、列报的性质及错报的可能性；第二，各类交易、账户余额、列报的重要性水平与财务报表层次重要性水平的关系。

（二）从性质方面考虑重要性

金额不重要的错报从性质上看有可能是重要的。注册会计师在判断错报的性质是否重要时应该考虑的具体情况包括：错报对遵守法律法规要求的影响程度；错报对遵守债务契约或其他合同要求的影响程度；错报掩盖收益或其他趋势变化的程度（尤其在联系宏观经济背景和行业状况进行考虑时）；错报对用于评价被审计单位财务状况、经营成果或现金流量的有关比率的影响程度等。

三、对计划阶段确定的重要性水平的调整

在审计执行阶段，注册会计师应当及时评价计划阶段确定的重要性水平是否仍然合理，并根据具体环境的变化或在审计执行过程中进一步获取的信息修正计划的重要性水平，进而修改进一步审计程序的性质、时间和范围。

四、评价错报的影响

错报是指某一财务报表项目的金额、分类、列报或披露，与按照适用的财务报告编制基础应当列示的金额、分类、列报或披露之间存在的差异。未更正错报是指注册会计师在审计过程中累积的且被审计单位未更正的错报。

注册会计师应当及时将审计过程中累积的所有错报与适当层级的管理层进行沟通。注册会计师还应当要求管理层更正这些错报。如果出现下列情况之一，注册会计师应当确定是否需要修改总体审计策略和具体审计计划：①识别出的错报的性质以及错报发生的环境表明可能存在其他错报，并且可能存在的其他错报与审计过程中累积的错报合计起来可能是重大的；②审计过程中累积的错报合计数接近按照计划和执行审计工作时的重要性的规定确定的重要性。

如果管理层应注册会计师的要求，检查了某类交易、账户余额或披露并更正了已发现的错报，注册会计师应当实施追加的审计程序，以确定错报是否仍然存在。

注册会计师需要在出具审计报告之前，评估尚未更正错报单独或累积的影响是否重大。在评估时，注册会计师应当从特定的某类交易、账户余额及列报认定层次和财务报表层次考虑这些错报的金额和性质，以及这些错报发生的特定环境。在评估未更正错报是否重大时，不仅需要考虑每项错报对财务报表的单独影响，而且需要考虑所有错报对财务报表的累积

影响及其形成原因,尤其是一些金额较小的错报,虽然单个看起来并不重大,但是其累计数却可能对财务报表产生重大影响。

第二节　审计风险

一、审计风险的概念

审计风险是指当财务报表存在重大错报时,注册会计师发表不恰当审计意见的可能性。注册会计师只能对被审计单位财务报表不存在重大错报提供合理保证,合理保证与审计风险互为补数,即合理保证与审计风险之和为100%,所以审计风险始终存在。如果注册会计师将审计风险降至可接受的低水平,则对财务报表不存在重大错报获取了合理保证。审计风险取决于重大错报风险和检查风险。

二、重大错报风险

重大错报风险是指财务报表在审计前存在重大错报的可能性。重大错报风险分为财务报表层次的重大错报风险和各类交易、账户余额、列报认定层次的重大错报风险。

(一)财务报表层次的重大错报风险

财务报表层次的重大错报风险与财务报表整体存在广泛联系,它可能影响多项认定。此类风险通常与控制环境有关,如管理层缺乏诚信、治理层形同虚设而不能对管理层进行有效的监督等。此类风险难以被界定于某类交易、账户余额、列报的具体认定,相反,此类风险增大了一个或多个不同认定发生重大错报的可能性,与因舞弊引起的风险特别相关。

(二)认定层次的重大错报风险

认定层次的重大错报风险又可以进一步细分为固有风险和控制风险。

固有风险是指在考虑相关的内部控制之前,某类交易、账户余额或披露的某一认定易于发生错报(该错报单独或连同其他错报可能是重大的)的可能性。报表中某些类别的交易、账户余额、披露及其认定固有风险较高,如复杂的计算比简单的计算更可能出错,受重大不确定性影响的会计估计发生错报的可能性较大。产生经营风险的外部因素也可能影响固有风险,如技术进步可能导致某项产品陈旧,进而导致存货易于发生高估错报(计价认定)。除上述与具体认定相关的风险外,被审计单位及其环境中的某些因素还可能与多个甚至所有类别的交易、账户余额、列报有关,进而影响多个认定的固有风险。这些因素包括维持经营的流动资金匮乏、被审计单位处于夕阳行业等。

控制风险是指某类交易、账户余额或披露的某一认定发生错报,该错报单独或连同其他错报可能是重大的,但没有被内部控制及时防止或发现并纠正的可能性。控制风险取决于与财务报表编制有关的内部控制的设计和运行的有效性。由于控制的固有局限性,某种程度的控制风险始终存在。

由于固有风险和控制风险不可分割地交织在一起，有时无法单独进行评估，审计准则通常不再单独提到固有风险和控制风险，而只将两者合并称为重大错报风险。

三、检查风险

检查风险是指如果存在某一错报，该错报单独或连同其他错报可能是重大的，注册会计师为将审计风险降至可接受的低水平而实施程序后没有发现这种错报的风险。检查风险取决于审计程序设计的合理性和执行的有效性。由于注册会计师通常并不对所有的交易、账户余额和列报进行检查，可能选择了不恰当的审计程序、审计程序执行不当，或错误地理解了审计结论，所以检查风险不可能降低为零。注册会计师可以通过合理设计审计程序的性质、范围和时间，并有效执行审计程序来控制检查风险。

四、审计风险模型

审计风险 = 重大错报风险 × 检查风险

在既定的审计风险水平下，可接受的检查风险水平与认定层次重大错报风险的评估结果呈反向关系。评估的重大错报风险越高，可接受的检查风险越低，注册会计师就越有必要收集更充分、适当的审计证据；评估的重大错报风险越低，可接受的检查风险越高，注册会计师收集的审计证据可以相对少一些。

五、重要性与审计风险之间的关系

重要性和审计风险互为存在的条件。审计风险反映的是一种不确定性，重要性反映的是一定程度，两者结合起来就是一定程度的不确定性。重要性是指在一个可接受的审计风险下的重要性水平，审计风险则是指注册会计师未能发现超过某一重要性水平的错报的审计风险。重要性和审计风险应同时界定。

重要性和审计风险呈反向关系：重要性水平越高，审计风险越低；重要性水平越低，审计风险就越高。这里所说的重要性水平高低，是指金额的大小，通常 5 000 元的重要性水平要比 2 000 元的重要性水平高。如果重要性水平是 5 000 元，则意味着低于 5 000 元的错报不会影响财务报表使用者的决策，注册会计师仅仅需要执行有关程序，查出高于 5 000 元的错报即可；如果重要性水平是 2 000 元，则金额在 2 000 元之上的错报就会影响财务报表使用者的决策，注册会计师需要执行有关程序查出高于 2 000 元的错报。显然，重要性水平为 2 000元的审计风险要高于重要性水平为 5 000 元的审计风险，即注册会计师查不出 2 000 元错报的可能性要大于查不出 5 000 元错报的可能性。审计风险越高，越要求审计人员收集更多更有效的审计证据，将审计风险降至可接受的低水平。因此，重要性和审计证据之间也是反向变动关系。

虽然重要性和审计风险之间存在反向关系，但重要性水平的确定不依赖于审计风险，故审计人员不能为了降低审计风险而不合理地人为调高重要性水平。重要性水平是依据重要性概念中所述的判断标准确定的，而不由主观期望的审计风险水平决定。由于重要性和审计风险存在上述反向变动关系,而且这种关系对注册会计师将要执行的审计程序的性质、时间和范围有着直接的影响,因此注册会计师应当综合考虑各种因素,合理确定重要性水平。

第三节　风险评估程序、控制测试及实质性程序

一、风险评估程序

(一)风险评估程序的概念

所谓风险评估程序,是指注册会计师实施的了解被审计单位及其环境并识别和评估财务报表重大错报风险的程序。注册会计师实施风险导向审计,其目的是对财务报表不存在由于错误或舞弊导致的重大错报获取合理保证。注册会计师了解被审计单位及其环境,目的是识别和评估财务报表重大错报风险。

注册会计师应当实施下列风险评估程序,以了解被审计单位及其环境:询问管理层和被审计单位内部其他人员;分析程序;观察和检查。

1. 询问管理层和被审计单位内部其他人员

询问管理层和被审计单位内部其他人员是注册会计师了解被审计单位及其环境的一个重要信息来源。注册会计师可以考虑向管理层和财务负责人询问的事项有:管理层所关注的主要问题;被审计单位最近的财务状况、经营成果和现金流量;可能影响财务报告的交易和事项,或者目前发生的重大会计处理问题;被审计单位发生的其他重要变化。注册会计师也可以通过询问被审计单位内部的其他不同层级的人员获取信息,或为识别重大错报风险提供不同的视角。

2. 分析程序

在实施分析程序时,注册会计师应当预期可能存在的合理关系,并与依据被审计单位记录金额计算的比率或趋势进行比较;如果发现未预期到的关系,注册会计师应当在识别重大错报风险时考虑这些比较结果。

3. 观察和检查

观察和检查程序可以支持对管理层和其他相关人员的询问结果,并提供有关被审计单位及其环境的信息。注册会计师应当实施以下观察和检查程序:观察被审计单位的经营活动;检查文件、记录和内部控制手册;阅读由管理层和治理层编制的报告;实地察看被审计单位的生产经营场所和厂房设备。

注册会计师还应当追踪交易在财务报告信息系统中的处理过程(穿行测试),这是注册会计师了解被审计单位业务流程及其相关控制时经常使用的审计程序。通过追踪某笔或某几笔交易在业务流程中如何生成、记录、处理和报告,以及相关控制如何执行,注册会计师可以确定被审计单位的交易流程和相关控制是否与之前通过其他程序所获得的了解一致,并确定相关控制是否得到执行。

（二）了解被审计单位及其环境的内容

注册会计师应当从以下方面了解被审计单位及其环境：①相关行业状况、法律环境和监管环境及其他外部因素；②被审计单位的性质；③被审计单位对会计政策的选择和运用；④被审计单位的目标、战略以及可能导致重大错报风险的相关经营风险；⑤对被审计单位财务业绩的衡量和评价；⑥被审计单位的内部控制。

（三）了解被审计单位的内部控制

1. 内部控制的概念

内部控制是被审计单位为了合理保证财务报告的可靠性、经营的效率和效果以及对法律法规的遵守，由治理层、管理层和其他人员设计与执行的政策及程序。

内部控制的目标是合理保证以下内容：财务报告的可靠性；经营的效率和效果；遵守适用的法律法规的要求。设计和实施内部控制的责任主体是治理层、管理层和其他人员，组织中的每一个人都对内部控制负有责任。实现内部控制目标的手段是设计和执行控制政策及程序。

2. 建立与实施内部控制的原则

（1）全面性原则。内部控制应当贯穿决策、执行和监督全过程，覆盖企业及其所属单位的各种业务和事项。

（2）重要性原则。内部控制应当在全面控制的基础上，关注重要业务事项和高风险领域。

（3）制衡性原则。内部控制应当在治理结构、机构设置及权责分配、业务流程等方面形成相互制约、相互监督，同时兼顾运营效率。

（4）适应性原则。内部控制应当与企业经营规模、业务范围、竞争状况和风险水平等相适应，并随着情况的变化及时加以调整。

（5）成本效益原则。内部控制应当权衡实施成本与预期效益，以适当的成本实现有效控制。

3. 内部控制五要素

（1）控制环境。

控制环境包括治理职能和管理职能，以及治理层和管理层对内部控制及其重要性的态度、认识和措施。控制环境设定了被审计单位的内部控制基调，能影响员工对内部控制的意识。良好的控制环境是实施有效内部控制的基础。防止或发现并纠正舞弊和错误是被审计单位治理层和管理层的责任。在评价控制环境的设计和实施情况时，注册会计师应当了解管理层在治理层的监督下，是否营造并保持了诚实守信和合乎道德的文化，以及是否建立了防止或发现并纠正舞弊和错误的恰当控制。

（2）风险评估过程。

任何经济组织在经营活动中都会面临各种各样的风险，风险会对其生存和竞争能力产生影响。很多风险并不为经济组织所控制，但管理层应当确定可以承受的风险水平，识别这些风险并采取一定的应对措施。风险评估过程的作用是识别、评估和管理影响被审计单位实现经营目标能力的各种风险。针对财务报告目标的风险评估过程包括识别与财务报表相关的经营风险、评估风险的重大性和发生的可能性,以及采取措施管理这些风险。

(3)信息系统与沟通。

与财务报告相关的信息系统包括可以生成、记录、处理和报告交易、事项和情况,对相关资产、负债和所有者权益履行经营管理责任的程序和记录。与财务报告相关的沟通包括:使员工了解各自在与财务报告有关的内部控制方面的角色和职责,员工之间的工作联系,以及向适当级别的管理层报告例外事项的方式。与财务报告相关的信息系统应当与业务流程相适应。沟通可以采用政策手册、会计和财务报告手册及备忘录等形式进行,也可以通过发送电子邮件、口头沟通和管理层的行动来进行。

(4)控制活动。

控制活动是指有助于确保管理层的指令得以执行的政策和程序。它包括与授权、业绩评价、信息处理、实物控制和职责分离等相关的活动。

授权控制要求企业根据常规授权和特别授权的规定,明确各岗位办理业务和事项的权限范围、审批程序和相应责任。注册会计师应当了解与业绩评价相关的控制活动,主要包括被审计单位分析评价实际业绩与预算的差异,综合分析财务数据与经营数据的内在关系,将内部数据与外部信息相比较,评价职能部门、分支机构或项目活动的业绩以及对发现的异常差异或关系采取必要的调查与纠正措施。注册会计师应当了解与信息处理有关的控制活动包括信息技术的一般控制和应用控制。注册会计师应当了解的实物控制主要包括对资产和记录采取的适当的安全保护措施、对访问计算机程序和数据文件设置授权,以及定期盘点并将盘点记录与会计记录相核对。企业要建立财产日常管理制度和定期清查制度,采取财产记录、实物保管、定期盘点、账实核对等措施,确保财产安全。企业应当严格限制未经授权的人员接触和处置财产。职责分离控制要求企业全面系统地分析、梳理业务流程中所涉及的不相容职务,实施相应的分离措施,形成各司其职、各负其责、相互制约的工作机制。

(5)对控制的监督。

对控制的监督是指被审计单位评价内部控制在一段时间内运行有效性的过程。监督对控制的持续有效运行十分重要。管理层可以通过持续的监督活动、单独的评价活动或两者相结合,实现对控制的监督。被审计单位可能使用内部审计人员或具有类似职能的人员对内部控制的设计和执行进行专门的评价,以找出内部控制的优点和不足,并提出改进建议。

4. 了解内部控制

注册会计师应该分别从整体层面和业务流程层面去了解被审计单位的内部控制。

(1)在整体层面了解内部控制。

在整体层面对被审计单位内部控制的了解和评估,通常由项目组中对被审计单位情况比较了解且较有经验的成员负责,同时需要项目组其他成员的参与和配合。对于连续审计,注册会计师可以重点关注整体层面内部控制的变化情况。

注册会计师可以考虑将询问被审计单位人员、观察特定控制的应用、检查文件和报告以及执行穿行测试等风险评估程序相结合,以获取审计证据。

在了解内部控制的各构成要素时,注册会计师应当对被审计单位整体层面的内部控制的设计进行评价,并确定其是否得到执行。财务报表层次的重大错报风险很可能源于薄弱的控制环境,因此注册会计师在评估财务报表层次的重大错报风险时,应当将被审计单位整体层面的内部控制状况和了解到的被审计单位及其环境其他方面的情况结合起来考虑。被审计单位整体层面的内部控制是否有效将直接影响重要业务流程层面控制的有效性,进而影响注册会计师拟实施的进一步审计程序的性质、时间安排和范围。

(2)在业务流程层面了解内部控制。

在初步计划审计工作时,注册会计师需要确定被审计单位财务报表中可能存在重大错报风险的重大账户及其相关认定。为实现此目的,通常采取以下步骤:确定被审计单位的重要业务流程和重要交易类别;了解重要交易流程并记录;确定可能发生错报的环节;识别和了解相关控制;执行穿行测试,以证实对交易流程和相关控制的了解;进行初步评价和风险评估。

在识别和了解控制后,注册会计师对控制的评价结论可能是:所设计的控制单独或连同其他控制能够防止或发现并纠正重大错报,并得到执行;控制本身的设计是合理的,但没有得到执行;控制本身的设计就是无效的或缺乏必要的控制。

(四)评估重大错报风险

1. 评估重大错报风险的审计程序

在评估重大错报风险时,注册会计师应当实施以下审计程序:

(1)在了解被审计单位及其环境的整个过程中,结合对财务报表中各类交易、账户余额和披露的考虑,识别风险。

(2)结合对拟测试的相关控制的考虑,将识别出的风险与认定层次可能发生错报的领域相联系。

(3)评估识别出的风险,并评价其是否更广泛地与财务报表整体相关,进而潜在地影响多项认定。

(4)考虑发生错报的可能性。

2. 识别两个层次的重大错报风险

在对重大错报风险进行识别和评估后,注册会计师应当确定识别的重大错报风险是与特定的某类交易、账户余额和披露的认定相关,还是与财务报表整体广泛相关,进而影响多项认定。如果识别的重大错报风险与特定的某类交易、账户余额和列报的认定相关,则是认定层次的;如果识别的重大错报风险与财务报表整体广泛相关,进而影响多项认定,则是财务报表层次的。

3. 考虑财务报表的可审计性

注册会计师在了解被审计单位的内部控制后,可能对被审计单位财务报表的可审计性产生怀疑。如果通过对内部控制的了解发现下列情况,并对财务报表局部或整体的可审计性产生疑问,注册会计师应当考虑出具保留意见或无法表示意见的审计报告:被审计单位会计记录的状况和可靠性存在重大问题,不能获取充分、适当的审计证据以发表无保留意见;对管理层的诚信存在严重疑虑。必要时,注册会计师应当考虑解除业务约定。

4. 与审计相关的内部控制

注册会计师审计的目标是对财务报表是否不存在重大错报发表审计意见。注册会计师在财务报表审计中要考虑与财务报表编制相关的内部控制,但目的并非对被审计单位内部控制的有效性发表意见,因此注册会计师需要了解和评价的内部控制只是与财务报表审计相关的内部控制,并非被审计单位所有的内部控制。

内部控制无论如何有效,都只能为被审计单位实现财务报告目标提供合理保证。内部控制实现目标的可能性受其固有限制的影响。这些限制包括:在决策时人为判断可能出现错误和因人为失误而导致内部控制失效;控制可能由于两个或更多的人员串通或管理层不当地凌驾于内部控制之上而被规避;被审计单位内部行使控制职能的人员素质不适应岗位要求,也会影响内部控制功能的正常发挥。

(五)应对重大错报风险

1. 财务报表层次重大错报风险与总体应对措施

注册会计师应当针对评估的财务报表层次重大错报风险确定以下总体应对措施:

(1)向项目组强调保持职业怀疑的必要性;

(2)指派更有经验或具有特殊技能的审计人员,或利用专家的工作;

(3)提供更多的督导;

(4)在选择拟实施的进一步审计程序时融入更多不可预见的因素;

(5)对拟实施审计程序的性质、时间安排和范围做出总体修改。

2. 针对认定层次重大错报风险采取进一步审计程序

进一步审计程序是指注册会计师针对评估的各类交易、账户余额和披露认定层次重大错报风险实施的审计程序,包括控制测试和实质性程序。

注册会计师设计进一步审计程序时应考虑的因素有:风险的重要性;重大错报发生的可能性;涉及的各类交易、账户余额和披露的特征;被审计单位采用的特定控制的性质;注册会计师是否拟获取审计证据,以确定内部控制在防止或发现并纠正重大错报方面的有效性。

3. 进一步审计程序的总体审计方案

拟实施的进一步审计程序的总体审计方案包括实质性方案和综合性方案。实质性方案是指注册会计师实施的进一步审计程序以实质性程序为主。综合性方案是指注册会计师在实施进一步审计程序时,将控制测试与实质性程序结合使用。

当评估的财务报表层次重大错报风险属于高风险水平时,拟实施进一步审计程序的总体方案往往更倾向于实质性方案。

二、控制测试

（一）控制测试的概念及内容

控制测试是指测试控制运行的有效性。

注册会计师应当从以下四个方面获取控制是否有效运行的审计证据：①控制在所审计期间的相关时点是如何运行的；②控制是否得到一贯执行；③控制由谁执行；④控制以何种方式执行。

当存在下列情形之一时，注册会计师应当实施控制测试：①在评估认定层次重大错报风险时，预期控制的运行是有效的；②仅实施实质性程序并不能提供认定层次充分、适当的审计证据。

（二）控制测试的程序

控制测试所采用的审计程序的类型通常包括询问、观察、检查和重新执行。

1. 询问

注册会计师可以向被审计单位管理层和员工询问，获取与内部控制运行情况相关的信息。

2. 观察

观察是测试不留下书面记录的控制（如职责分离）的运行情况的有效方法。通常情况下，注册会计师通过观察直接获取的证据比间接获取的证据可靠。

3. 检查

检查适用于对留有书面证据的控制的运行情况的测试。书面说明、复核时留下的记号或其他记录在偏差报告中的标志，都可以被当作控制运行情况的证据。

4. 重新执行

通常只有当询问、观察和检查程序结合在一起仍无法获得充分的证据时，注册会计师才考虑通过重新执行来证实控制是否有效运行。

（三）控制测试的时间

控制测试的时间包含两层含义：一是何时实施控制测试；二是测试所针对的控制适用的时点或期间。如果仅需要测试控制在特定时点的运行有效性，注册会计师只需要获取该时点的审计证据。如果需要获取控制在某一期间有效运行的审计证据，仅获取与时点相关的审计证据是不充分的，注册会计师应当辅以其他控制测试，包括测试被审计单位对控制的监督。即使注册会计师已获取有关控制在期中运行有效性的审计证据，仍然需要考虑如何能够将控制在期中运行有效性的审计证据合理延伸至期末，即针对期中至期末这段剩余期间获取充分、适当的审计证据。

（四）控制测试的范围

当针对控制运行的有效性需要获取更具说服力的审计证据时，可能需要扩大控制测试的范围。控制执行的频率越高，控制测试的范围越大。拟信赖控制运行有效性的时间越长，控制测试的范围越大。控制的预期偏差率越高,需要实施控制测试的范围越大。针对同一认定,可能存在不同的控制。当针对其他控制获取审计证据的充分性和适当性较高时,测试该控制的范围可适当缩小。

三、实质性程序

(一)实质性程序的概念

实质性程序是指针对评估的重大错报风险实施的直接用以发现认定层次重大错报的审计程序,包括对各类交易、账户余额和披露的细节测试以及实质性分析程序。

由于注册会计师对重大错报风险的评估是一种判断,可能无法充分识别所有的重大错报风险,并且由于内部控制存在固有局限性,无论评估的重大错报风险结果如何,注册会计师都应当针对所有重大的交易、账户余额和披露实施实质性程序。

注册会计师实施的实质性程序应当包括下列与财务报表编制完成阶段相关的审计程序:

(1)将财务报表与其所依据的会计记录进行核对或调节。

(2)检查财务报表编制过程中做出的重大会计分录和其他调整。注册会计师对会计分录和其他会计调整检查的性质和范围,取决于被审计单位财务报告过程的性质和复杂程度,以及由此产生的重大错报风险。

(二)实质性程序的性质

实质性程序的性质是指实质性程序的类型及其组合,包括细节测试和实质性分析程序。

细节测试是对各类交易、账户余额和披露的具体细节进行测试,目的在于直接识别财务报表认定是否存在错报。细节测试被用于获取与某些认定相关的审计证据,尤其是对存在或发生、计价认定。控制测试的目的是评价控制是否有效运行;细节测试的目的是发现认定层次的重大错报。尽管两者目的不同,但注册会计师可以考虑针对同一交易同时实施控制测试和细节测试,以实现双重目的。

实质性分析程序的本质还是分析程序,即根据财务数据之间以及财务数据和非财务数据之间的内在关系进行分析,并得到分析结论。实质性分析程序不仅仅是细节测试的一种补充,在某些审计领域,如果重大错报风险较低且数据之间具有稳定的预期关系,可以单独使用实质性分析程序获取充分适当的审计证据。

实质性分析程序不是必须执行的程序,但是细节测试是必须执行的程序。

(三)实质性程序的时间

如果在剩余期间注册会计师可以通过实施实质性程序或将实质性程序与控制测试相结合,降低期末存在错报而未被发现的风险,注册会计师可以考虑在期中实施实质性程序;否则,注册会计师就应该在期末实施实质性程序。如果在期中实施了实质性程序,注册会计师应当在剩余期间实施实质性程序或将实质性程序和控制测试结合使用,以将期中测试得出的结论合理延伸至期末。

（四）实质性程序的范围

在确定实质性程序的范围时，注册会计师应当考虑评估的认定层次重大错报风险和实施控制测试的结果。注册会计师评估的认定层次的重大错报风险越高，需要实施实质性程序的范围越广。如果对控制测试结果不满意，注册会计师应当考虑扩大实质性程序的范围。

本章小结

重要性是针对财务报表使用者决策的信息需求而言的。注册会计师应当从性质和数量两个方面考虑重要性。注册会计师应当考虑财务报表层次和各类交易、账户余额、列报认定层次的重要性水平。

审计风险是指当财务报表存在重大错报时，注册会计师发表不恰当审计意见的可能性。注册会计师发表不恰当意见的可能性，取决于重大错报风险和检查风险。

重要性和审计风险呈反向关系。重要性水平越高，审计风险越低。

内部控制包括五个要素：控制环境、风险评估过程、信息系统和沟通、控制活动、对控制的监督。

注册会计师为了了解被审计单位及其环境，并识别和评估财务报表重大错报风险的程序，必须实施风险评估程序。

注册会计师应当分别从整体层面和业务流程层面去了解被审计单位的内部控制。注册会计师应当针对评估的财务报表层次重大错报风险采取总体应对措施；针对认定层次重大错报风险采取进一步审计程序，包括控制测试和实质性程序。

思考与练习

一、单项选择题

1. 理解和运用“重要性”，要站在（　　）的立场上去判断。

A. 被审计单位管理层　　B. 财务报表使用者

C. 注册会计师　　D. 被审计单位全体员工

2. 在计划某项审计工作时，注册会计师应分别评价（　　）两个层次的重要性。

A. 总账和明细账　　B. 资产负债表和利润表

C. 财务报表和认定　　D. 记账凭证和原始凭证

3.（　　）是指被审计单位的财务报表存在重大错报，而注册会计师审计后发表不恰当审计意见的可能性。

A. 审计风险　　B. 重大错报风险

C. 检查风险　　D. 审计重要性

4. 不同的注册会计师在确定同一被审计单位同一时期的重要性水平时，得出的结果可能不同。这体现了注册会计师在确定重要性水平时需要运用（　　）。

A. 分析程序　　B. 职业判断

C. 审计重要性两个层次　　D. 独立性

5. 在特定审计风险水平下，检查风险与重大错报风险之间的关系是（　　）。
A. 同向变动关系　　B. 反向变动关系
C. 有时同向变动，有时反向变动　　D. 没有明确的关系
6. 注册会计师对重大错报风险的估计水平与所需审计证据数量之间（　　）。
A. 呈同向变动　　B. 呈反向变动
C. 呈比例变化　　D. 不存在关系
7. 审计重要性与审计风险之间（　　）关系。
A. 呈同向变动　　B. 呈反向变动
C. 呈比例关系　　D. 不存在
8. 在审计风险要素中，（　　）是客观存在的，注册会计师无能为力。
A. 审计风险　　B. 检查风险
C. 重大错报风险　　D. 被审计单位经营风险
9.（　　）是指某一认定存在重大错报，但注册会计师没有发现这种错报的可能性。
A. 审计风险　　B. 检查风险
C. 重大错报风险　　D. 被审计单位经营风险
10.（　　）是指财务报表在审计前存在重大错报的可能性。
A. 审计风险　　B. 检查风险
C. 重大错报风险　　D. 被审计单位经营风险
11. 管理层在特殊情况、特定条件下进行的授权，如批准向某个不符合一般信用标准的顾客赊销商品，这属于（　　）。
A. 常规授权　　B. 特殊授权
C. 预算控制　　D. 对控制的监督
12. 下列不属于控制活动的是（　　）。
A. 授权控制　　B. 财产保护控制
C. 对控制的监督　　D. 职责分离
13.（　　）属于不相容职务。
A. 总经理与营销经理　　B. 出纳员与记录银行存款日记账
C. 记录日记账和记录总账　　D. 采购员与采购经理
14.（　　）是为了确定控制存在且正在使用。
A. 了解内部控制　　B. 控制测试
C. 实质性程序　　D. 双重目的测试
15. 注册会计师在实施风险评估程序后，针对（　　）实施控制测试。
A. 设计不合理的控制　　B. 设计合理且得到执行的控制
C. 设计合理但没有得到执行的控制　　D. 与审计相关的控制
16. 控制测试是为了确定（　　）而实施的审计测试。
A. 财务报表认定是否正确　　B. 控制运行的有效性

C. 控制是否得到执行　　D. 控制设计的合理性

17. 注册会计师针对评估的重大错报风险实施的直接用以发现认定层次的重大错报而实施的审计程序是(　　)。

A. 重新执行　　B. 了解内部控制

C. 控制测试　　D. 实质性程序

18. 实质性分析程序通常是针对一段时间内的(　　)。

A. 各类交易　　B. 存在稳定的预期关系的大量交易

C. 各类账户余额　　D. 各类列报

二、多项选择题

1. 在确定审计程序的性质、时间和范围时,注册会计师应当考虑(　　)。

A. 审计风险　　B. 独立性　　C. 重要性　　D. 绝对保证

2. 注册会计师运用重要性概念时,应从错报的(　　)两个方面考虑。

A. 行业状况　　B. 内部控制状况　　C. 数量　　D. 性质

3. (　　)相对稳定、可预测,注册会计师经常将其用作确定计划重要性水平的基准。

A. 营业收入　　B. 总资产　　C. 营业外收入　　D. 存货

4. 注册会计师应考虑两个层次的重大错报风险,即(　　)。

A. 财务报表层次　　B. 认定层次　　C. 账簿层次　　D. 凭证层次

5. 在审计过程中,注册会计师可能在两个方面运用重要性水平,即(　　)。

A. 确定审计程序的性质、时间和范围　　B. 签订审计业务约定书

C. 确定审计具体目标　　D. 评价错报的影响

6. 审计风险构成要素包括(　　)。

A. 重大错报风险　　B. 检查风险　　C. 审计重要性　　D. 合理保证

7. 注册会计师不能改变其实际水平的有(　　)。

A. 重大错报风险　　B. 检查风险　　C. 审计风险　　D. 审计重要性

8. 下列说法中正确的有(　　)。

A. 注册会计师对审计重要性水平估计得越高,所需收集的审计证据的数量就越少

B. 注册会计师对审计重要性水平估计得越高,所需收集的审计证据的数量就越多

C. 在审计风险水平一定的前提下,评估的重大错报风险水平越低,可接受的检查风险水平就越高

D. 在审计风险水平一定的前提下,评估的重大错报风险水平越高,可接受的检查风险水平就越高

9. 对特定的被审计单位而言,审计风险和审计证据的关系可以表述为(　　)。

A. 要求的审计风险越低,所需的审计证据数量就越多

B. 要求的检查风险越高,所需的审计证据数量就越少

C. 评估的重大错报风险水平越低,所需的审计证据数量越多

D. 评估的重大错报风险水平越高,所需的审计证据数量越多

10. 审计人员能控制的风险有(　　)。

A. 审计风险　B. 检查风险　C. 重大错报风险　D. 控制风险

11. 财产保护控制包括(　　)。

A. 实物保管措施　B. 限制未经授权的人员接触和处置财产

C. 定期盘点存货　D. 账实定期核对

12. 下面观点中正确的有(　　)。

A. 设计并执行内部控制是被审计单位管理层的责任

B. 建立内部控制在于消除一切错误和舞弊的发生

C. 内部控制存在固有的局限性

D. 给被审计单位设计并执行内部控制是注册会计师的责任

13. 在测试控制运行的有效性时,注册会计师应当从(　　)方面获取相关的审计证据。

A. 控制在所审计期间的不同时点是如何运行的

B. 控制是否得到一贯执行

C. 控制由谁执行

D. 控制以何种方式执行

14. 注册会计师对控制的初步评价结论可能是(　　)。

A. 控制设计合理,并得到执行　B. 控制设计合理,但没有得到执行

C. 控制设计无效或缺乏必要的控制　D. 控制有效运行

15. 控制测试并非在任何情况下都需要实施,实施控制测试的情形有(　　)。

A. 在了解内部控制后,预期控制的运行是有效的

B. 仅实施实质性程序不足以提供认定层次充分、适当的审计证据

C. 控制本身的设计是合理的,但没有得到执行时

D. 控制本身的设计就是无效的

16. 下列属于内部控制要素的有(　　)。

A. 控制环境　B. 风险管理　C. 控制活动　D. 信息与沟通

17. 可用作控制测试的程序类型包括(　　)。

A. 检查文件记录　B. 重新执行　C. 询问与观察　D. 分析程序

18. 实质性程序的两种基本类型是(　　)。

A. 风险评估程序　B. 控制测试　C. 细节测试　D. 实质性分析程序

三、判断题

1. 所谓审计重要性,是指重要的账户余额。(　　)

2. 理解和运用"重要性"需要站在被审计单位管理层的视角去判断。(　　)

3. 审计重要性取决于被审计单位的规模。(　　)

4. 如果财务报表中的某项错报足以影响财务报表使用者依据财务报表做出的经济决策,则该项错报就是重大的。(　　)

5. 审计重要性是客观存在的,因此,注册会计师不应当运用职业判断来确定重要性水

平。( )

6. 注册会计师发表无保留意见就意味着被审计单位的财务报表没有错报。( )

7. 审计重要性水平在计划阶段初步确定后,就不应再变动,以保证审计工作的稳定。( )

8. 小额错报即使经常发生,其对财务报表的累计影响也不可能重大。( )

9. 实际审计风险水平与收集的审计证据数量呈同向变动。( )

10. 审计风险与合理保证之和等于100%,如果注册会计师将审计风险降到可接受的低水平,则对财务报表不存在重大错报获取了合理保证。( )

11. 职责分离的程度视企业的规模而定,小规模企业不相容职务分离的程度要差一些。( )

12. 控制环境设定了内部控制基调,影响员工对内部控制的认识和态度。( )

13. 当被审计单位规模不大时,没有必要先对被审计单位的内部控制进行了解。( )

14. 注册会计师审计的目标是对财务报表是否不存在重大错报发表审计意见,因此注册会计师需要了解和评价被审计单位所有的内部控制。( )

15. 执行穿行测试对交易从发生到记账的整个流程进行追踪,目的在于证实账户余额是否正确。( )

16. 被审计单位建立授权控制的目的在于保证各级管理人员在授权范围内行使职权和承担责任。( )

17. 控制测试是每次审计中必定执行的测试。( )

18. 实质性程序只能在期末执行。( )

四、实务分析题

1. A股份有限公司2013年度未经审计的有关资料如下表所示,请计算并确定财务报表层次重要性水平。

项　目	金额	比例	财务报表层次的重要性水平
资产总额	280 000	0.5%	
净资产	38 000	1%	
主营业务收入	250 000	0.5%	
净利润	26 620	5%	

2. 某注册会计师在评估被审计单位的审计风险时,分别设计了以下四种情况,以帮助决定可接受的检查风险水平。

风险类别	一	二	三	四
可接受的审计风险	4%	4%	2%	2%
重大错报风险	100%	40%	100%	40%
检查风险				

请回答:①上述四种情况下的检查水平分别是多少?(填入表中)②哪种情况需要注册会计师获取最多的审计证据?为什么?

3. 甲会计师事务所承接了乙上市公司2013年度财务报表审计业务,该公司2013年度利润总额为100万元。甲会计师事务所在审计过程中,关于重要性水平的确定和修订的工作底稿的内容如下:

(1)在确定重要性水平时,注册会计师既要考虑错报的金额,也要对错报的性质进行判断。同时,要满足个别财务报表使用者对财务信息的特殊需求。

(2)财务报表使用者非常重视公司的盈利能力,注册会计师决定以乙公司税前利润作为确定重要性水平的基准。虽然乙公司本年经营情况不稳定,注册会计师还是决定将本年税前利润作为重要性水平的基准。

(3)在审计过程中,发现一些应收账款金额高估的错报,因为每笔错报单独考虑影响不大,注册会计师认为无须提请乙公司调整,所以将这些错报视为明显微小错报。

(4)注册会计师在审计过程中确定的重要性水平为150万元,发现营业收入高估100万元,营业成本低估30万元,因为每项错报都低于重要性水平,注册会计师没有将此错报认定为重大错报。

要求:针对上述每种情况,请指出注册会计师做出的与重要性有关的决策或结论是否合理,如认为存在不合理之处,请说明理由并提出改进建议。

4. 2011年4月11日,天涯论坛出现一个题为《中石化广东石油总经理鲁某挥霍巨额公款触目惊心》的爆料帖,将中石化推到社会舆论的风口浪尖。网帖爆出四张发票,总消费金额约168万元。其中一张"贵州增值税普通发票"显示:开票单位是"贵州茅台酒销售有限公司",抬头是"中国石油化工股份有限公司广东石油分公司",日期是2010年9月3日,内容是"30年500毫升茅台30瓶,15年500毫升茅台60瓶,50年500毫升茅台30瓶,53度飞天500毫升茅台360瓶",价税合计958 320元,除此之外,网帖中的文字材料矛头直指中石化广东石油总经理鲁某,指其"今年中秋节前,指使手下用便利店非油品促销费,从2010年9月起,先后购进高档酒三批,总价值259万元……所有酒都由总经理鲁某个人支配使用,无人知道酒的去向"。

同年4月16日,网友在天涯论坛继续发帖,"鲁某多次购买高档奢侈品(这次被曝光的300多万元天价酒当然只是其中一部分)用于接待和个人享用,这样大笔的资金支出,他竟然从来不和任何班子成员商量,甚至连知会都没有。在买酒前,所有副总对于此事一无所知,在买酒后,全部归他个人支配。全部高档酒都由鲁某安排人单独采购、单独登记、单独保管,他一个人使用,所有副总都别想染指。"之后,调查组介入调查。调查组介绍,鲁某于2010年9月开始购进高档酒。2010年10月,中国石化总部有关部门接到群众举报,经检查发现问题后,责成鲁某立即整改。鲁某为应付整改,紧急回收资金,安排下属联系了广州天河某贸易部(以下简称某贸易部)和广州黄埔某商行(以下简称某商行)两个买家,并于10月20日以广州石油分公司的名义将部分高档酒销售发票开给上述两个买家,上述两个买家将购买红酒的货款和购买白酒的货款分别汇入了广州石油的账户。实际上这些酒并未销售给这两家,而是将部分茅台酒卖给了其他单位,红酒没有销售。2010 年 11 月,鲁某找了两个熟人帮忙联系南京某混凝土公司、泉州某建材公司、山东某宾馆、南京某咨询公司、南京某信息公司这五个买家。鲁某将茅台酒以高于购进的价格卖给了上述五家单位。

4 月 15 日下午,中石化广东分公司召开干部会议,宣布了中石化党组的决定,由纪检监察部门、人事部门和相关业务主管部门组成调查组对广东分公司“天价酒”事件展开调查,广东分公司总经理鲁某停职配合调查,中石化油品销售事业部副总经理夏某临时主持广东分公司工作。

要求:根据资料描述,从内部控制原则以及内部控制五要素的角度,分别分析中石化广东分公司在实施内部控制中可能存在的问题。

5. 甲注册会计师负责对华海公司 2013 年度财务报表进行审计,他在审计底稿中记录了所了解的华海公司的环境及相关情况。

(1)华海公司主导 A 产品,2013 年和 2012 年的销售明细账如下,该产品所需原材料在 2013 年上涨 5%,因市场竞争加剧,华海公司决定从 2013 年 1 月起降价 7%促销。

2013 年(未审数)			2012 年(已审数)		
数量(件)	营业收入(万元)	营业成本(万元)	数量(件)	营业收入(万元)	营业成本(万元)
2 700	510 300	408 240	2 500	497 500	422 875

(2)为应对金融危机的影响,华海公司将账龄超过 12 个月的应收账款计提坏账准备的比例统一提高了 5%。

(3)2013 年 6 月,华海公司购置一台价值 650 万元的设备,用于生产 B 产品,但竞争对手长江公司于 2013 年末推出了一款质量和性能都优于 B 产品的新型产品。

(4)由于工作压力大,华海公司会计部门人员流动频繁,除会计主管服务超过 4 年外,其余人员的平均服务期少于两年。

(5)由于 2013 年前 10 个月销售业绩未能达到董事会制订的 15%的目标,华海公司撤换了销售经理,由副总经理亲自上任主抓销售。

要求:分别指出上述事项是否可能表明存在重大错报风险。如果存在,说明理由,并说明该风险属于财务报表层次还是认定层次。如果是认定层次的,与财务报表项目的哪些认定相关?

第七章　审计抽样

知识目标

理解审计抽样的含义和种类；掌握抽样风险和非抽样风险；掌握审计抽样的基本程序。

能力目标

能运用随机数表、系统抽样法抽取样本；掌握控制测试中属性抽样的运用，以及实质性程序中变量抽样的运用。

引导案例

安徽大华会计师事务所对安徽华泰股份有限公司2013年度的财务报表进行审计，审计助理小李负责公司应收账款的函证。该公司2013年12月31日的应收账款共有400笔，账面金额为4 000 000元。小李对这400笔应收账款进行了编号，并按随机抽样的方法从中抽取了108笔，账面金额为1 000 000元，然后小李按地址寄发了询证函。这108个客户都寄回了询证函，小李经过统计后发现，存在28 000元的高估。应收账款的可容忍错报是40 000元，28 000元低于40 000元，于是小李得出结论：应收账款不存在重大错报，得到了公允反映。

你认为小李的结论是正确的吗？

第一节　审计抽样概述

一、选取测试项目的方法

在设计审计程序时，注册会计师应当确定选取测试项目的适当方法。注册会计师可以使用的方法包括选取全部项目、选取特定项目和审计抽样。注册会计师可以根据具体情况，单独或综合使用选取测试项目的方法，但所使用的方法应当能够提供充分、适当的审计证据，以实现审计程序的目标。在确定适当的选取测试项目的方法时，注册会计师应当考虑与所测试认定有关的重大错报风险和审计效率。

（一）选取全部项目

选取全部项目测试是指对总体中的全部项目进行检查。对全部项目进行检查，通常适用于细节测试，而不适用于控制测试。实施细节测试时，在某些情况下，基于重要性水平或风险的考虑，注册会计师可能认为需要测试总体中的全部项目，如在截止性测试中，注册会计师通常对截止日前后一段时期的所有交易进行检查。

当存在下列情形之一时，注册会计师应当考虑选取全部项目进行测试：

（1）总体由少量的大额项目构成。某类交易或账户余额中所有项目的单个金额都较大时，注册会计师可能需要测试所有项目。

(2)存在特别风险且其他方法未提供充分、适当的审计证据。某类交易或账户余额中的项目可能单个金额不大但存在特别风险，则注册会计师也可能需要测试所有项目。

(3)由于信息系统自动执行的计算或其他程序具有重复性，对全部项目进行检查符合成本效益原则。注册会计师可运用计算机辅助审计技术选取全部项目进行测试。

(二)选取特定项目

选取特定项目测试是指对总体中的特定项目进行针对性测试。根据对被审计单位的了解、评估的重大错报风险以及所测试总体的特征等，注册会计师可以确定从总体中选取特定项目进行测试。

选取的特定项目可能包括：大额或关键项目；超过某一金额的全部项目；被用于获取某些信息的项目；被用于测试控制活动的项目。

根据判断选取特定项目，容易产生非抽样风险。注册会计师应当根据审计程序的目的仔细选择特定项目，并通过对过程的指导、监督与复核降低非抽样风险。选取特定项目实施检查，通常是获取审计证据的有效手段，但并不构成审计抽样。对按照这种方法所选取的项目实施审计程序的结果，不能推断至整个总体。

虽然选取特定项目也是对某类交易或账户余额中低于百分之百的项目实施审计程序，但与审计抽样不同的是，并非所有抽样单元都有被选取的机会。不符合注册会计师选择标准的项目将没有机会被选取，因为选取的特定项目不能代表总体或某一子总体中全部项目的特征。因此，与审计抽样不同，选取特定项目进行测试不能根据所测试项目中发现的误差推断审计对象总体的误差。

(三)审计抽样

当注册会计师对需要测试的账户余额或交易事项缺乏特别的了解时，审计抽样比较有用。当总体中项目的数量太大而无法逐项审查或者虽能逐项审查但需耗费大量成本时，注册会计师也可能使用审计抽样方法。

二、审计抽样概述

(一)审计抽样的概念

审计抽样是指注册会计师对具有审计相关性的总体中低于百分之百的项目实施审计程序，使所有抽样单元都有被选取的机会，为注册会计师针对整个总体得出结论提供合理基础。审计抽样能使注册会计师获取和评价与被选取项目某一特征有关的审计证据，以形成或帮助形成有关总体的结论。抽样单元是指构成总体的个体项目。总体是指注册会计师从中选取样本并据以得出结论的整套数据。总体可分为多个层或子总体，每一层或子总体可予以分别检查。

审计抽样应当具备三个基本特征：①对某类交易或账户余额中低于百分之百的项目实施审计程序；②所有抽样单元都有被选取的机会；③审计测试的目的是为了评价该账户余额

或交易类型的某一特征。

审计抽样并非在所有的审计程序中都可以运用。风险评估程序通常不涉及使用审计抽样,但如果注册会计师在了解控制的设计和确定其是否得到执行时,一并计划和实施控制测试,则会涉及审计抽样。当控制的运行留下轨迹时,注册会计师可以考虑使用审计抽样的方法实施控制测试。在实施细节测试时,注册会计师可以使用审计抽样的方法获取审计证据,以验证有关财务报表金额的一项或多项认定,或对某些金额做出独立估计。在实施实质性分析程序时,注册会计师不宜使用审计抽样。

(二)统计抽样和非统计抽样

注册会计师在对某类交易或账户余额使用审计抽样时,可以使用统计抽样方法,也可以使用非统计抽样方法。

统计抽样是指同时具备下列特征的抽样方法:①随机选取样本项目;②运用概率论评价样本结果,包括计量抽样风险。不同时具备上述两个特征的抽样方法为非统计抽样。注册会计师应当根据具体情况并运用职业判断,确定使用统计抽样或非统计抽样方法,以最有效率地获取审计证据。

注册会计师在统计抽样与非统计抽样方法之间进行选择时主要考虑成本效益。统计抽样的优点在于能够客观地计量抽样风险,并通过调整样本规模精确地控制风险,这是它与非统计抽样最重要的区别。另外,统计抽样还有助于注册会计师高效地设计样本,计量所获取证据的充分性,以及定量评价样本结果。但统计抽样有可能发生额外的成本,这是因为:首先,统计抽样需要具备特殊的专业技能,因此使用统计抽样时需要增加额外的支出对注册会计师进行培训;其次,统计抽样要求单个样本项目符合统计要求,这也可能需要支出额外的费用。非统计抽样操作简单、使用成本低、适用于定性分析,但无法量化抽样风险。非统计抽样如果设计适当,也能提供与统计抽样方法同样有效的结果。不管统计抽样还是非统计抽样,都要求注册会计师在设计、实施和评价样本时运用职业判断。

(三)属性抽样与变量抽样

统计抽样可以进一步分为属性抽样和变量抽样。

属性抽样是指在精确度界限和可靠程度一定的条件下,为了测定总体特征的发生频率而采用的一种方法。属性抽样在审计中最常见的用途是测试某一设定控制的偏差率,以支持注册会计师评估的控制有效性。在属性抽样中,设定控制的每一次发生或偏离都被赋予同样的权重,不管交易的金额大小。

变量抽样是一种用来对总体金额得出结论的统计抽样方法。变量抽样通常回答两个问题:金额是多少?账户是否存在错报?变量抽样在审计中的主要用途是进行细节测试,以确定记录金额是否合理。

一般而言,属性抽样得出的结论与总体发生率有关,而变量抽样得出的结论与总体的金额有关。

表7－1 属性抽样和变量抽样

抽样方法	测试环节	测试特征和目的
属性抽样	控制测试	对总体中某一事件发生率得出结论的统计抽样方法，其目的是测试控制的偏差率
变量抽样	细节测试	对总体金额得出结论的统计抽样方法，其目的是测试错报金额

三、抽样风险和非抽样风险

在使用审计抽样时，审计风险既可能受到抽样风险的影响，又可能受到非抽样风险的影响。抽样风险和非抽样风险通过影响重大错报风险的评估和检查风险的确定而影响审计风险。

（一）抽样风险

抽样风险是指注册会计师根据样本得出的结论与审计对象总体特征不相符合的可能性。无论进行控制测试还是细节测试，审计人员都应当关注抽样风险。

控制测试中的抽样风险包括信赖过度风险和信赖不足风险。

信赖过度风险是指注册会计师推断的控制有效性高于其实际有效性的风险。信赖过度风险与审计的效果有关。如果注册会计师评估的控制有效性高于其实际有效性，从而导致评估的重大错报风险水平偏低，注册会计师就可能不适当地减少从实质性程序中获取的证据，审计的有效性就会下降。对注册会计师而言，信赖过度风险更容易导致注册会计师发表不恰当的审计意见，因而更应予以关注。

信赖不足风险是指注册会计师推断的控制有效性低于其实际有效性的风险。信赖不足风险与审计的效率有关。当注册会计师评估的控制有效性低于其实际有效性时，评估的重大风险水平高于实际水平，注册会计师就可能增加不必要的实质性程序，审计效率就可能降低。

审计人员在进行细节测试时，注册会计师应关注误受风险和误拒风险。

误受风险是指在实施细节测试时，注册会计师推断某一重大错报不存在而实际上存在的风险。如果账面金额实际上存在重大错报而注册会计师认为其没有存在重大错报，注册会计师通常会停止对该账面金额继续进行测试，并根据样本结果得出账面金额无重大错报的结论。误受风险影响审计效果，容易导致注册会计师发表不恰当的审计意见，因此注册会计师更应予以关注。

误拒风险是指在实施细节测试时，注册会计师推断某一重大错报存在而实际上不存在的风险。与信赖不足风险类似，误拒风险影响审计效率，因为在这种情况下，注册会计师会扩大细节测试的范围并考虑获取其他审计证据，之后才能最终得出恰当的结论。

（二）非抽样风险

非抽样风险是指注册会计师由于任何与抽样风险无关的原因而得出错误结论的风险。

非抽样风险包括审计风险中不是由抽样所导致的所有风险,注册会计师即使对某类交易或账户余额的所有项目实施审计程序,也可能仍未能发现重大错报或控制失效。可能导致非抽样风险的原因包括:①注册会计师选择的总体不适合测试目标;②注册会计师未能适当地定义误差(包括控制偏差或错报),导致注册会计师未能发现样本中存在的偏差或错报;③注册会计师选择了不适于实现特定目标的审计程序;④注册会计师未能适当地评价审计发现的情况。

(三)抽样风险与非抽样风险的控制

为了将审计风险降至可接受的低水平,注册会计师应当从抽样风险和非抽样风险两个方面进行控制。只要使用了审计抽样,抽样风险就一定存在。在使用统计抽样时,注册会计师可以准确地计量和控制抽样风险。在使用非统计抽样时,注册会计师无法量化抽样风险,只能根据职业判断对其进行定性的评价和控制。对特定样本而言,抽样风险与样本规模反方向变动:样本规模越小,抽样风险越大;样本规模越大,抽样风险越小。既然抽样风险只与被检查项目的数量有关,那么控制抽样风险的唯一途径就是控制样本规模。无论是控制测试还是细节测试,注册会计师都可以通过扩大样本规模来降低抽样风险。

非抽样风险是由人为错误造成的,因而可以降低、消除或防范。虽然在任何一种抽样方法中注册会计师都不能量化非抽样风险,但通过采取适当的质量控制政策和程序,对审计工作进行适当的指导、监督与复核,以及对注册会计师实务的适当改进,可以将非抽样风险降至可以接受的水平。注册会计师也可以通过仔细设计审计程序来尽量降低非抽样风险。

表7-2　抽样风险对审计工作的影响

审计测试的种类	影响审计效率	影响审计结果
控制测试	信赖不足风险	信赖过度风险
细节测试	误拒风险	误受风险

四、样本的选取方法

注册会计师在选取样本项目时,应当使总体中的每个抽样单元都有被选取的机会,这样才能使样本具有代表性,从而保证由抽样结果推断出的总体特征具有合理性和可靠性。如果注册会计师有意识地选择总体中的某些具有典型特征的样本项目,就无法保证其所选样本的代表性。样本的选取方法有多种,注册会计师应根据审计的目的和要求、被审计单位实际情况等因素确定样本选取方法。样本的选取方法主要有随机选样、系统选样和随意选样。

1. 随机选样

随机选样又称随机数选择,是指使用随机数表或计算机辅助审计技术选样。使用随机选样的前提是,总体中的每一项目都有不同的编号。注册会计师可以使用计算机生成的随机数,如电子表格程序、随机数码生成程序、通用审计软件程序等计算机程序产生的随机数,也可以使用随机数表获得所需的随机数。

表 7-3 随机数表

	1	2	3	4	5	6	7	8	9	10
1	32044	69037	29655	92114	81034	40582	01584	77184	85762	46505
2	23821	96070	82592	81642	08971	07411	09037	81530	56195	98425
3	82383	94987	66441	28677	95961	78346	37916	09416	42438	48432
4	68310	21792	71635	86089	38157	95620	96718	79554	50209	17705
5	94856	76940	22165	01414	01413	37231	05509	37489	56459	52983
6	95000	61958	83430	98250	70030	05436	74814	45978	09277	13827
7	20764	64638	11359	32556	89822	02713	81293	52970	25080	33555
8	71401	17964	50940	95753	34905	93566	36318	79530	51105	26952
9	38464	75707	16750	61371	01523	69205	32122	03436	14489	02086
10	59442	59247	74955	82835	98378	83513	47870	20795	01352	89906

采用随机数表时，首先，要建立表中数字与总体项目的一一对应关系。一般情况下，总体项目中原有的某些编号可被利用，如凭证号、支票号、发票号等；在没有事先编号的情况下，注册会计师需按一定的方法进行编号。其次，从随机数表中选择一个随机起点和一个选号路线，随机起点和选号路线可以任意选择，但一经选定就不得改变。最后，按照选号路线依次选取样本。

【例 7-1】注册会计师范永亮对安徽华泰股份有限公司连续编号为 001~300 的现金支票进行随机抽样，拟从中选取一组样本量为 10 的样本。范永亮选取样本的步骤：①审计人员采用随机数表所列数字的后三位数与支票号码对应。②确定第 1 列第 1 行为起点，抽样路线是从上向下，然后是第二列第一行，从上向下，依此类推。③按照对应起点及选号路线选出 10 个数码，分别为 044、037、070、247、165、114、089、250、034、157。将与这 10 个数码对应的 10 张支票作为样本进行审查。

随机选样不仅使总体中每个抽样单元被选取的概率相等，而且使相同数量的抽样单元组成的每种组合被选取的概率相等。这种方法在统计抽样和非统计抽样中均适用。由于统计抽样要求注册会计师能够计量实际样本被选取的概率，这种方法尤其适合于统计抽样。

2. 系统选样

系统选样也称等距选样，是指按照相同的间隔，从审计对象总体中等距离地选取样本的一种选样方法。采用系统选样法，首先要计算选样间距，确定选样起点，然后再根据间距顺序选取样本。选样间距的计算公式如下：

选样间距 = 总体规模 ÷ 样本规模

【例 7-2】假设华泰股份有限公司 2013 年度销售发票的总体范围是 65 ~ 324，设定的样本量是 20，那么选样间距为 13[(324 - 65 + 1) ÷ 20]。注册会计师必须从 0 ~ 12 中选取一个随机数作为抽样起点。如果随机选择的数码是 8，那么第一个样本项目是发票号码为 73

(65+8)的那一张,其余的19个项目是86(73+13)、99(86+13)……依此类推,直至抽出20张。

系统选样方法的主要优点是使用方便,比其他选样方法节省时间,并可用于无限总体。此外,使用这种方法时,不需要对总体中的项目进行编号,注册会计师只要简单地数出每一个间距即可。要注意的是,使用系统选样方法要求总体必须是随机排列的,否则容易发生较大的偏差,造成非随机的、不具代表性的样本。如果测试项目的特征在总体内的分布具有某种规律性,则选择样本的代表性可能较差。

3.随意选样

在这种方法中,注册会计师选取样本不采用结构化的方法。尽管不使用结构化方法,注册会计师也要避免任何有意识的偏向或可预见性,尽量保证总体中的所有项目都有被选中的机会。在使用统计抽样时,运用随意选样是不恰当的。

上述三种基本方法均可选出代表性样本。需要注意的是,随机选样和系统选样属于随机基础选样方法,即对总体的所有项目按随机规则选取样本,因而可以在统计抽样中使用,也可以在非统计抽样中使用;而随意选样虽然也可以选出代表性样本,但它属于非随机基础选样方法,因而不能在统计抽样中使用,只能在非统计抽样中使用。

第二节 属性抽样在控制测试中的应用

在控制测试和细节测试中实施审计抽样时,注册会计师可使用统计抽样,也可使用非统计抽样。统计抽样在审计工作中的具体运用方法主要有属性抽样和变量抽样两种。本章只介绍统计抽样在控制测试和细节测试中的运用。现阐述属性抽样的基本程序。

一、确定审计目标

控制测试的总目标是为了评价内部控制运行的有效性。对某种交易可能需要设计一个或多个属性抽样计划来评价相关控制的有效性。审计人员通过执行控制测试来支持其计划的重大错报风险水平。注册会计师只有在初步评估控制运行有效性在中等或以上水平时,才会实施控制测试。注册会计师必须首先针对某项认定详细了解控制目标和内部控制政策与程序之后,方可确定从哪些方面获取关于控制是否有效运行的审计证据。

二、确定总体和误差

在采用属性抽样方法时,审计人员要根据审计目标确定总体和审计范围,即审查的总体包括哪些项目,并且对属性进行明确规定,以便区分何为正确、何为错误。

比如,在购货与付款业务循环中,有一项货款支付的关键内部控制,即要求企业支付货款前必须先验证是否实际收到了货物。这就要求价款支付人员在支付货款前核对价款支付凭证(一般为付款凭单)上是否附了相应的采购发票及货物入库的验收证明,即验收单。为了测试这项关键控制的执行是否有效,注册会计师应当先定义误差。误差的定义应尽可能全面,能够考虑到误差的所有情况。注册会计师可以将以下情况视为误差:①付款凭单上未附有采购发票或验收单;②付款凭单、所附发票或验收单之间不相符;③材料验收单上无主管人员签字或缺少其他正常手续;④发票金额、验收单等有涂改现象;⑤材料结算过程中的其他错误等。

三、确定样本规模

审计人员应当首先确定对内部控制的拟信赖程度,这是根据其对内部控制的了解程度确定的,并且在审计之前应对总体预计差错率和可接受的抽样风险进行估计与假设,然后根据泊松分布理论,对上述假设进行检验,如果检验符合假设,则假设成立,这样可以在某种程度上保证对内部控制的某种可信赖程度预计。

在属性抽样中,确定抽样规模首先要估计预计总体偏差率、考虑可容忍偏差率和可接受的信赖过度风险这三个重要因素。

预计总体偏差率的确定方法有两种:一是审计人员根据被审计单位的实际情况和自己的经验进行估计;二是先抽取一个初始样本,以初始样本的偏差率作为预计的总体差错率,然后用预计的总体偏差率来确定抽样规模。

可容忍偏差率是指注册会计师设定的偏离规定的内部控制程序的比率。可容忍偏差率是注册会计师能够接受的最大偏差数量,如果偏差超过这一数量,则减少或取消对内部控制程序的信赖。可容忍偏差率往往取决于审查项目的重要性:若审查项目比较重要,则可容忍偏差率上限就要相应缩小;反之,若审查的项目并不重要,则可扩大。

在实施控制测试时,注册会计师主要关注抽样风险中的信赖过度风险。可接受的信赖过度风险与样本规模反向变动。控制测试中选取的样本旨在提供关于控制运行有效性的证据。由于控制测试是控制是否有效运行的主要证据来源,因此可接受的信赖过度风险应确定在相对较低的水平上。相对较低的水平在数量上是指5%~10%的信赖过度风险。注册会计师一般将信赖过度风险确定为10%,特别重要的测试则可以将信赖过度风险确定为5%。内部控制可信赖程度的高低取决于审计人员对内部控制的了解结果及对内部控制的拟信赖程度。如果内部控制制度健全且执行情况好,审计人员拟对内部控制进行更大程度的信赖,则需要取证证明这种可靠程度,因而需进行更多的控制测试,抽取更多的样本。

预计总体偏差率、可容忍偏差率、可接受的信赖过度风险一经确定,便可根据两种方式确定样本量,即查表法和公式计算法。

1. 查表法

在统计抽样中,注册会计师可以使用样本量表确定样本规模。表7-4提供了在控制测试中确定的可接受信赖过度风险为10%时所用的样本量表。注册会计师根据可接受的信赖过度风险选择相应的抽样规模表,可容忍偏差率所在的列与预计总体偏差率所在的行的交点就是所需的样本规模。假定注册会计师确定的可接受信赖过度风险为10%,可容忍偏差率为7%,预计总体偏差率为1.00%,查表7-4可知,两者交叉处的数字为

55,即所需的样本规模为55。

表7－4　控制测试中统计抽样样本规模确定表(信赖过度风险为10%)

预计总体偏差率(%)	可容忍偏差率								
	2%	3%	4%	5%	6%	7%	8%	9%	10%
0.00	114(0)	76(0)	57(0)	45(0)	38(0)	32(0)	28(0)	25(0)	22(0)
0.25	194(1)	129(1)	96(1)	77(1)	64(1)	55(1)	48(1)	42(1)	38(1)
0.5	194(1)	129(1)	96(1)	77(1)	64(1)	55(1)	48(1)	42(1)	38(1)
0.75	265(2)	129(1)	96(1)	77(1)	64(1)	55(1)	48(1)	42(1)	38(1)
1	×	176(2)	96(1)	77(1)	64(1)	55(1)	48(1)	42(1)	38(1)
1.25	×	×	×	×	64(1)	55(1)	48(1)	42(1)	38(1)
1.5	×	×	×	×	64(1)	55(1)	48(1)	42(1)	38(1)
1.75	×	×	×	×	88(2)	55(1)	48(1)	42(1)	38(1)
2	×	×	×	×	88(2)	75(2)	48(1)	42(1)	38(1)
2.25	×	×	×	×	88(2)	75(2)	48(1)	42(1)	38(1)
2.5	×	×	×	×	110(3)	75(2)	65(2)	42(2)	38(2)
2.75	×	×	×	×	132(4)	94(3)	65(2)	58(2)	38(2)
3	×	×	×	×	132(4)	94(3)	65(2)	58(2)	52(2)
3.25	×	×	×	×	153(5)	113(4)	82(3)	58(2)	52(2)
3.5	×	×	×	×	194(7)	113(4)	82(3)	73(3)	52(2)
3.75	×	×	×	×	×	131(5)	98(4)	73(3)	52(2)

注:×表示样本规模太大,在大多数情况下不符合成本效益原则。

2.公式计算法

$$样本量(n)=\frac{可接受的信赖过度风险系数(R)}{可容忍偏差率(TR)}$$

式中,“可接受的信赖过度风险系数”取决于特定的信赖过度风险和预期将出现的偏差个数。表7－5列示了控制测试中常用的风险系数。

假定注册会计师可接受的信赖过度风险为10%,可容忍偏差率为7%,并预期至多出现1例偏差,查表7－5可知风险系数为3.9,则应用公式可计算出样本量:

$$样本量=\frac{3.9}{7\%}=56$$

四、推断总体误差

将样本中发现的偏差数量除以样本规模,就可以计算出样本偏差率,样本偏差率就是注册会计师对总体偏差率的最佳估计,因而在控制测试中无须另外推断总体偏差率,但注册会计师还必须考虑抽样风险。在实务中,注册会计师使用统计抽样方法时通常使用公式、表格

表 7－5 控制测试中常用的风险系数

风险系数 信赖过度风险 偏差数	5%	10%
0	3	2.3
1	4.8	3.9
2	6.3	5.3
3	7.8	6.7
4	9.2	8
5	10.5	9.3
6	11.9	10.6
7	13.2	11.8
8	14.5	13
9	15.7	14.2
10	17	15.4

或计算机程序直接计算在确定的信赖过度风险水平下可能发生的偏差率上限，即估计的总体偏差率与抽样风险允许限度之和。

如果估计的总体偏差率上限低于可容忍偏差率，则总体可以接受，这时注册会计师对总体得出的结论是，样本结果支持计划评估的控制有效性，从而支持计划的重大错报风险评估水平。如果估计的总体偏差率上限大于或等于可容忍偏差率，则总体不能接受，这时注册会计师对总体得出的结论是，样本结果不支持计划评估的控制有效性，从而不支持计划的重大错报风险评估水平。此时，注册会计师应当修正重大错报风险评估水平，并增加实质性程序的数量。注册会计师也可以对影响重大错报风险评估水平的其他控制进行测试，以支持计划的重大错报风险评估水平。如果估计的总体偏差率上限低于但接近可容忍偏差率，注册会计师应当结合其他审计程序的结果，考虑是否接受总体，并考虑是否需要扩大测试范围，以进一步证实计划评估的控制有效性和重大错报风险水平。

1. 公式计算法

注册会计师可以使用统计公式评价样本结果。假定注册会计师对 56 个项目实施了既定的审计程序，可接受的信赖过度风险为 10%，偏差数量为 0，在表 7－5 中查得风险系数为 2.3。根据样本量结果计算总体最大偏差率：

$$\text{总体偏差率上限} = \frac{R}{n} = \frac{\text{风险系数}}{\text{样本量}} = \frac{2.3}{56} = 4.1\%$$

这意味着，如果样本量为 56 且无一例偏差，总体实际偏差率超过 4.1% 的风险为 10%，即有 90% 的把握保证总体实际偏差率不超过 4.1%。由于注册会计师确定的可容忍偏差率为 7%，因此可以得出结论，总体的实际偏差率超过可容忍偏差率的风险很小，总体可以接受。也就是说，样本结果证实注册会计师对控制运行有效性的估计和评估的重大错报风险水平是适当的。

2. 查表法

注册会计师也可以使用样本结果评价表评价统计抽样的结果。表 7－6 列示了可接受的信赖过度风险为 10% 时的总体偏差率上限。

假定注册会计师应当选择可接受的信赖过度风险为 10% 的表（即表 7－6）评价样本结果。样本规模为 56，注册会计师可以选择样本规模为 55 的那一行。当样本中未发现偏差时，应选择偏差数为零的那一列，两者交叉处的 4.1% 即为总体偏差率的上限，与利用公式计算的结果 4.1% 相等。此时，由于总体偏差率的上限小于本例中的可容忍偏差率 7%，样本结果证实注册会计师对控制运行有效性的估计和评估的重大错报风险水平是适当的。

表 7－6　控制测试中统计抽样结果评价（信赖过度风险为 10% 的偏差率上限）

样本规模 \ 最大偏差率 \ 实际发现的偏差数	0	1	2	3	4	5	6	7	8	9	10
20	10.9	18.1	×	×	×	×	×	×	×	×	×
25	8.8	14.7	19.9	×	×	×	×	×	×	×	×
30	7.4	12.4	16.8	×	×	×	×	×	×	×	×
35	6.4	10.7	14.5	18.1	×	×	×	×	×	×	×
40	5.6	9.4	12.8	16	19	×	×	×	×	×	×
45	5	8.4	11.4	14.3	17	19.7	×	×	×	×	×
50	4.6	7.6	10.3	12.9	15.4	17.8	×	×	×	×	×
55	4.1	6.9	9.4	11.8	14.1	16.3	18.4	×	×	×	×
60	3.8	6.4	8.7	10.8	12.9	15	16.9	18.9	×	×	×
70	3.3	5.5	7.5	9.3	11.1	12.9	14.6	16.3	17.9	19.6	×
80	2.9	4.8	6.6	8.2	9.8	11.3	12.8	14.3	15.8	17.2	18.6
90	2.6	4.3	5.9	7.3	8.7	10.1	11.5	12.8	14.1	15.4	16.6
100	2.3	3.9	5.3	6.6	7.9	9.1	10.3	11.5	12.7	13.9	15
120	2	3.3	4.4	5.5	6.6	7.6	8.7	9.7	10.7	11.6	12.6
160	1.5	2.5	3.3	4.2	5	5.8	6.5	7.3	8	8.8	9.5
200	1.2	2	2.7	3.4	4	4.6	5.3	5.9	6.5	7.1	7.6

注：×表示超过 20%。

第三节　变量抽样在细节测试中的应用

注册会计师在细节测试中使用的统计抽样方法主要包括传统变量抽样和概率比例规模抽样法。传统变量抽样在确定样本规模时需要量化可接受的抽样风险、可容忍错报、预计总体错报等影响因素,并代入专门的统计公式中计算所需的样本数量。根据推断总体的方法不同,传统变量抽样又可以分为三种具体的方法,即均值估计抽样、差额估计抽样和比率估计抽样。

一、均值估计抽样

均值估计抽样是指通过抽样审查确定样本的平均值,再根据样本平均值推断总体的平均值和总值的一种变量抽样方法。使用这种方法时,注册会计师首先要计算样本中所有项目审定金额的平均值,然后用这个样本平均值乘以总体规模,得出总体金额的估计值。总体估计金额和总体账面金额之间的差额就是推断的总体错报。相关公式如下:

$$样本平均值=\frac{样本实际金额}{样本规模}$$

估计的总体金额 = 样本平均值 × 总体规模

推断的总体错报金额 = 总体账面金额 − 估计的总体金额

当总体账面金额大于估计的总体金额时,为高估;当总体账面金额小于估计的总体金额时,为低估。

【例 7-3】注册会计师范永亮审计华泰股份有限公司 2013 年度财务报告,在针对存货实施细节测试时,决定采用传统变量抽样方法实施审计抽样。该公司 2013 年 12 月 31 日存货账面余额合计 12 400 万元,注册会计师确定总体规模为 3 000,样本规模为 200,样本实际金额合计 800 万元。

要求:请代替范永亮采用均值估计抽样推断总体的错报金额。

【解析】

$$样本平均值=\frac{800}{200}=4(万元)$$

估计的总体金额 = 4 × 3 000 = 12 000(万元)

推断的总体错报金额 = 12 400 − 12 000 = 400(万元)(高估)。

二、差额估计抽样

差额估计抽样是以样本实际金额与样本账面金额的平均差额来估计总体实际金额与总体账面金额的平均差额,然后再以这个平均差额乘以总体规模,从而求出总体的实际金额与总体账面金额的差额(总体错报)的一种方法。差额估计抽样的计算公式如下:

$$样本平均差额=\frac{样本实际金额-样本账面金额}{样本规模}$$

估计的总体差额 = 样本平均差额 × 总体规模

推断的总体实际价值 = 样本平均差额 × 总体规模 + 总体账面价值

【例 7-4】安徽大华会计师事务所对安徽华泰股份有限公司 2013 年度财务报表进行审计,该公司 2013 年共开具连续编号的销售发票 4 000 张,注册会计师范永亮从中选取 10 张销售发票样本,10 笔销售业务的账面价值为 100 万元,审计后认定的价值为 100.03 万元,安徽华泰股份有限公司 2013 年度主营业务收入账面价值为 18 000 万元。

要求：请运用差额估计抽样法推断华泰股份有限公司2013年度主营业务收入的总体实际价值。

【解析】

样本平均差额＝(1 000 300－1 000 000)÷10＝30(元)

估计的总体差额＝30×4 000＝120 000(元)

推断的总体实际价值＝30×4 000＋180 000 000＝180 120 000(元)

三、比率估计抽样

比率估计抽样是指以样本的实际金额与账面金额之间的比率关系来估计总体实际金额与账面金额之间的比率关系，然后用这个比率去乘总体的账面金额，从而求出估计的总体实际金额的一种抽样方法。比率估计抽样法的计算公式如下：

$$比率=\frac{样本实际金额}{样本账面金额}$$

估计的总体金额＝总体账面金额×比率

推断的总体错报金额＝总体账面金额－估计的总体金额

当总体账面金额大于估计的总体金额时，为高估；当总体账面金额小于估计的总体金额时，为低估。

【例7－5】安徽华泰股份有限公司应付票据备查簿显示，应付票据项目2013年12月31日的余额为1500万元，由72笔应付票据业务构成。根据具体审计计划的要求，注册会计师范永亮须从中选取6笔应付票据业务进行检查。这6笔应付票据业务的账面价值为140万元，审计后认定的实际金额为168万元，假定误差与账面价值成比例关系。请运用比率估计抽样法推断安徽华泰股份有限公司2013年12月31日应付票据的总体实际价值及推断的错报。

【解析】

比率＝168÷140＝1.2

估计的总体金额＝1 500×1.2＝1 800(万元)

推断的总体错报金额＝1 800－1 500＝300(万元)

如果未对总体进行分层，注册会计师通常不使用均值估计抽样，因为此时所需的样本规模可能太大，对一般的审计而言不符合成本效益原则。比率估计抽样和差额估计抽样都要求样本项目存在错报。如果样本项目的审定金额和账面金额之间没有差异，这两种方法使用的公式所隐含的机理就会导致错误的结论。如果注册会计师决定使用统计抽样，且预计只能发现少量差异，就不应使用比率估计抽样和差额估计抽样，而要考虑使用其他方法。

本章小结

注册会计师选取测试项目的方法包括选取全部项目、选取特定项目和审计抽样。

审计抽样是指注册会计师对具有审计相关性的总体中低于百分之百的项目实施审计程序，使所有抽样单元都有被选取的机会，为注册会计师针对整个总体得出结论提供合理基础。控制测试和细节测试可用审计抽样，风险评估程序一般不使用审计抽样。

审计抽样包括样本设计、样本规模的确定、测试项目的选取、实施审计程序、分析样本误差、推断总体误差和评价抽样结果等步骤。

在控制测试中运用审计抽样时，注册会计师主要运用属性抽样的方法；在细节测试中运用审计抽样时，注册会计师主要运用传统变量抽样的方法，包括均值估计抽样、差额估计抽样和比率估计抽样三种方法。

思考与练习

一、单项选择题

1.(　　)是注册会计师选取某类交易或账户余额的所有项目进行测试。

A. 选取特定项目测试　　B. 选取全部项目测试

C. 概率抽样　　D. 非概率抽样

2.(　　)是注册会计师可能只对某类交易或账户余额的部分特定项目进行测试。

A. 选取特定项目测试　　B. 选取全部项目测试

C. 概述抽样　　D. 非概率抽样

3. 当注册会计师对需要测试的账户余额或交易事项缺乏特别的了解时，(　　)比较有用。

A. 选取特定项目　　B. 选取全部测试

C. 审计抽样　　D. 逐笔审计

4. 注册会计师确定某账户余额的可容忍错报为 2 000 元，依据抽样结果推断的错报为 2 300元，而账户的实际错报仅有 1 000 元，这种情况属于(　　)。

A. 误受风险　　B. 信赖过度风险　　C. 误拒风险　　D. 信赖不足风险

5.(　　)是指抽样结果使注册会计师推断的控制有效性高于其实际有效性的可能性。

A. 误受风险　　B. 信赖过度风险　　C. 误拒风险　　D. 信赖不足风险

6. 误受风险会影响(　　)

A. 审计效果　　B. 审计效率　　C. 审计职业判断　　D. 信赖过度风险

7. 注册会计师从总体规模为 1 000 个、账面余额为 300 000 元的存货项目中选取 200 个项目(账面余额 50 000 元)进行检查，确定其错报数额为 500 元。注册会计师推断的存货总体错报可以是(　　)元。

A. 500　　B. 2 500　　C. 3 000　　D. 47 500

8. 如果注册会计师采用等距抽样的方法，从 3 000 张标号为 0001 至 3000 的销售发票中抽取 150 张进行审计，随机确定的抽样起点为 0024，则抽取的第 4 个样本号为(　　)。

A. 0424　　B. 0054　　C. 0064　　D. 0084

9.(　　)属于非随机基础选样方法，不能在统计抽样中使用，只能在非统计抽样中使用。

A. 随机选样　　B. 随意选样　　C. 等距抽样　　D. 选取特定项目

10. 审计人员采用系统选样的方法，从 8 000 张凭证中选取 200 张作为样本，确定随机起点为凭证编号的第35号，则抽取的第5张凭证的编号为(　　)号。

A. 235　　B. 200　　C. 195　　D. 155

11. 用来估计总体中错误金额的审计抽样，称为(　　)。

A. 属性抽样　　B. 变量抽样　　C. 统计抽样　　D. 非统计抽样

12. 下列表述中正确的是(　　)。

A. 样本量越大，抽样风险越高　　B. 样本量越大，抽样风险越低

C. 样本量与抽样风险成正比　　D. 样本量与抽样风险无关

13. 抽样结果表明账户余额存在重大错误而实际上并不存在重大错误的可能性，称为(　　)。

A. 信赖不足风险　　B. 信赖过度风险

C. 误拒风险　　D. 误受风险

14. 如果审计人员推断的总体误差低于可容忍错报，则(　　)。

A. 考虑增加样本量　　B. 考虑修改实质性测试程序

C. 考虑执行替代审计程序　　D. 总体可以接受

15. 在进行控制测试与细节测试程序时，审计人员应特别关注(　　)，它们很可能导致审计人员形成不正确的审计结论。

A. 信赖不足风险与误拒风险　　B. 信赖不足风险与误受风险

C. 信赖过度风险与误拒风险　　D. 信赖过度风险与误受风险

二、多项选择题

1. 在控制测试中所发生的抽样风险的类型有(　　)。

A. 信赖不足风险　　B. 信赖过度风险

C. 误拒风险　　D. 误受风险

2. 下列风险中可能对审计工作效率产生一定影响的有(　　)。

A. 误拒风险　　B. 非抽样风险　　C. 误受风险　　D. 信赖不足风险

3. 有关抽样风险与非抽样风险的下列表述中，注册会计师会认同的是(　　)。

A. 信赖不足风险与误拒风险会降低审计效率

B. 信赖过度风险与误受风险会影响审计效果

C. 非抽样风险对审计工作的效率和效果都有影响

D. 在运用审计抽样时，审计风险中的检查风险只与抽样风险相关

4. 只要使用审计抽样，总会存在抽样风险，但不同类型的抽样风险对审计的影响是不同的。在以下各类抽样风险中，影响审计效果的，即可能导致注册会计师发表不恰当审计意见的风险是(　　)。

A. 误拒风险　　B. 信赖不足风险　　C. 误受风险　　D. 信赖过度风险

5. 审计时选取测试项目的方法包括(　　)。

A. 选取全部项目　　B. 选取特定项目　　C. 审计抽样　　D. 风险评估程序

6. 注册会计师在进行审计抽样时，存在两种风险，即(　　)。

A. 抽样风险　B. 非抽样风险　C. 误受风险　D. 信赖不足风险

7. 审计抽样的基本特征包括（　　）。

A. 对某类交易或账户余额中低于百分之百的项目实施审计程序

B. 所有抽样单元都有被选取的机会

C. 审计抽样只能应用于实质性程序

D. 根据样本审计结果推断该类交易或账户余额的某一特征

8.（　　）既可以在统计抽样中使用，又可以在非统计抽样中使用。

A. 随机选样　B. 随意选样　C. 等距抽样　D. 选取特定项目

9. 注册会计师在（　　）时可以使用审计抽样。

A. 实施风险评估程序

B. 对留下运行轨迹的控制实施控制测试

C. 实施实质性分析程序

D. 实施细节测试

10. 审计人员在设计样本时应考虑的基本因素包括（　　）。

A. 可容忍误差　B. 预期总体误差

C. 可信赖程度　D. 审计目标

11. 在对样本实施必要的审计程序后，审计人员应按一定的步骤评价抽样结果，其步骤包括（　　）。

A. 分析抽样误差　B. 推断总体误差

C. 重估抽样风险　D. 形成审计结论

12. 在（　　）情况下，审计人员应考虑是否增加样本量或执行替代审计程序。

A. 进行控制测试时，审计人员认为抽样结果无法达到对所测试的内部控制的预期信赖程度

B. 审计人员推断的总体误差超过可容忍误差，经重估后的抽样风险不能接受

C. 审计人员推断的总体误差超过可容忍误差，经重估后的抽样风险能够接受

D. 审计人员推断的总体误差接近可容忍误差

13. 在实质性程序中采用的审计抽样通常称为变量抽样，它通常用于审查（　　）。

A. 工资费用

B. 存货的金额

C. 应收账款的金额

D. 交易活动，用以确定未经适当批准的交易金额

14. 审计人员在进行（　　）时，不宜运用审计抽样。

A. 询问　B. 观察

C. 实质性分析程序　D. 函证

三、判断题

1. 在审计抽样中，抽样规模过小，审计质量难以保证；而抽样规模过大，就会加大审计成本，失去抽样的意义。(　　)

2. 现代审计已建立和运用完善的抽样技术，因此详查法已不再适用。(　　)

3. 注册会计师对账户余额进行了审计，只对余额中的部分项目实施了审计程序，这也是在进行审计抽样。(　　)

4. 统计抽样是以概率论和数理统计为理论基础的现代抽样方法，因此审计中采用统计抽样比采用非统计抽样更能获得充分、适当的审计证据。(　　)

5. 样本选取的基本要求是选取有代表性的样本，因此在样本选取的过程中，注册会计师不可使用职业判断。(　　)

6. 审计抽样是指注册会计师对某类交易或账户余额中低于百分之百的项目实施审计程序，使所有抽样单元都有被选取的机会，能够获取和评价与被选取项目(样本)的某些特征有关的审计证据，并根据样本结果推断总体的特征，对审计对象总体得出结论。(　　)

7. 审计时可以根据具体情况，选取全部项目、特定项目进行测试，或通过审计抽样来选取测试项目。(　　)

8. 选取特定项目的方法属于审计抽样方法的一种。(　　)

9. 由于审计就是查账，因而审计抽样就是抽查。(　　)

10. 审计抽样既可用于控制测试，也可用于实质性测试。(　　)

11. 统计抽样与非统计抽样的根本区别在于能否量化控制抽样风险。(　　)

12. 由于统计抽样有其合理的理论依据，因此审计人员在实施各种审计时可以运用统计抽样。(　　)

13. 采用的方法无论是统计抽样还是非统计抽样，都离不开审计人员的专业判断。(　　)

四、计算题

1. 范永亮带领的审计项目组对安徽华泰股份有限公司 2013 年度财务报表进行审计，他们要对销售发票进行抽查，销售发票的编号为 758 ~ 3257，设定的样本量为 125。

问题：

(1) 选样间距是多少？

(2) 如果随机选取编号为 791 的发票作为抽样起点，前 5 个样本是哪些编号的发票？

2. 假定某被审单位的发票编号为 1001 ~ 9000，注册会计师拟采用系统抽样法选择其中 5% 进行函证。

问题：

(1) 确定随机起点为 1011 号发票，注册会计师选取的前 5 张发票的编号分别为多少？

(2) 若确定随机起点为 1018 号发票，试写出所抽取的第 194、226、387 张发票的编号分别为多少？

3. 注册会计师范永亮对佳能公司 2013 年度财务报表进行审计。佳能公司主要销售空调，在空调安装完毕并经客户验收后开具发票并确认收入。注册会计师在编制审计计划时，准备在佳能公司2013年度所开具的全部发票中，采用抽样法随机抽取若干发票进行控制测试，检查样本发票是否有对应的安装验收报告。注册会计师确定的预期总体偏差率为1%，可容忍偏差率为8%，信赖过度风险为10%。

要求：

（1）针对检查样本发票是否有对应的安装验收报告这项控制测试，根据题目所给条件，定义"误差"，确定样本量。

（2）根据以下两种情况评价抽样结果：①抽样查出的误差数为1，且没有发现舞弊或逃避内部控制的情况；②抽样查出的误差数为3，且没有发现舞弊或逃避内部控制的情况。

4. 注册会计师范永亮审计甲公司2013年度财务报告，在针对存货实施细节测试时，注册会计师范永亮决定采用传统变量抽样方法实施审计抽样。甲公司2013年12月31日存货账面余额合计15 000万元，范永亮确定总体规模3 000，样本规模200，样本账面余额合计1 000万元，样本审定额合计800万元。

要求：请代替范永亮分别采用均值估计抽样、差额估计抽样和比率估计抽样三种方法推断总体的错报金额。

第八章　销售与收款循环审计

知识目标

了解销售与收款循环的主要业务活动，以及所涉及的主要凭证和会计记录；掌握销售与收款循环的内部控制及其测试的内容；理解并掌握销售与收款循环重大错报风险的识别与评估的内容。

能力目标

会执行销售与收款交易的控制测试；会对主营业务收入、应收账款实施实质性测试；能根据相关测试资料编制审计工作底稿。

引导案例

蓝田股份的“业绩神话”

沈阳蓝田股份有限公司(简称蓝田股份)于1996年6月在上海证券交易所上市。

1996年至2000年，蓝田股份在财务数据上一直保持着令人惊叹的增长速度。该公司1995年的净利润为2 743.72万元，1996年上市当年的净利润为5 927万元，1997年至1999年三年分别为14 261.87万元、36 472.34万元和54 302.77万元。蓝田股份的业绩几乎年年实现翻番增长，直到2000年才出现萎缩，降至43 162.86万元；该公司的总资产规模从上市前的2.66亿元发展到2000年年末的28.38亿元，增长了10倍；其历年年报业绩都在每股0.6元以上，最高曾达到1.15元，即使在1998年遭遇特大洪灾以后，每股收益也达到不可思议的0.81元，创造了中国农业企业罕见的“蓝田神话”，被称作“中国农业第一股”。蓝田股份的业绩增长就像“放卫星”，据原总经理瞿兆玉介绍，蓝田股份的业绩主要来自“神奇”的鱼塘效益。其实，蓝田股份主要是通过虚假交易来“创造利润”。

蓝田股份2000年年报显示，公司2000年主营业务收入是18.4亿元，而应收账款仅857万元。应收账款怎么会如此之少？在现代信用经济条件下，一家现代企业的交易，难道都是在“一手交钱，一手交货”的自然经济状态下完成的？

思考：本案例中，应收账款畸低，明显存在造假嫌疑，这种情况是如何形成的？在审计中，我们该如何识别应收账款的真实性？企业在销售与收款循环中，会存在哪些造假手段？

从引导案例及近年来众多上市公司的审计失败案中，我们不难发现，收入造假是上市公司造假中最为普遍的现象，尽管造假手段千奇百怪，但总有一定的规律可循。那么，在销售与收款循环审计中，注册会计师如何做才能避免审计失败呢？

从本章起，我们将以注册会计师财务报表审计为例，介绍业务循环审计的具体内容。

财务报表审计的组织方式大致有两种：一是对财务报表的每个账户余额单独进行审

计，此法称为账户法；二是将财务报表分成几个循环进行审计，即把紧密联系的交易种类和账户余额归入同一循环中，按业务循环组织实施审计，此法称为循环法。一般而言，账户法与多数被审计单位账户设置体系及财务报表格式相吻合，具有操作方便的优点，但它将紧密联系的相关账户（如存货和营业成本）人为地予以分割，容易造成整个审计工作的脱节和重复；而循环法则更符合被审计单位的业务流程和内部控制设计的实际情况，不仅可加深审计人员对被审计单位经济业务的理解，而且由于将特定业务循环所涉及的财务报表项目分配给一个或数个审计人员，增强了审计人员分工的合理性，将有助于提高审计工作的效率与效果。

控制测试是在了解被审计单位内部控制、实施风险评估程序基础上进行的，通常应采用循环法实施。一般而言，在财务报表审计中，可将被审计单位的所有交易和账户余额划分为多个业务循环。由于各被审计单位的业务性质和规模不同，其业务循环的划分也应有所不同。即使是同一被审计单位，不同的注册会计师也可能有不同的循环划分方法。在本教材中，我们将交易和账户余额划分为销售与收款循环、采购与付款循环、生产与存货循环、筹资与投资循环，并将分章阐述各业务循环的审计。由于货币资金与上述多个业务循环均密切相关，并且货币资金的业务和内部控制又有着不同于其他业务循环和其他财务报表项目的鲜明特征，因此将货币资金审计单独安排在一章。

按照各财务报表项目与业务循环的相关程度，基本可以建立起各业务循环与其所涉及的主要财务报表项目（特殊行业的财务报表项目不涉及）之间的对应关系，如表 8－1 所示。

表 8－1 业务循环与财务报表主要项目对照表

业务循环	资产负债表主要项目	利润表主要项目
销售与收款循环	应收票据、应收账款、长期应收款、预收款项、应交税费	营业收入、营业税金及附加、销售费用
采购与付款循环	预付款项、存货（包括材料采购或在途物资、材料成本差异）、应付票据、应付账款、长期应付款	管理费用
生产与存货循环	存货（包括原材料、库存商品、委托加工物资、周转材料、生产成本、制造费用、存货跌价准备等）、应付职工薪酬、长期待摊费用	营业成本
筹资与投资循环	交易性金融资产、应收利息、持有至到期投资、长期股权投资、短期借款、应付利息、长期借款、应付债券、固定资产、无形资产、在建工程、固定资产清理、实收资本（或股本）、资本公积、盈余公积、未分配利润	财务费用、资产减值损失、公允价值变动收益、投资收益、营业外收入、营业外支出、所得税费用

第一节　销售与收款循环概述

一、涉及的主要凭证与会计记录

销售与收款循环所涉及的主要凭证与会计记录有16种。

（一）客户订购单

客户订购单即客户提出的书面购货要求。企业可以通过销售人员或其他途径，如采用电话、信函和向现有的及潜在的客户发送订购单等方式接受订货，取得客户订购单。

（二）销售单

销售单是列示客户所订商品的名称、规格、数量及其他客户订购单有关信息的凭证。销售单是销售方内部处理客户订购单的凭证。

（三）发运凭证

发运凭证即在发运货物时编制的，用以反映发出商品的规格、数量和其他有关内容的凭据。发运凭证的一联寄送给客户，其余联（一联或数联）由企业保留。这种凭证可用作向客户开具账单的依据。

（四）销售发票

销售发票是一种用来表明已销售商品的名称、规格、数量、价格、销售金额、运费和保险费、开票日期、付款条件等内容的凭证。销售发票的一联寄送给客户，其余联由企业保留。销售发票也是在会计账簿中登记销售交易的基本凭据。

（五）商品价目表

商品价目表是列示已经授权批准的、可供销售的各种商品的价格清单。

（六）贷项通知单

贷项通知单是一种用来表示由于销售退回或经批准的折让而引起的应收销货款减少的凭证。这种凭证的格式通常与销售发票的格式相同，只不过它不是用来证明应收账款的增加，而是用来证明应收账款的减少。

（七）应收账款账龄分析表

通常，应收账款账龄分析表按月编制，反映月末尚未收回的应收账款总额和账龄，并详细反映每个客户月末尚未偿还的应收账款数额和账龄。

（八）应收账款明细账

应收账款明细账是用来记录每个客户各项赊销、还款、销售退回及折让的明细账。一般而言，各应收账款明细账的余额合计数应与应收账款总账的余额相等。

（九）主营业务收入明细账

主营业务收入明细账是一种用来记录销售交易的明细账。它通常记载和反映不同类别商品或服务的营业收入的明细发生情况和总额。

（十）折扣与折让明细账

折扣与折让明细账是一种用来核算企业销售商品时，按销售合同规定，为了及早收回货款而给予客户的销售折扣和因商品品种、质量等原因而给予客户的销售折让情况的明细账。当然，企业也可以不设置折扣与折让明细账，而将该类业务直接记录于主营业务收入明细账中。

（十一）汇款通知书

汇款通知书是一种与销售发票一起寄给客户、由客户在付款时再寄回销售单位的凭证。这种凭证注明了客户的姓名、销售发票号码、销售单位开户银行账号及金额等内容。

（十二）库存现金日记账和银行存款日记账

库存现金日记账和银行存款日记账是用来记录应收账款的收回或现销收入，以及其他各种现金、银行存款收入和支出的日记账。

（十三）坏账审批表

坏账审批表是一种用来批准将某些应收账款注销为坏账的凭证，仅在企业内部使用。

（十四）客户月末对账单

客户月末对账单是一种按月定期寄送给客户的用于购销双方定期核对账目的凭证。客户月末对账单上应注明应收账款的月初余额、本月各项销售交易的金额、本月已收到的货款、各贷项通知单的数额以及月末余额等内容。

（十五）转账凭证

转账凭证是指记录转账业务的记账凭证。它是根据有关转账业务（即不涉及现金、银行存款收付的各项业务）的原始凭证编制的。

（十六）收款凭证

收款凭证是指用来记录现金和银行存款收入业务的记账凭证。

二、涉及的主要业务活动

了解企业在销售与收款循环中的典型活动，对该业务循环的审计非常必要。销售与收款循环所涉及的主要业务活动有以下几项：

（一）接受客户订购单

客户提出订货要求是整个销售与收款循环的起点，是购买某种货物或接受某种劳务的一项申请。

客户的订购单只有在符合企业管理层的授权标准时才能被接受。管理层一般有已批准销售的客户名单，销售单管理部门在决定是否同意接受某客户的订购单时，应追查该客户是否被列入这张名单。如果该客户未被列入，则通常需要由销售单管理部门的主管来决定是否同意销售。

很多企业在批准了客户订购单之后，下一步就应编制一式多联的销售单。销售单是证明管理层有关销售交易的发生认定的凭据之一,也是此笔销售的交易轨迹的起点之一。此外,由于客户订购单也是来自外部的引发销售交易的文件之一,有时也能为有关销售交易的发生认定提供凭据。

(二)批准赊销信用

对赊销业务的批准是由信用管理部门根据管理层的赊销政策在每个客户已授权的信用额度内进行的。信用管理部门的职员在收到销售单管理部门的销售单后,应将销售单与该客户已被授权的赊销信用额度以及至今尚欠的账款余额加以比较。执行人工赊销信用检查时,还应合理划分工作职责,以避免销售人员为扩大销售而使企业承受不适当的信用风险。

企业的信用管理部门通常应对每个新客户进行信用调查,包括获取信用评审机构对客户信用等级的评定报告。无论是否批准赊销,都要求被授权的信用管理部门人员在销售单上签署意见,然后将已签署意见的销售单送回销售单管理部门。

设计信用批准控制的目的是为了降低坏账风险,因此这些控制与应收账款账面余额的计价和分摊认定有关。

(三)按销售单供货

企业管理层通常要求商品仓库只有在收到经过批准的销售单时才能供货。设立这项控制程序的目的是为了防止仓库在未经授权的情况下擅自发货。因此,已批准销售单的一联通常应送达仓库,作为仓库按销售单供货和发货给装运部门的授权依据。

(四)按销售单装运货物

将按经批准的销售单供货与按销售单装运货物职责相分离,有助于避免负责装运货物的职员在未经授权的情况下装运商品。此外,装运部门职员在装运之前,还必须进行独立验证,以确定从仓库提取的商品都附有经批准的销售单,并且所提取商品的内容与销售单一致。

(五)向客户开具账单

开具账单是指开具并向客户寄送事先连续编号的销售发票。这项功能所针对的主要问题是:①是否对所有装运的货物都开具了账单(即完整性认定问题);②是否只对实际装运的货物才开具账单,有无重复开具账单或虚构交易(即发生认定问题);③是否按已授权批准的商品价目表所列价格计价开具账单(即准确性认定问题)。

为了降低开具账单过程中出现遗漏、重复、错误计价或其他差错的风险,应设立以下控制程序:

(1)开具账单部门职员在开具每张销售发票之前,独立检查是否存在装运凭证和相应的经批准的销售单;

(2)依据已授权批准的商品价目表开具销售发票;

(3)独立检查销售发票计价和计算的正确性;

(4)将装运凭证上的商品总数与相对应的销售发票上的商品总数进行比较。

上述控制程序有助于确保用于记录销售交易的销售发票的正确性,它们与销售交易的发生、完整性及准确性认定有关。销售发票副联通常由开具账单部门保管。

(六)记录销售

在手工会计系统中,记录销售的过程包括区分赊销、现销,按销售发票编制转账凭证或现金、银行存款收款凭证,再据以登记销售明细账和应收账款明细账或库存现金、银行存款日记账。

记录销售的控制程序包括以下内容:

(1)只依据附有有效装运凭证和销售单的销售发票记录销售。这些装运凭证和销售单应能证明销售交易的发生及其发生的日期。

(2)控制所有事先连续编号的销售发票。

(3)独立检查已处理销售发票上的销售金额与会计记录金额的一致性。

(4)记录销售的职责应与处理销售交易的其他功能相分离。

(5)对记录过程中所涉及的有关记录的接触予以限制,以减少未经授权批准的记录发生。

(6)定期独立检查应收账款的明细账与总账的一致性。

(7)定期向客户寄送对账单,并要求客户将任何例外情况直接向指定的未执行或记录销售交易的会计主管报告。

以上这些控制与发生、完整性、准确性及计价和分摊认定有关。

对这项职能,注册会计师主要关心的问题是销售发票是否记录正确,并归属适当的会计期间。

(七)办理和记录现金、银行存款收入

这项业务涉及的是有关货款收回,现金、银行存款增加以及应收账款减少的活动。在办理和记录现金、银行存款收入时,最应关心的是货币资金失窃的可能性。货币资金失窃可能发生在货币资金收入登记入账之前或登记入账之后。处理货币资金收入时,最重要的是要保证全部货币资金如数、及时地记入库存现金、银行存款日记账或应收账款明细账,并如数、及时地将现金存入银行。在这方面,汇款通知单起着很重要的作用。

(八)办理和记录销售退回、销售折扣与折让

客户如果对商品不满意,销售企业一般都会同意退货,或给予一定的销售折让;客户如果提前支付货款,销售企业则可能给予一定的销售折扣。发生此类事项时,必须经授权批准,并应确保与办理此事有关的部门和职员各司其职,分别控制实物流和会计处理。在这方面,严格使用贷项通知单无疑会起到关键的作用。

(九)注销坏账

不管赊销部门的工作如何主动,客户因经营不善、宣告破产、死亡等原因而不支付货款的事仍可能发生。销售企业若认为某项货款再也无法收回,就必须注销这笔货款。对这些坏账,正确的处理方法应该是获取货款无法收回的确凿证据,经适当审批后及时做出会计调整。

(十)提取坏账准备

坏账准备提取的数额必须能够抵补企业以后无法收回的销货款。

第二节 销售与收款循环的内部控制和控制测试

一、销售与收款循环的内部控制

(一)适当的职责分离

为确保办理销售与收款业务的不相容岗位相互分离、制约和监督,一个企业有关销售与收款业务相关职责适当分离的基本要求通常包括:企业应当将办理销售、发货、收款三项业务的部门(或岗位)分别设立;企业在销售合同订立前,应当指定专门人员就销售价格、信用政策、发货及收款方式等具体事项与客户进行谈判,谈判人员至少应有两人以上,并与订立合同的人员相分离;编制销售发票通知单的人员与开具销售发票的人员应相互分离;销售人员应当避免接触销货现款;企业应收票据的取得和贴现必须经由保管票据以外的主管人员的书面批准;坏账准备的计提与批准要相互分离、坏账的核销与批准要相互分离。

(二)恰当的授权审批

对于授权审批问题,注册会计师应当关注以下四个关键点上的审批程序:①在销售发生之前,赊销已经正确审批;②非经正当审批,不得发出货物;③销售价格、销售条件、运费、折扣等必须经过审批;④审批人应当根据销售与收款授权批准制度的规定,在授权范围内进行审批,不得超越审批权限。对于超过企业既定销售政策和信用政策规定范围的特殊销售交易,企业应当进行集体决策。其中,前两项控制的目的在于防止企业因向虚构的或者无力支付货款的客户发货而蒙受损失;价格审批控制的目的在于保证销售交易按照企业定价政策规定的价格开票收款;对授权审批范围设定权限的目的则在于防止因审批人决策失误而造成严重损失。

(三)充分的凭证和记录

每个企业交易的产生、处理和记录等制度都有其特点,因此我们很难评价其各项控制能否发挥最大的作用,然而只有具备充分的记录手续,才有可能实现各项控制目标。例如,企业在收到客户订购单后,立即编制一份预先编号的一式多联的销售单,分别用于批准赊销、审批发货、记录发货数量及向客户开具账单等;在这种制度下,只要定期清点销售发票,漏开账单的情形几乎就不会发生。相反的情况是,有的企业只在发货以后才开具账单,如果没有其他控制措施,这种制度下漏开账单的情况就很可能发生。

(四)凭证的预先编号

对凭证预先进行编号,旨在防止销售以后向客户开具账单或登记入账时有遗漏,也可防止重复开具账单或重复记账。当然,如果对凭证的编号不作清点,预先编号就会失去其控制意义。由收款员对每笔销售开具账单后，将发运凭证按顺序归档；而由另一位职员定期检查全部凭证的编号，并调查凭证缺号的原因，就是实施这项控制的一种方法。

（五）财产保护控制

财产保护控制包括两个方面：一方面，限制非授权人员接近存货，货物的发出必须有经批准的销售单。对退货也要加强财产保护控制，应由收货部门进行验收并填写验收报告和入库单。另一方面，限制非授权人员接近各种记录和文件，防止伪造和篡改记录。对应收票据也要加强财产保护控制，保管票据及经管库存现金与相关会计记录职责要分离。

（六）按月寄出对账单

由出纳和负责记录收入及应收账款以外的人员按月向客户寄发对账单，能促使客户在发现应付账款余额不正确后及时反馈有关信息。为了使这项控制更加有效，最好将账户余额中出现的所有核对不符的账项，指定一位既不掌管货币资金也不记录主营业务收入和应收账款的主管人员处理，然后由独立人员按月编制对账情况汇总报告并交管理层审阅。

二、销售与收款循环的风险识别与评估

（一）确定可能发生错报的环节

注册会计师需要确认和了解销售与收款循环的错报发生在什么环节，即确定被审计单位应在哪些环节设置控制，以纠正各重要业务流程中可能发生的错报。部分可能发生错报的环节见表8－2。

表8－2 销售与收款循环可能发生错报的环节

交易流程	可能的错误
接受顾客订单	可能把商品销售给了未经授权的顾客 虚构销售交易
核准信用，批准赊销	因承担了不适当的信用风险而蒙受损失
按销售单发货、装运	所发出、装运的货物可能与被订购的货物不符 可能有未经授权的发出或装运
开发票给顾客	可能对虚构的交易开发票或重复开发票 销售发票可能计价错误
记录销售	发票可能未入账 可能未记入恰当的账户 可能未记入恰当的会计期间
收款	坐支、挪用、贪污
记录收款	收款可能未入账 记录收款时可能出错

（二）内部控制目标、内部控制与审计测试的关系

销售与收款循环控制测试主要围绕三个方面：签订合同——关注授权；账款回收——关注金额；会计处理——关注记录。销售与收款循环的控制测试见表8－3。

表8－3　销售与收款循环的控制目标、关键内部控制和测试一览表

内部控制目标	关键内部控制	常用的控制测试
1. 登记入账的销售交易确已发货给真实的客户（发生）	1. 销售交易是以经过审核的发运凭证及经过批准的客户订购单为依据登记入账的 2. 在发货前，客户的赊购已经被授权批准 3. 销售发票均经事先编号，并已恰当地登记入账 4. 每月向客户寄送对账单，对客户提出的意见做专门追查	1. 检查销售发票副联是否附有发运凭证（或提货单）及销售单（或客户订购单） 2. 检查客户的赊购是否经授权批准 3. 检查销售发票连续编号的完整性 4. 观察是否寄发对账单，并检查客户回函档案
2. 所有销售交易均已登记入账（完整性）	1. 发运凭证（或提货单）均经事先编号，并已经登记入账 2. 销售发票均经事先编号，并已登记入账	1. 检查发运凭证连续编号的完整性 2. 检查销售发票连续编号的完整性
3. 登记入账的销售数量确系已发货的数量，已正确开具账单并登记入账（计价和分摊）	1. 销售价格、付款条件、运费和销售折扣的确定已经适当的授权批准 2. 由独立人员对销售发票的编制做内部核查	1. 检查销售发票是否经适当的授权批准 2. 检查有关凭证上的内部核查标记
4. 销售交易的分类恰当（分类）	1. 采用适当的会计科目表 2. 内部复核和核查	1. 检查会计科目表是否适当 2. 检查有关凭证上内部复核和核查的标记
5. 销售交易的记录及时（截止）	1. 采用尽量能在销售发生时开具收款账单和登记入账的控制方法 2. 每月末由独立人员对销售部门的销售记录、发运部门的发运记录和财务部门的销售交易入账情况做内部核查	1. 检查尚未开具收款账单的发货和尚未登记入账的销售交易 2. 检查有关凭证上的内部核查标记
6. 销售交易已经正确地记入明细账，并经正确汇总（准确性、计价和分摊）	1. 每月定期给客户寄送对账单 2. 由独立人员对应收账款明细账做内部核查 3. 将应收账款明细账余额合计数与其总账余额数进行比较	1. 观察对账单是否已经寄出 2. 检查内部核查标记 3. 检查将应收账款明细账余额合计数与其总账余额进行比较的标记

续表

内部控制目标	关键内部控制	常用的控制测试
7. 收款是真实发生的,记录是准确的(发生、准确性)	复核收款记录支持性文件,在收款凭证上签字后注销相关文件	抽取收款凭证,检查是否经会计主管复核,是否加盖"核销"戳记
8. 收款均已记录并记入恰当的会计期间(完整性、截止)	定期将日记账中的收款记录与银行对账单进行核对	核对银行存款日记账和银行对账单,检查银行存款余额调节表

第三节 营业收入审计

一、营业收入的审计目标

营业收入项目核算企业在销售商品、提供劳务等主营业务活动中所产生的收入,以及企业确认的除主营业务活动以外的其他经营活动实现的收入,包括出租固定资产、出租无形资产、出租包装物和商品、销售材料等实现的收入。其审计目标一般包括:

(1)确定利润表中记录的营业收入是否已发生,且与被审计单位有关。

(2)确定所有应当记录的营业收入是否均已记录。

(3)确定与营业收入有关的金额及其他数据是否已恰当记录,包括对销售退回、销售折扣与折让的处理是否适当。

(4)确定营业收入是否已记录于正确的会计期间。

(5)确定营业收入是否已按照《企业会计准则》的规定在财务报表中做出恰当的列报。

二、主营业务收入的实质性程序

主营业务收入的实质性程序一般包括以下内容:

(一)获取或编制主营业务收入明细表

(1)复核加计是否正确,并与总账数和明细账合计数核对是否相符,结合其他业务收入科目与报表数核对是否相符。

(2)检查以非记账本位币结算的主营业务收入的折算汇率及折算是否正确。

(二)主营业务收入的确认

检查主营业务收入的确认条件、方法是否符合企业会计准则,前后期是否一致;关注周期性、偶然性的收入是否符合既定的收入确认原则、方法。主营业务收入确认的审查一般需结合不同的销货方式及结算方式进行。

(1)采用交款提货销售方式,通常应于货款已收到或取得收取货款权利且已将发票账单和提货单交给购货单位时确认收入的实现。对此,注册会计师应着重检查被审计单位是否收到货款或取得收取货款的权利,发票账单和提货单是否已交付购货单位。应注意有无扣压结算凭证,将当期收入转入下期入账的现象,或者虚记收入、开具假发票、虚列购货单位,将当期未实现的收入虚转为收入记账,在下期予以冲销的现象。

(2)采用预收账款销售方式,通常应于商品已经发出时确认收入的实现。对此,注册会计师应重点检查被审计单位是否收到了货款,商品是否已经发出。应注意是否存在对已收货款并已将商品发出的交易不入账、转为下期收入,或开具虚假出库凭证、虚增收入等现象。

(3)采用托收承付结算方式,通常应于商品已经发出,劳务已经提供,并已将发票账单提交银行、办妥收款手续时确认收入的实现。对此,注册会计师应重点检查被审计单位是否发货、托收手续是否办妥、货物发运凭证是否真实、托收承付结算回单是否正确。

(三)必要时,实施分析性复核

(1)将本期的主营业务收入与上期的主营业务收入、销售预算或预测数等进行比较,分析主营业务收入及其构成的变动是否异常,并分析异常变动的原因。

(2)计算本期重要产品的毛利率,与上期或预算、预测数据比较,检查是否存在异常,各期之间是否存在重大波动,查明原因。

(3)比较本期各月各类主营业务收入的波动情况,分析其变动趋势是否正常,是否符合被审计单位季节性、周期性的经营规律,查明异常现象和重大波动的原因。

(4)将本期重要产品的毛利率与同行业的其他企业进行对比分析,检查是否存在异常。

(5)根据增值税发票申报表或普通发票,估算全年收入,与实际收入金额比较。

(四)执行主营业务收入的截止测试

注册会计师应关注三个日期:一是发票开具日期,二是记账日期,三是发货日期(或提供劳务的日期)。发票开具日期是指开具增值税专用发票或普通发票的日期;记账日期是指被审计单位确认主营业务收入实现并将该笔经济业务记入主营业务收入账户的日期;发货日期是指仓库开具出库单并发出库存商品的日期。检查三者是否归属于同一适当会计期间常常是主营业务收入截止测试的关键所在。

通常测试方法有以下三种:

(1)以账簿记录为起点。从资产负债表日前后若干天的账簿记录查至记账凭证,检查发票存根与发运凭证,目的是证实已入账收入是否在同一期间已开具发票并发货,有无多记收入。

这种方法的优点是比较直观,容易追查至相关凭证记录,以确定其是否应在本期确认收入,特别是在连续审计两个以上会计期间时,检查跨期收入十分便捷,可以提高审计效率。这种方法的缺点是缺乏全面性和连贯性,只能查多记,无法查漏记,尤其是在本期漏记收入延至下期而审计时被审计单位尚未及时登账时,不易发现应记入而未记入报告期收入的情况。使用这种方法主要是为了防止多计收入。

(2)以销售发票为起点。从资产负债表日前后若干天的发票存根查至发运凭证与账簿记录,确定已开具发票的货物是否已发货并于同一会计期间确认收入。具体做法:抽取若干张在资产负债表日前后开具的销售发票的存根,追查至发运凭证和账簿记录,查明有无漏记收入现象。

这种方法也有其优缺点,优点是较全面、连贯,容易发现漏记的收入;缺点是较费时费力,有时难以查找相应的发货及账簿记录,而且不易发现多记的收入。使用该方法时应注意两点:①相应的发运凭证是否齐全,特别应注意有无报告期内已作收入而下期初用红字冲回,并且无发货、收货记录,以此来调节前后期利润的情况;②被审计单位的发票存根是否已全部提供,有无隐瞒,此时应查看被审计单位的销售发票存根的连续编号是否完整,并考虑查看发票领购簿,尤其应关注普通发票的领购和使用情况。使用这种方法主要是为了防止少计收入。

(3)以发运凭证为起点。从资产负债表日前后若干天的发运凭证查至发票开具情况与账簿记录,确定主营业务收入是否已记入恰当的会计期间。该方法的优缺点与方法(2)类似,使用这种方法主要也是为了防止少计收入。

上述三种测试方法在实务中均被广泛采用,它们并不是孤立的,注册会计师可以考虑在同一被审计单位财务报表审计中并用这三种方法,甚至可以在同一主营业务收入科目审计中并用,以实施更有效的收入截止测试。

(五)结合应收账款函证

函证本期销售收入,必要时还应函证合同条款,以了解付款方式有无特殊安排,是否存在重大口头协议。

(六)检查销售退回与折让、商业折扣与现金折让

检查相关手续是否符合规定,会计处理是否正确,并结合存货项目审计其真实性。

(七)检查主营业务收入的列报是否恰当

【例 8-1】注册会计师范永亮和刘圣妮对安徽华泰股份有限公司(简称华泰公司)2013年会计报表进行审计,发现华泰公司存在以下与收入确认相关的交易处理情况:

(1)华泰公司拟在 2013 年 12 月按合同约定给兴隆公司发出商品时,对方告知由于发生巨额亏损,资金周转困难,无法承诺付款。为了保持良好的客户关系,华泰公司仍于 2013 年 12 月交付产品,但在 2013 年未确认相应的主营业务收入。

(2)华泰公司确认对利民公司的销售收入计 2 000 万元(不含税,增值税税率为 17%),相关会计记录显示,销售给利民公司的产品系按其要求定制,成本为 1 800 万元。华泰公司收到了 1 000 万元款项。该产品尚存放于华泰公司,且华泰公司尚未开具增值税发票,也没有通知利民公司提货。

(3)2013 年 12 月,华泰公司销售一批产品给东方公司。东方公司已根据被审计单位开出的发票账单支付了货款,取得了提货单,但华泰公司尚未将产品移交给东方公司。华泰公司未确认该笔收入。

(4)2013 年 12 月 23 日,华泰公司向如家宾馆销售一批高档家具。该批家具总售价

1 000 万元，12 月 28 日装运家具时，已收到 800 万元货款，合同约定，被审计单位应将该家具送抵如家宾馆并按照图纸摆放到各客房。华泰公司在 2014 年 1 月 4 日安装摆放完毕，收到剩余货款。2013 年，华泰公司确认了销售收入 1 000 万元。

请问：华泰公司的交易处理情况是否正确？为什么？

【解析】

(1)处理正确。由于并不满足预期的经济利益能够流入企业这个关键的条件，所以不应确认收入。

(2)处理不正确。由于利民公司并未验收，产品是否合格无法认定，所以不应确认收入。

(3)处理不正确。采用交款提货的销售方式，即购买方已根据销售方开出的发票账单支付货款，并取得销售方开出的提货单，虽然商品未实际交付，商品所有权上的主要风险和报酬已转移给购买方，所以应确认收入。

(4)处理正确。虽然华泰公司尚未完成安装摆放工作，但就该销售而言，安装工作并不是影响销售实现的重要因素，收入已实现。

【例 8－2】安徽大华会计师事务所对安徽华泰股份有限公司（简称华泰公司）2013 年会计报表进行审计，华泰公司各种产品均适用 17% 的增值税税率，经审计发现：

(1)12 月 31 日盘点存货时，发现乙产品账面数量大于库存数量 200 吨，经询问销售部门及仓库保管人员得知，12 月 25 日发票账单已开具，购货方昌河公司已提货，双方约定 1 个月以后付款，华泰公司以未收到货款为由，没有做任何会计处理。华泰公司既没有保留继续管理权，也未对其实施控制。该产品销售单价为 1 600 元，单位成本为 800 元。

(2)有一笔预收兴隆公司的货款 585 000 元，甲产品已于 2013 年 12 月发出。

【解析】

(1)根据《企业会计准则》规定，采用交款提货销售方式，应于货款已收到或取得收款的权利，并已将发票账单和提货单交给购货单位时确认收入的实现。因此，该交易符合收入确认条件，应确认为当期收入。审计调整分录为：

借：应收账款——昌河公司	374 400	
贷：主营业务收入——乙产品		320 000
应交税费——应交增值税（销项税额）		54 400
借：主营业务成本	160 000	
贷：库存商品		160 000

(2)根据《企业会计准则》规定，采用预收款销售方式，应于商品已经发出时确认收入的实现。该笔交易涉及的甲产品已于 2013 年 12 月发出，相关风险和报酬已经转移，符合收入确认条件，应当确认为销售收入。审计调整分录为：

借：预收账款——兴隆公司	585 000	
贷：主营业务收入——甲产品		500 000
应交税费——应交增值税（销项税额）		85 000

【例 8－3】注册会计师范永亮和刘圣妮对安徽华泰股份有限（简称华泰公司）公司 2013

年度会计报表进行审计。该公司 2013 年度未发生并购、分立和债务重组行为，供、产、销形势与上年相当。该公司提供的未经审计的 2013 年度报表附注的内容见表 8－4。

表 8－4 主营业务收入和主营业务成本项目附注 金额单位：万元

品名	主营业务收入		主营业务成本	
	2012 年发生额	2013 年发生额	2012 年发生额	2013 年发生额
甲产品	40 000	41 000	38 000	33 800
乙产品	20 000	20 020	19 000	19 019
合计	60 000	61 020	57 000	52 819

要求：假定华泰公司附注内容中的年初数与上年比较数均已审定无误，请运用专业判断（必要时运用分析性复核方法），分别指出附注内容中存在或可能存在的不合理之处，并简要说明理由。

【解析】

表 8－5 指标计算表

品名	主营业务收入增长率	主营业务成本增长率	2012 年销售毛利率	2013 年销售毛利率
甲产品	2.5%	－11.05%	5%	17.56%
乙产品	0.1%	0.1%	5%	5%

运用分析程序发现，甲产品主营业务收入 2013 年销售毛利率为 17.56%，大大高于 2012 年的 5%，但华泰公司 2013 年与 2012 年的供、产、销形势相当，通常应维持大致相当的销售毛利率水平，这可能存在不合理之处。后期应重点检查 2013 年甲产品的主营业务收入是否虚增，配合存货审计，主营业务成本是否少计。

三、其他业务收入的实质性程序

其他业务收入的实质性程序一般包括以下内容：

（1）获取或编制其他业务收入明细表，复核加计是否正确，并与总账数和明细账合计数核对是否相符，结合主营业务收入科目与营业收入报表数核对是否相符。

（2）计算本期其他业务收入与其他业务成本的比率，并与上期该比率进行比较，检查是否有重大波动，如有，应查明原因。

（3）检查其他业务收入内容是否真实、合法，收入确认原则及会计处理是否符合规定，抽查原始凭证予以核实。

（4）对异常项目，应追查入账依据是否充分。

（5）抽查资产负债表日前后一定数量的记账凭证，执行截止测试，追踪到发票、收据等，确定入账时间是否正确。

（6）检查其他业务收入在财务报表中的列报是否恰当。

【例 8－4】注册会计师范永亮和刘圣妮对安徽华泰股份有限公司 2013 年度会计报表进

行审计。审计时发现，该公司2013年10月12日销售多余材料一批，该批材料的成本价为80 000元，售价为100 000元，增值税额为17 000元，款项已收讫。该公司账务处理为：

借：银行存款　　117 000
　贷：主营业务收入　　100 000
　　应交税费——应交增值税（销项税额）　　17 000
借：主营业务成本　　80 000
　贷：原材料　　80 000

问题：以上账务处理是否妥当？如不妥，请做出正确处理。

【解析】出售多余材料不属于该企业的主营业务，因而上述处理不妥，应做其他业务处理。审计调整分录如下：

借：主营业务收入　　100 000
　贷：其他业务收入　　100 000
借：其他业务成本　　80 000
　贷：主营业务成本　　80 000

第四节　应收账款审计

应收账款余额一般包括应收账款账面余额和相应的坏账准备两部分。

应收账款指企业因销售商品、提供劳务而形成的债权，即由于企业销售商品、提供劳务等原因，应向购货客户或接受劳务的客户收取的款项或代垫的运杂费。应收账款是企业的债权性资产。

企业的应收账款是在销售交易或提供劳务过程中产生的，因此应收账款的审计应结合销售交易来进行。

坏账是指企业无法收回或收回可能性极小的应收款项（包括应收票据、应收账款、预付账款、其他应收款和长期应收款等）。由于发生坏账而产生的损失称为坏账损失。企业通常应采用备抵法按期估计坏账损失。

一、应收账款的审计目标

应收账款的审计目标一般包括：

（1）确定资产负债表中记录的应收账款是否存在；

（2）确定所有应当记录的应收账款是否均已记录；

（3）确定记录的应收账款是否被审计单位拥有或控制；

（4）确定应收账款是否可收回，坏账准备的计提方法和比例是否恰当，计提是否充分；

（5）确定应收账款及其坏账准备期末余额是否正确；

（6）确定应收账款及其坏账准备是否已按照企业会计准则的规定在财务报表中做出恰当列报。

二、应收账款的实质性程序

（一）取得或编制应收账款明细表

（1）复核加计正确，并与总账数和明细账合计数核对是否相符；结合坏账准备科目与报表数核对是否相符。

（2）检查非记账本位币应收账款的折算汇率及折算金额是否正确。

（3）分析有贷方余额的项目，查明原因，必要时，建议做重分类调整。

（4）结合其他应收款、预收账款等往来项目的明细余额，调查有无同一客户多处挂账、异常余额或与销售无关的其他款项（如代销账户、关联方账户或员工账户）。如有，应做出记录，必要时提出调整建议。

（二）检查涉及应收账款的相关财务指标

（1）复核应收账款借方累计发生额与主营业务收入关系是否合理，并将当期应收账款借方发生额占销售收入净额的百分比与管理层考核指标和被审计单位相关赊销政策进行比较，如存在异常，应查明原因。

（2）计算应收账款周转率、应收账款周转天数等指标，并与被审计单位相关赊销政策、被审计单位以前年度指标、同行业同期相关指标进行对比分析，检查是否存在重大异常。

（三）检查应收账款账龄分析是否正确

（1）获取或编制应收账款账龄分析表。注册会计师可以通过获取或编制应收账款账龄分析表来分析应收账款的账龄，以便了解应收账款的可收回性。应收账款账龄分析表格式如表 8－6 所示。

表 8－6　应收账款账龄分析表

客户名称	期末余额	账　龄			
		1 年以内	1～2 年	2～3 年	3 年以上
合计					

应收账款的账龄，通常是指资产负债表中的应收账款从销售实现、产生应收账款之日起，至资产负债表日止所经历的时间。编制应收账款账龄分析表时，可以考虑选择重要的客户及其余额列示，而将不重要的或余额较小的汇总列示。应收账款账龄分析表的合计数减去已计提的相应坏账准备后的净额，应该等于资产负债表中的应收账款项目余额。

（2）测试应收账款账龄分析表计算的准确性，并将应收账款账龄分析表中的合计数与应收账款总分类账余额相比较，并调查重大调节项目。

（3）检查原始凭证，如销售发票、运输记录等，测试账龄划分的准确性。

（四）向债务人函证应收账款

函证应收账款的目的在于证实应收账款账户余额的真实性、正确性，防止或发现被审计单位及其有关人员在销售交易中发生的错误或舞弊行为。通过函证应收账款，可以比较有效地证明被询证者（即债务人）的存在和被审计单位记录的可靠性。

注册会计师应当考虑被审计单位的经营环境、内部控制的有效性、应收账款账户的性质、被询证者处理询证函的习惯做法及回函的可能性等，以确定应收账款函证的范围、对象、方式和时间。

1. 函证的范围和对象

除非有充分证据表明应收账款对被审计单位财务报表而言是不重要的，或者函证很可能是无效的，否则，注册会计师应当对应收账款进行函证。如果注册会计师不对应收账款进行函证，应当在审计工作底稿中说明理由。如果认为函证很可能是无效的，注册会计师应当实施替代审计程序，获取相关、可靠的审计证据。函证的数量、范围是由诸多因素决定的，主要有：①应收账款在全部资产中的重要性。若应收账款在全部资产中所占比重较大，则函证的范围应相应大一些。②被审计单位内部控制的强弱。若内部控制制度较健全，则可以相应减少函证量；反之，则应相应扩大函证范围。③以前期间的函证结果。若以前期间函证中发现过重大差异或欠款纠纷较多，则函证范围应相应扩大一些。

一般情况下，注册会计师应选择以下项目作为函证对象：大额或账龄较长的项目；与债务人发生纠纷的项目；重大关联方项目；主要客户（包括关系密切的客户）项目；交易频繁但期末余额较小甚至余额为零的项目；可能产生重大错报或舞弊的非正常的项目。

2. 函证的方式

注册会计师可采用积极的或消极的函证方式实施函证，也可将这两种方式结合使用。

参考格式 8－1 提供了积极式询证函的格式；参考格式 8－2 列示了消极式询证函的格式。

参考格式 8－1　积极式询证函

编号：

××（公司）：

本公司聘请的××会计师事务所正在对本公司××年度财务报表进行审计，按照《中国注册会计师审计准则》的要求，应当询证本公司与贵公司的往来账项等事项。下列数据出自本公司账簿记录，如与贵公司记录相符，请在本函下端“信息证明无误”处签章证明；如有不符，请在“信息不符”处列明不符金额。回函请直接寄至××会计师事务所。

回函地址：

邮编：　　　　电话：　　　　传真：　　　　联系人：

1. 本公司与贵公司的往来账项列示如下：　　　　单位：元

截止日期	贵公司欠	欠贵公司	备注

2. 其他事项。

本函仅为复核账目之用，并非催款结算。若款项在上述日期之后已经付清，仍请及时函复为盼。

（公司盖章） 年 月 日

结论：1. 信息证明无误。

（公司盖章） 年 月 日

经办人：

2. 信息不符，请列明不符的详细情况：

（公司盖章） 年 月 日

经办人：

参考格式 8－2 消极式询证函

编号：

××（公司）：

本公司聘请的××会计师事务所正在对本公司××年度财务报表进行审计，按照《中国注册会计师审计准则》的要求，应当询证本公司与贵公司的往来账项等事项。下列数据出自本公司账簿记录，如与贵公司记录相符，则无须回复；如有不符，请直接通知××会计师事务所，并请在空白处列明贵公司认为是正确的信息。回函请直接寄至××会计师事务所。

回函地址：

邮编： 电话： 传真： 联系人：

1. 本公司与贵公司的往来账项列示如下：

截止日期	贵公司欠	欠贵公司	备注

2. 其他事项。

本函仅为复核账目之用，并非催款结算。若款项在上述日期之后已经付清，仍请及时核对为盼。

（公司盖章） 年 月 日

××会计师事务所：

上面的信息不正确，差异如下：

（公司盖章） 年 月 日

经办人：

3. 函证时间的选择

注册会计师通常以资产负债表日为截止日，在资产负债表日后适当时间内实施函证。如果重大错报风险评估为低水平，注册会计师可选择资产负债表日前适当日期为截止日实施函证，并对所函证项目自该截止日起至资产负债表日止发生的变动实施实质性程序。

4. 函证的控制

注册会计师通常利用被审计单位提供的应收账款明细账户名称及客户地址等资料编制询证函，但注册会计师应当对确定需要确认或填列的信息、选择适当的被询证者、设计询证函以及发出和跟进（包括收回）询证函保持控制。

注册会计师可通过函证结果汇总表对询证函的收回情况加以控制。函证结果汇总表如表 8－7 所示。

表 8－7　应收账款函证结果汇总表

被审计单位名称：　　　　　　　　制表：　　　　　　　　日期：

结账日：　　年　月　日　　　　　复核：　　　　　　　　日期：

询证函编号	债务人名称	债务人地址及联系方式	账面金额	函证方式	函证日期		回函日期	替代程序	确认余额	差异金额及说明	备注
					第一次	第二次					
合　计											

5. 对不符事项的处理

对应收账款而言，登记入账的时间不同而产生的不符事项主要表现为：

（1）询证函发出时，债务人已经付款，而被审计单位尚未收到货款。

（2）询证函发出时，被审计单位的货物已经发出并已做销售记录，但货物仍在途中，债务人尚未收到货物。

（3）债务人由于某种原因将货物退回，而被审计单位尚未收到。

（4）债务人对收到的货物的数量、质量及价格等方面有异议而全部或部分拒付货款等。

如果不符事项构成错报，注册会计师应当评价该错报是否表明存在舞弊，并重新考虑所实施审计程序的性质、时间和范围。

6. 对函证结果的总结和评价

注册会计师对函证结果可进行如下评价：

（1）重新考虑对内部控制的原有评价是否适当、控制测试的结果是否适当，分析程序的结果是否适当、相关的风险评价是否适当等。

（2）如果函证结果表明没有审计差异，则可以合理地推论，全部应收账款总体是正确的。

（3）如果函证结果表明存在审计差异，则应当估算应收账款总额中可能出现的累计差错是多少，估算未被选中进行函证的应收账款的累计差错是多少。为取得对应收账款累计差错更加准确的估计，也可以进一步扩大函证范围。

需要指出的是，注册会计师应当将询证函作为审计证据，纳入审计工作底稿管理，询证函的所有权归属所在会计师事务所。除法院、检察院及其他有关部门依法查阅审计工作底稿，注册会计师协会对执业情况进行检查以及前后任注册会计师沟通等情形外，会计师事务所不得将询证函提供给被审计单位作为法律诉讼证据。

（五）确定已收回的应收账款金额

请被审计单位协助，在应收账款账龄明细表中标出至审计时已收回的应收账款金额，对已收回金额较大的款项进行常规检查，如核对收款凭证、银行对账单、销货发票等，并注意凭证发生日期的合理性，分析收款时间是否与合同相关要素一致。

（六）对未函证应收账款实施替代审计程序

通常注册会计师不可能对所有应收账款进行函证，因此对于未函证应收账款，注册会计师应抽查有关原始凭据，如销售合同、销售订购单、销售发票副本、发运凭证及回款单据等，以验证与其相关的应收账款的真实性。

（七）检查坏账的确认和处理

首先，注册会计师应检查有无债务人破产或者死亡的，以及破产或以遗产清偿后仍无法收回的，或者债务人长期未履行清偿义务的应收账款；其次，应检查被审计单位坏账的处理是否经授权批准，有关会计处理是否正确。

（八）抽查有无不属于结算业务的债权

不属于结算业务的债权，不应在应收账款中进行核算。注册会计师应抽查应收账款明细账，并追查有关原始凭证，查证被审计单位有无不属于结算业务的债权。如有，应建议被审计单位做适当调整。

（九）检查应收账款的贴现、质押或出售

检查银行存款和银行借款等询证函的回函、会议纪要、借款协议和其他文件，确定应收账款是否已被贴现、质押或出售，应收账款贴现业务属质押还是出售，其会计处理是否正确。

（十）确定应收账款的列报是否恰当

根据实际情况，检查应收账款在财务报表中的列报是否恰当。

【例 8－5】安徽华泰股份有限公司 2013 年 12 月 31 日的资产负债表中，“应收账款”数额为 1 584 000 元，应收账款总账余额为 1 600 000 元，坏账准备相应明细账余额为 16 000 元，应收账款兴隆公司明细账有贷方余额 180 000 元，经查系兴隆公司的预付货款，尚未履行供货合同。该公司按应收账款总账余额的 1% 计提坏账准备。请编制审计调整分录。

【解析】

（1）应收账款明细账中的贷方余额反映企业预收账款，属于负债。注册会计师应提请该公司做重分类调整。审计调整分录为：

借：应收账款——兴隆公司	180 000	
贷：预收账款——兴隆公司		180 000

（2）坏账准备应按应收账款明细账借方余额合计的 1% 计提。

借：资产减值损失	1 800	
贷：坏账准备		1 800

二、坏账准备的实质性程序

企业会计准则规定，企业应当在期末对应收款项进行检查，并合理预计可能产生的坏账损失。应收款项包括应收票据、应收账款、预付账款、其他应收款和长期应收款等，下面以应收账款相关的坏账准备为例，阐述坏账准备审计常用的实质性程序。

(1)取得或编制坏账准备明细表，复核加计是否正确，与坏账准备总账数、明细账合计数核对是否相符。

(2)将应收账款坏账准备本期计提数与资产减值损失相应明细项目的发生额核对是否相符。

(3)检查应收账款坏账准备计提和核销的批准程序，取得书面报告等证明文件，评价计提坏账准备所依据的资料、假设及方法。

企业应根据所持应收账款的实际可收回情况，合理计提坏账准备，不得多提或少提，否则应视为滥用会计估计，按照重大会计差错更正的方法进行会计处理。

对于单项金额较大的应收账款，企业应当单独进行减值测试，如客观证据证明其实已发生减值，应当计提坏账准备。对于单项金额不太大的应收账款，可以单独进行减值测试，或包括在具有类似信用风险特征的应收账款组合(如账龄分析)中进行减值测试。此外，单独测试未发生减值的应收账款，应当包括在具有类似信用风险特征的应收账款组合(如账龄分析)中进行减值测试。

采用账龄分析法时，收到债务单位当期偿还的部分债务后，剩余的应收账款不应改变其账龄，仍应按原账龄加上本期应增加的账龄确定；在存在多笔应收账款且各笔应收账款账龄不同的情况下，收到债务单位当期偿还的部分债务，应当逐笔认定收到的是哪一笔应收账款；确实无法认定的，应按照先发生先收回的原则确定，剩余应收账款的账龄按上述同一原则确定。

在确定坏账准备的计提比例时，企业应当在综合考虑以往的经验、债务单位的实际财务状况和预计未来现金流量(不包括尚未发生的未来信用损失)等因素，以及其他相关信息的基础上做出合理估计。

(4)实际发生坏账损失的，检查转销依据是否符合有关规定，会计处理是否正确。对被审计单位在被审计期间内发生的坏账损失，注册会计师应检查其原因是否清楚，是否符合有关规定，有无授权批准，有无已做坏账处理后又重新收回的应收账款，相应的会计处理是否正确；对有确凿证据表明确实无法收回的应收账款，如债务单位已撤销、破产、资不抵债、现金流量严重不足等，企业应根据管理权限，经股东(大)会、董事会、经理(厂长)办公会或类似机构批准作为坏账损失，冲销提取的坏账准备。

(5)已经确认并转销的坏账重新收回的，检查其会计处理是否正确。

(6)检查函证结果。对债务人回函中反映的例外事项及存在争议的余额，注册会计师应查明原因并做记录。必要时，注册会计师应建议被审计单位做相应的调整。

(7)实施分析程序。通过比较前期坏账准备计提数和实际发生数，以及检查期后事项，评价应收账款坏账准备计提的合理性。

(8)确定应收账款坏账准备的披露是否恰当。企业应当在财务报表附注中清晰地说明坏账的确认标准、坏账准备的计提方法和计提比例。

本章小结

本章主要阐述了销售与收款循环的特点、内部控制和控制测试,介绍了营业收入和应收账款的审计目标和实质性审计程序。

销售与收款循环的业务活动包括:接受客户订购单,批准赊销信用,按销售单供货,按销售单装运货物,向客户开具账单,记录销售,办理和记录现金、银行存款收入,办理和记录销售退回、销售折扣与折让,注销坏账,提取坏账准备。

销售与收款循环的内部控制包括:适当的职责分离、恰当的授权审批、充分的凭证和记录、凭证的预先编号、财产保护控制、按月寄出对账单。

营业收入的实质性程序包括:获取或编制主营业务收入明细表、检查收入的确认、实施实质性分析程序、执行截止测试、函证、检查列报等。

应收账款的实质性程序包括:检查应收账款账龄分析是否正确,向债务人函证应收账款,对未函证应收账款实施替代审计程序,检查坏账的确认和处理,抽查有无不属于结算业务的债权,检查应收账款的贴现、质押或出售,确定应收账款的列报是否恰当等。

思考与练习

一、单项选择题

1. 为了确保所有发出的货物均已开具发票,注册会计师应从本年度的(　　)中抽取样本,与相关的发票核对。

A. 货运文件　　B. 销售合同　　C. 销售订单　　D. 销售记账凭证

2. 为了证实已发生的销售业务是否均已登记入账,有效的做法是(　　)。

A. 只审查销售日记账　　B. 由日记账追查有关原始凭证

C. 只审查有关原始凭证　　D. 由有关原始凭证追查销售日记账

3. 下列内容中不属于应收账款实质性程序的是(　　)。

A. 获取或编制应收账款明细表　　B. 分析应收账款账龄

C. 核对货运文件样本与相关的销售发票　　D. 抽查有无不属于结算业务的债权

4. 进行应收账款的账龄分析,有助于帮助财务报表使用者(　　)。

A. 了解坏账准备的计提是否充分

B. 发现销售业务中发生的差错或舞弊行为

C. 确信应收账款账户余额的真实性、正确性

D. 分析应收账款的可收回性

5. 在下列情况下,注册会计师可以采用积极式函证的是(　　)。

A. 重大错报风险评估为低水平　　B. 预期不存在大量的错误

C. 有理由相信被询证者不认真对待函证　　D. 涉及大量余额较小的账户

6. 应收账款询证函应当由(　　)发送。

A. 注册会计师或会计师事务所　　B. 被审计单位财会人员

C. 被审计单位应收款专管员　　D. 被审计单位财务主管

7. 销售与收款循环业务的起点是(　　)。

A. 顾客提出订货要求　　B. 向顾客提供商品或劳务

C. 商品或劳务转化为应收账款　　D. 收入货币资金

8. 注册会计师对被审计单位实施销货业务的截止测试,其主要目的是为了检查(　　)。

A. 年底应收账款的真实性　　B. 是否存在过多的销货折扣

C. 销货业务的入账时间是否正确　　D. 销货退回是否已经核准

9. 大额逾期应收账款如无法获取询证函回函,注册会计师应(　　)。

A. 检查所审计期间应收账款的回收情况

B. 了解大额应收账款客户的信用情况

C. 检查与销货有关的销售订单、发票、发运凭证等文件

D. 提请被审计单位提高坏账准备提取比例

10. 下列各项中,不属于应收票据实质性程序的审计目标的是(　　)。

A. 确定应收票据的内部控制是否存在、有效且得到一贯遵循

B. 确定应收票据是否存在、完整且归被审计单位所有

C. 确定应收票据年末余额是否正确

D. 确定应收票据在财务报表上的列报是否恰当

二、多项选择题

1. 被审计单位在销售及收款循环中的主要业务活动有(　　)。

A. 批准赊销　　B. 按销售单装运货物

C. 办理和记录现金收入　　D. 办理和记录销货退回、销货折扣与折让

2. 销售与收款循环业务包括的利润表项目主要有(　　)。

A. 主营业务收入　　B. 销售费用

C. 管理费用　　D. 所得税费用

3. 在审计实务中,注册会计师实施营业收入的截止测试的起点有(　　)。

A. 以销售发票为起点　　B. 以账簿记录为起点

C. 以报表为起点　　D. 以发运凭证为起点

4. 由于购销双方登记入账的时间不同而使注册会计师收回的询证函产生差异,其主要表现包括(　　)。

A. 货物仍在途中,债务人尚未收到货物或货物未经验收入库

B. 债务人对收到货物的数量、质量及价格等有争议而全部或部分拒付货款

C. 记账错误

D. 债务人在函证日前已付款,而被审计单位在函证日前尚未收到款项

5. 当债务符合(　　)条件时,注册会计师不应采用消极式函证方式。

A. 预计差错率较低

B. 有理由相信大多数被函证者能认真对待询证函

C. 相关的内部控制不存在或没有得到遵循

D. 欠款金额较大的客户

6. 下列(　　)情况下,注册会计师应采用积极式询证函。

A. 上年度的积极式函证回复率特别低

B. 少数几个大额账户占应收账款总额比重大

C. 余额较大的债务人

D. 被审计单位内部控制有效

7. 注册会计师可以将应收账款账龄分析表(　　)。

A. 作为测试相关内部控制有效性的抽样总体

B. 作为核对应收账款总账金额的依据

C. 作为控制应收账款回函的依据

D. 作为分析坏账准备是否足够的依据

8. 销货及收款循环中所使用的重要凭证和记录有(　　)。

A. 销货单　　B. 库存现金日记账

C. 应收账款明细账　　D. 往来对账单

9. 注册会计师在对被审计单位已发生的销货业务是否均已登记入账进行审计时,常用的控制测试程序有(　　)。

A. 检查发运凭证连续编号的完整性

B. 检查赊销业务是否经适当的授权批准

C. 检查销售发票连续编号的完整性

D. 观察已经寄出的对账单的完整性

10. 注册会计师确定应收账款函证金额的大小、范围时,应考虑的主要因素有(　　)。

A. 应收账款在全部资产中的重要性

B. 被审计单位内部控制的强弱

C. 以前年度的函证结果

D. 函证方式的选择

三、综合题

1. 假定注册会计师范永亮于 2013 年 11 月末对一个新审计客户(华泰公司)的应收账款进行函证。11 月 30 日的应收账款余额为 980 156 元,明细账户有 210 户,范永亮从中抽取了 60 户进行函证,其余额为 677 220 元。函证的对象中除了 9 户以外,其余均收到回函(共计 51 份)。在这些回函中,指出有差异的有 4 份,对于产生差异的原因这些企业分别解释为:

(1)我们(Y 公司)所欠的货款(余额 10 万元)已于 10 月 20 日付清。

(2)我们(X公司)所欠的货款(余额20万元)已于11月10日付清。

(3)我们(W公司)尚未收到货物。

(4)我们(V公司)曾于9月份预付过货款20万元,这笔货款足以抵付账户所示的欠款(19万元)。

请问:针对以上解释,范永亮应采用怎样的审计程序?

2. 注册会计师刘圣妮在审计华泰公司2011年度营业收入时,抽查了该公司12月份的销售业务,发现下列情况:

(1)12月10日,采用交款提货销售方式售给B公司甲产品10 000万元(不含税,增值税税率为17%),货款已收到,发票账单和提货单交给B公司,但产品仍在仓库,尚未入账。

(2)12月15日,华泰公司收到C公司退回2010年销售的甲产品2 000万元(不含税,增值税税率为17%),产品已收到,未做账务处理。

(3)12月20日,华泰公司确认售给某商场丙产品的25 000万元收入(不含税,增值税税率为17%)。相关资料显示:合同规定华泰公司需对出售的商品负责安装检验(合同的重要组成部分),华泰公司5个月后才能完成安装、检验任务,但华泰公司在交付丙产品后马上进行收入实现的账务处理。

(4)12月24日,华泰公司确认对D公司的销售收入2 000万元(不含税,增值税税率为17%)。相关记录显示:销售给D公司的产品系按其要求定制,成本为1 800万元;D公司监督该产品生产完工后,支付了1 000万元款项;该产品尚存放于华泰公司,且华泰公司尚未开具增值税发票。

(5)12月25日,华泰公司确认对E公司的销售收入3 000万元(不含税,增值税税率为17%)。相关记录显示:根据双方签订的协议,销售给E公司该批产品所形成的债权直接冲抵华泰公司所欠E公司原材料采购款;相关冲抵手续办妥后,华泰公司已经向E公司开具增值税发票,该批产品的成本为2 500万元。

(6) 12月27日,华泰公司确认对F公司的销售收入1 000万元(不含税,增值税税率为17%)。相关记录显示:销售给F公司的产品系华泰公司生产的半成品,其成本为900万元,华泰公司已开具增值税发票且已经收到货款;F公司对其购进的上述半成品进行加工后又以1 287万元(含税,增值税税率为17%)的价格销售给华泰公司,F公司已开具增值税发票且已收到货款,华泰公司已做存货购进处理。

要求:

(1)指出华泰公司2011年应调整的主营业务收入的数额。

(2)指出华泰公司在销货交易中存在的问题。

3. 注册会计师范永亮和刘圣妮对华泰公司2013年度会计报表进行审计。范永亮和刘圣妮了解和测试了与应收账款相关的内部控制,并将控制风险评估为高水平。范永亮和刘圣妮取得2013年12月31日的应收账款明细表,并于2014年1月15日采用积极式函证方式对所有重要客户寄发了询证函。范永亮和刘圣妮将与函证结果相关的重要异常情况汇总于下表:

异常情况	函证编号	客户	询证金额(元)	回函日期	回函内容
(1)	22	甲	500 000	2014 - 1 - 22	因产品质量不符合要求,根据购货合同,于2013年12月28日将货物退回
(2)	56	乙	300 000	2014 - 1 - 19	购买Y公司300 000元货物属实,但款项已于2013年12月25日用支票支付
(3)	64	丙	900 000	2014 - 1 - 19	采用分期付款方式购货900 000元,根据购货合同,已于2013年12月25日首付300 000元
(4)	82	丁	640 000	2014 - 1 - 18	2013年12月10日收到Y公司委托本公司代销的货物640 000元,尚未销售
(5)	134	戊	600 000	因地址错误被邮局退回	—

请问:针对上述各种异常情况,范永亮和刘圣妮应分别实施哪些重要审计程序?

第九章　采购与付款循环审计

知识目标

熟悉采购与付款循环的主要业务活动；熟悉采购与付款循环的关键内部控制及控制测试；掌握采购与付款循环交易的审计目标与实质性程序。

能力目标

能够结合实际分析采购与付款循环内部控制的内容和作用；能够结合具体案例分析如何针对关键内部控制进行控制测试；能够对采购和付款循环交易账户实施实质性程序；能正确编制采购与付款循环业务审计工作底稿。

引导案例

1972 年，美国零售业巨头巨人零售公司出现了严重的经营危机。公司管理层为了掩盖经营危机，篡改了有关的会计记录，把 250 万美元的经营损失改成了盈利 150 万美元，并采用了虚列预付广告费(30 万美元)、伪造采购退回与折让以及采购折扣(55 万美元)、捏造采购差价退款(17 万美元)等手法，冲减应付账款余额，提高了流动比率和存货周转率。

对于预付广告费，负责为其审计的罗斯会计师事务所的审计人员从巨人公司提供的大约 1000 家广告商中只抽取了 4 家发出询证函，并要求巨人公司为另外 20 笔广告费提供证明文件。显然，抽取 24 个样本不能够提供充分的证据来证明这 30 万美元预付广告费的真实性，且审计人员还忽视了回函中指出的“预付广告费不符”这一信息。另外，依靠内部证明文件来证明 20 笔广告费的真实性也是不妥的。

对于采购退回与折让以及采购折扣和采购差价退款，审计人员在通过电话求证其真实性时，迫于巨人公司的压力，竟然允许公司人员与被询证方先通电话，致使询证不能独立进行，函证结果的可靠性大打折扣。

助理审计人员曾对此提出了疑问，但罗斯会计师事务所的合伙人并未给予足够的重视，最终在与巨人公司的讨价还价中出具了“无保留意见”的审计报告。巨人公司凭借这一审计报告得以出售 300 万美元的股票，并取得了 120 万美元的贷款。1973 年，巨人公司破产。注册会计师也受到了相应的惩罚。

思考：结合本案例，分析采购与付款循环审计在审计工作中有哪些重要作用。

第一节　采购与付款循环概述

一、采购与付款循环涉及的主要经济业务活动

采购与付款循环是指企业从外部采购商品、劳务或其他资产等并支付款项的过程。采

购与付款循环从处理请购单开始，经过订货、签订采购合同、验收、保管、确认债务、付款等环节。下面以采购商品为例，阐述采购与付款循环所涉及的主要业务活动。

（一）请购商品或劳务

仓库负责对需要购买的已列入存货清单的项目填写请购单，其他部门也可以对其所需要购买的未列入存货清单的项目编制请购单。大多数企业对正常经营所需物资的购买均做一般授权，而对于资本性支出，企业通常要求做特别授权。请购单可由手工或计算机编制，由于企业内不少部门都可以填列请购单，不便事先编号，为了加强管理和控制，每张请购单必须经过对这类支出预算负责的主管人员签字批准。

请购单是证明有关采购交易的发生认定的凭据之一，也是采购交易轨迹的起点。

（二）编制订购单

采购部门收到请购单后，只能对经批准的请购单发出订购单。对每张订购单，采购部门应确定最佳的供应商。对一些大额、重要的采购项目，应采取竞价方式来确定供应商，以保证供货的质量、及时性和价格的最优。

订购单上应正确填写所需商品品名、数量、价格、厂商名称和地址等，预先予以编号并经过被授权的采购人员签名。订购单的正联应送交供应商，副联则送至企业内部的验收部门、应付凭单部门和编制请购单的部门。随后，应独立检查订购单的处理，以确定是否确实收到商品并正确入账。这项检查与采购交易的完整性认定有关。

（三）验收商品

验收部门首先应核对所收到的商品与订购单上的要求是否相符，如商品的品名、数量、规格、到货时间等，然后再盘点商品的数量并检验商品的质量有无损坏。商品验收后，验收部门应根据有收货的每张订购单编制一式多联、预先编号的验收单，作为验收和检验商品的依据。

验收单是支持资产或费用以及与采购有关负债的存在或发生认定的重要凭证。定期独立检查验收单的顺序以确定每笔采购交易都已编制凭单，则与采购交易的完整性认定有关。

（四）仓储已验收的商品

将已验收商品的保管与采购的其他职责相分离，可以减少未经授权的采购和盗用商品的风险。存放商品的仓储区应相对独立，限制无关人员接近。这些控制与商品的存在认定有关。

（五）编制付款凭单

在记录采购交易之前，应付凭单部门应编制付款凭单，将所有未付凭单的副联保存在未付凭单档案中，以待日后付款。经适当批准和有预先编号的凭单为记录采购交易提供了依据，因此这些控制与存在、发生、完整性、权利和义务和计价和分摊等认定有关。

（六）确认与记录负债

正确确认已验收货物和已接受的劳务，要求准确、及时地记录负债。相关部门有责任核查购置的财产，并将已批准的未付款凭单送会计部门，据以编制有关记账凭证和登记有关账簿。会计主管应监督为采购交易编制的记账凭证中账户分类的适当性，通过定期核对编制记账凭证的日期与凭单副联的日期，监督入账的及时性。

（七）付款

通常是由应付凭单部门负责确定未付凭单在到期日付款，出纳员签发支票，对供应商支付货款。

（八）记录付款

以支票结算方式为例，会计部门应根据已签发的支票编制付款记账凭证，并据以登记银行存款日记账和其他相关账簿。

二、采购与付款循环涉及的主要凭证和会计记录

在内部控制比较健全的企业，处理采购与付款交易通常也需要使用很多凭证与会计记录。典型的采购与付款循环所涉及的主要凭证和会计记录包含以下几种：

（1）请购单。请购单是由产品制造、资产使用等部门有关人员填写的送交采购部门申请购买商品、劳务或其他资产的书面凭证。

（2）订购单。订购单是由采购部门填写的向另一企业购买订购单上所指定的商品、劳务或其他资产的书面凭证。

（3）验收单。验收单是收到商品、资产时所编制的凭证，列示从供应商处收到的商品、资产的种类和数量等内容。

（4）购货发票。购货发票是供应商开具的交给买方的载明发运的货物或提供的劳务、应付款金额和付款条件等事项的凭证。

（5）付款凭单。付款凭单是采购方企业的应付凭单部门编制的载明已收到商品或接受劳务的供应商、应付款金额和付款日期的凭证，是企业内部记录和支付负债的授权证明文件。

（6）付款凭证与转账凭证。

（7）应付账款明细账和总账。

（8）库存现金、银行存款日记账和总账。

（9）卖方对账单。卖方对账单是由供应商按月编制的标明期初余额、本期购买、本期支付给卖方的款项和期末余额的凭证。卖方对账单是供应商对有关交易的陈述，如果不考虑买卖双方在收发货物上可能存在的时间差等因素，其期末余额通常应与采购方相应的应付账款期末余额一致。

采购与付款循环中主要经济业务活动及其对应的凭证与记录如表9-1所示。

表9-1 采购与付款循环中主要业务活动及其对应的凭证与记录

主要业务活动	对应的凭证和记录	相关的主要部门	相关的认定	关键控制点
请购商品和劳务	请购单	仓储、有关部门		请购单不编号，但要经过签字批准
编制订购单	订购单	采购部门	完整性	订购单预先编号，送至有关部门独立检查
验收商品	验收单、订购单	验收部门	完整性、存在或发生	验收单一式多联，连续编号
仓储已验收商品	验收单上签收	仓储、请购部门	存在或发生	保管与采购职责分离
编制付款凭单	付款凭单、验收单、订货单、卖方发票	应付凭单部门	存在或发生、估价与分摊、完整性	预先编号，并经过适当授权
确认与记录负债	应付账款明细账、应付凭单登记簿、卖方发票、验收单、订货单、卖方对账单	会计部门	存在或发生、估价与分摊、完整性	记录现金收支的人员不得经手现金等，应独立检查入账及时性及金额正确性
付款	付款凭单、支票	应付凭单部门、财务部门	存在或发生、估价与分摊、完整性	支票预先编号、已签发的支票的相关凭证要注销
记录付款	现金日记账、银行存款日记账、支票、付款凭证	会计部门	存在或发生、估价与分摊、完整性	独立编制银行存款余额调节表

第二节 采购与付款循环的内部控制和控制测试

采购与付款循环包括采购业务与付款业务两个方面。采购业务是企业存货流动的起点，也是影响企业存货变动和现金、银行存款支付的重要环节，因此采购与付款循环的内部控制及其测试是审计的重要内容。

一、采购与付款循环内部控制的要点

采购与付款循环的内部控制主要包括以下四个方面：

1. 职责分离

职责分离主要包括：①请购与审批要相互分离；②供应商的选择与审批要相互分离；③采购合同的拟订、审核与审批要相互分离；④采购、验收与记录要相互分离；⑤付款的申请、审批与执行要相互分离。

2. 授权批准

授权批准主要包括：①所有的采购都是根据经批准的请购单进行的；②采购按正确的级别批准；③采购价格须经授权批准；④付款须经授权批准。

3. 会计系统控制

会计系统控制主要包括：①相关票据齐全。采购业务应具备请购单、订购单、验收单、入库单和购货发票，作为付款凭单的附件，订购单、验收单、入库单、支票等凭证应预先编号，并由经办人签章，及时填制、审核和传递原始凭证。②编制和审核相关凭证。进行会计记录时，应使用适当的记账凭证，及时编制和审核记账凭证，原始凭证和记账凭证要进行核对。③登记账簿。要及时登记原材料、在途物资、应付账款等账簿记录。④注意核对账户间的勾稽关系。如果是会计电算化系统，要注意录入权限的设置，并且核对账户间的勾稽关系。

4. 独立检查

独立检查主要包括：①由独立的人员核对购货发票的内容与相关的验收单、入库单、订购单是否相符；②独立检查付款凭单的计算是否正确；③独立检查已签发支票的总额与所处理的付款凭单的总额是否一致；④独立检查记入银行存款日记账和应付账款明细账的金额是否一致，以及与支票等汇总记录是否一致；⑤定期与供应商核对有关记录。

二、了解采购与付款循环内部控制制度的内容

注册会计师可以通过查阅被审计单位的有关规章制度、文件资料，或通过向有关人员口头询问、现场调查等方式，了解被审计单位采购与付款循环内部控制制度，并运用适当的方法进行描述，记录在审计工作底稿中。注册会计师可以通过文字表述、调查表、流程图等方式了解采购与付款循环的内部控制。采购与付款循环内部控制调查表如表 9－2 所示。

表 9－2　采购与付款循环内部控制调查表

<table>
<tr><td rowspan="4">被审计单位名称：×××
财务报表期间：[截止×年×月×日]
审计项目名称：×××</td><td></td><td>签名</td><td colspan="3">日期</td><td colspan="2">索引号</td></tr>
<tr><td>编制人</td><td></td><td colspan="3"></td><td colspan="2"></td></tr>
<tr><td>复核人</td><td></td><td colspan="3"></td><td colspan="2"></td></tr>
<tr><td>项目质量控制复核人</td><td></td><td colspan="3"></td><td colspan="2"></td></tr>
<tr><td colspan="3">调查内容</td><td>是</td><td>否</td><td colspan="2">不适用</td><td>备注</td></tr>
<tr><td colspan="3">1. 是否所有的购货都编制了请购单？</td><td></td><td></td><td colspan="2"></td><td></td></tr>
<tr><td colspan="3">2. 所有的请购单都经授权了吗？</td><td></td><td></td><td colspan="2"></td><td></td></tr>
</table>

续表

调查内容	是	否	不适用	备注
3. 所有的采购单都经采购部门批准了吗?				
4. 订购单是否根据已批准的请购单编写?				
5. 是否使用了预先编号的订购单,编号的连续性是否定期检查?				
6. 采购部门独立于验收部门和会计部门吗?				
7. 接受新客户是否必须经专人批准?				
8. 验收时是否盘点和检查商品并与有关订购单核对?				
9. 所编制的验收单是否预先编号?				
10. 验收部门将商品送交仓库或其他请购部门,是否取得对方签章的收据?				
11. 编制凭单时,是否将凭单同订购单、验收单和卖方发票相核对?				
12. 购货发票是否与所附单据中记载的供应商、价格、数量和条件核对?				
13. 是否使用了预先连续编号的付款凭单,并附有相关单据?				
14. 是否编制每日凭单汇总表,并将其与有关记账凭证上记录的金额进行比较?				
15. 是否对有关记账凭证进行独立检查,以确定账户分类的适当性和入账的及时性?				
16. 是否独立检查卖方发票和凭单计算的正确性(如折扣、小计和总计)?				
17. 是否定期独立检查未付凭单和应付账款总账的一致性?				
18. 每月的客户对账单是否与应付账款账户对账?				
结论:1. 经内控调查和简易测试后,认为该循环的内控可信度为:高( )中( )低( )。 2. 该循环是否需要进一步做符合性测试? 是( )否( )				

注册会计师应当选择一笔或几笔交易进行测试。例如,针对采购交易,追踪从请购单处理、填写订购单、签订采购合同到仓库验收入库、取得采购发票、复核发票的准确性、生成日记账、总账和应付账款明细账等交易的整个流程,考虑之前对相关内部控制的了解是否正确和完整,并确定相关内部控制是否得到执行。

【例 9-1】安徽大华会计师事务所的注册会计师刘圣妮于 2013 年 10 月 25 日至 11 月 10 日对安徽华泰股份有限公司采购与付款的内部控制实施测试,并在审计工作底稿中记录了测试情况,部分内容摘录如下:

(1)注册会计师检查验收部门在 2013 年 10 月 27 日至 10 月 31 日所开具的验收单时注意到,其起讫号为 10035 和 10045,但是注册会计师在验收部门留存的验收单里未能找到 10038 号验收单。验收部门的解释是该验收单因填写错误而作废,未予留存。注册会计师在仓库、采购部门和会计部门均未找到该验收单。会计部门的解释是,经常有废票导致缺号的情况,因此在进行会计处理时并不检查验收单的顺序。

(2)应付凭单部门在 2013 年 10 月末编制了已验收入库但尚未收到供应商发票的原材料清单,会计部门据此将相关原材料暂估入账,并在 11 月 1 日全额冲回。上述原材料清单显示,已入库甲材料2 000千克,单价为每千克1 200元。经核对,批准发出的采购订单和入库单上的数量和单价均相符,但注册会计师注意到,安徽华泰股份有限公司另需向运输单位支付该材料的运费20 000元。财务人员解释,由于原材料运费是与运输单位另行结算的,因此在原材料暂估入账时未予考虑,而且在11月9日收到运输单位的运费发票时,该公司已将运费计入甲材料的采购成本。注册会计师在甲材料的明细账中找到了上述20 000元运费的记录。

要求:

(1)针对上述事项,假定不考虑其他条件,请逐项指出上述测试结果是否表明相关内部控制已得到有效执行。

(2)如果表明相关内部控制未得到有效执行,请简要说明理由,并提出改进建议。

【解析】

(1)测试结果表明有两点相关内部控制未得到有效执行:第一,经常有废票导致验收单缺号,进行会计处理时也不检查验收单的顺序;第二,由于运费是另行结算的,所以在原材料暂估入账时未予考虑。

(2)针对第一种情况,建议被审计单位将作废的验收单留存下来,以确保验收单的编号连续;针对第二种情况,建议被审计单位将相关的运费计入材料的暂估成本中。

三、采购与付款循环内部控制与控制测试

注册会计师通过了解采购与付款循环的内部控制,对相关控制的设计和是否得到执行进行评价,同时结合对被审计单位其他方面的了解,评估重大错报风险,以确定进一步审计程序的性质、时间和范围。如果了解到相关控制不存在或不值得信赖,注册会计师可只考虑执行实质性程序,而不进行控制测试。采购与付款循环控制测试如表9-3所示。

表9-3 采购与付款循环控制测试

内部控制的目标(认定)	关键内部控制	常用的控制测试
所记录的采购都已收到商品或已接受劳务(存在或发生)	1.请购单、订购单、验收单和卖方发票一应俱全,并附在付款凭证后 2.采购按正确的级别批准 3.注销凭证以防止重复使用 4.对卖方发票、验收单、订货单和请购单做内部核查	1.查验付款凭单后是否附有完整的相关单据 2.检查批准采购的标记 3.检查注销凭证的标记 4.检查内部核查的标记
已发生的采购业务均已记录(完整性)	1.订购单均经事先编号并已登记入账 2.验收单均经事先编号并已登记入账 3.采购发票均经事先编号并已登记入账	1.检查订购单连续编号的完整性 2.检查验收单连续编号的完整性 3.检查采购发票连续编号的完整性

续表

内部控制的目标(认定)	关键内部控制	常用的控制测试
所记录的采购交易估价正确(准确性、计价和分摊)	1. 对计算准确性进行内部核查 2. 采购价格和折扣的批准	1. 检查内部核查的标记 2. 检查批准价格和折扣的标记
采购交易的分类正确(分类)	1. 采用适当的会计科目表 2. 分类的内部核查	1. 检查工作手册和会计科目表 2. 检查有关凭证上内部核查的标记
采购交易按正确的日期交易(截止)	1. 要求收到商品或接受劳务后及时记录采购业务 2. 内部核查	1. 检查工作手册并观察有无未记录的购货发票存在 2. 检查内部核查的记录
采购交易被正确记入应付账款和存货明细账中,并经正确汇总(准确性、计价和分摊)	应付账款和存货明细账内容的内部核查	检查内部核查的标记

【例9-2】注册会计师范永亮和其助理人员刘圣妮于2013年12月1日至7日对安徽华泰股份有限公司购货与付款凭证循环的内部控制进行了解和测试,并在相关的审计工作底稿中记录了了解和测试的事项,摘录如下:

(1)安徽华泰股份有限公司的材料采购需要经授权批准后方可进行。采购部根据经批准的请购单发出订购单。货物到达后,验收部门根据订购单的要求验收货物,并编制一式多联的未连续编号的验收单。仓库根据验收单验收货物,在验收单上签字后,将货物存入仓库加以保管。验收单上有数量、品名、单价等项目。验收单一联交采购部登记采购明细账和编制付款凭单,付款凭单经批准后,一联交会计部登记材料明细账,一联由仓库保留并登记材料明细账。月末,会计部门根据附有验收单的付款凭单登记有关账簿。

(2)会计部门审核付款凭单后,支付采购款项。安徽华泰股份有限公司授权会计部门的经理签署支票,经理将该职责授权给会计人员甲,但保留了支票印章。甲根据已适当批准的凭单,在确定支票收款人名称与凭单内容一致后签署支票,并在凭单上加盖"已支付印章"。对付款控制程序的穿行测试表明,注册会计师范永亮及其助理人员刘圣妮未发现与公司规定不一致之处。

要求:根据上述资料,请代注册会计师指出安徽华泰股份有限公司采购与付款循环内部控制方面的缺陷,并提出改进建议。

【解析】根据资料,安徽华泰股份有限公司采购与付款循环内部控制方面的缺陷主要体现在以下三个方面:

(1)验收单未连续编号,不能保证所有的采购都已记录或不被重复记录。应建议安徽华泰股份有限公司对验收单进行连续编号。

(2)付款凭单未附订购单及供应商的发票等,会计部门无法核对采购事项是否真实,登记有关账簿时金额或数量可能就会出现差错。应建议安徽华泰股份有限公司将订购单和发票等与付款凭单一起交给会计部门。

(3)会计部门月末审核付款单后才付款,未能及时将材料采购和债务登账并按约定时间付款。应建议安徽华泰股份有限公司采购部门及时将付款凭单交给会计部门,并按约定时间付款。

特别提示▶▶▶

穿行测试是指通过追踪交易在财务报告信息系统中的处理过程,即选择某笔或某几笔具有代表性的交易追综其从发生到记账的整个流程,来证实之前通过其他程序所获得的关于被审计单位的交易流程和控制的信息是否准确、完整。

第三节　应付账款审计

应付账款是企业在正常经营过程中,因购买材料、商品和接受劳务供应等经营活动而应支付给供应单位的款项,它是随着企业赊购业务的发生而形成的。注册会计师在审计应付账款时,应结合赊购业务来进行。

一、应付账款的审计目标

应付账款的审计目标一般包括:确定资产负债表中记录的应付账款是否存在;确定所有应当记录的应付账款是否均已记录;确定资产负债表中记录的应付账款是否为被审计单位应当履行的现时义务;确定应付账款发生和偿还的会计处理是否正确;确定应付账款期末余额是否正确;确定应付账款在财务报表上的列示和披露是否恰当。

二、应付账款的实质性程序

(一)获取或编制应付账款明细表

注册会计师在对应付账款余额进行实质性测试时,通常会向被审计单位索取或自行编制应付账款明细表,以确定被审计单位资产负债表中应付账款的数额与明细表是否相符。

特别提示▶▶▶

应付账款明细表根据应付账款明细账编制,重要的应付项目应单独列示,零星的应付项目可以合并列示。在审计时,注册会计师必须复核并将明细表上的数额汇总,并与总分类账进行核对,如果不符,应查明原因,并做出相应调整。注册会计师还可抽取明细表中的一些项目同应付账款明细账和应付账款总分类账进行核对,检查其内容是否一致。

(二)对应付账款实施分析性复核程序

注册会计师根据被审计单位的实际情况,可选择以下方法对应付账款进行分析性复核:

(1)比较余额。将本期期末应付账款余额与期初余额进行比较,分析波动的原因。

(2)分析长期挂账的应付账款。找出长期挂账的应付账款,要求被审计单位做出解释,判断被审计单位是否缺乏偿债能力或利用应付账款隐瞒利润;判断被审计单位是否无须支付该项应付账款,对确实无须支付的应付账款的会计处理是否正确,依据是否充分;关注账龄超过 3 年的大额应付账款在资产负债表日后是否偿还,检查偿还记录、单据及披露情况。

(3)分析相关财务比率。计算应付账款与存货的比率、应付账款与流动负债的比率,并与以前年度相关比率进行对比,评价应付账款整体的合理性。

(4)分析存货和营业成本等项目的增减变动,判断应付账款增减变动的合理性。

(三)函证应付账款

1. 函证的目的

函证的目的是审查应付账款的完整性或存在性。

2. 函证适用的情形

一般情况下,并不需要函证应付账款,这是因为函证不能保证查出未记录的应付账款,况且注册会计师能够取得采购发票等外部凭证来证实应付账款的余额。如果控制风险较高、应付账款账户金额较大或被审计单位处于经济困难阶段,则应进行应付账款的函证。

3. 函证对象

在进行函证时,注册会计师应选择较大金额的债权人,以及那些在资产负债表日金额不大,甚至为零,但为企业重要供货人的债权人,作为函证对象。

4. 函证方式

函证方式有两种,即积极式函证方式和消极式函证方式。最好采用积极式函证方式,并具体说明应付金额。

5. 函证的控制

同应收账款的函证一样,注册会计师必须对函证的过程进行控制,要求债权人直接回函,并根据回函情况编制与分析函证结果汇总表,对未回函的,应考虑是否再次函证。对于未回函的重大项目,应采用相应的替代审计程序,如可以检查决算日后应付账款明细账及库存现金和银行存款日记账,核实其是否已支付,同时检查该笔债务的相关凭证,如合同、发票、验收单等,核实应付账款的真实性。

(四)审查未入账的应付账款

为了防止企业低估负债,注册会计师应审查被审计单位有无故意漏记应付账款或将应收账款计入不正确的会计期间的行为,通常可采取以下方式:

(1)结合存货监盘程序,核对相关票据。检查被审计单位在资产负债表日前后是否有未处理的不相符的购货发票,以及有材料入库单但未收到购货发票的经济业务,确认相关负债是否计入了正确的会计期间。

(2)检查资产负债表日后收到的购货发票,确认其入账时间是否正确。

(3)检查资产负债表日后应付账款明细账贷方发生额的相应凭证,确认其入账时间是否正确。

(4)与相关单位的对账单进行核对。获取被审计单位与其供应商之间的对账单(应从非财务部门获取,如采购部门),并将对账单和被审计单位财务记录之间的差异(如在途款项、在途货物、付款折扣、未记录的负债等)进行调节,查找有无未入账的应付账款,确定应付账款金额的准确性。检查时,注册会计师还可以询问被审计单位的会计和采购人员,如果审计人员通过这些审计程序发现有未入账的应付账款,应将有关情况详细地记入审计工作底稿,然后根据其重要性确定是否建议被审计单位进行相应的调整。

(五)检查应付账款是否存在借方余额

企业因重复付款、付款后退货、预付货款等原因,导致某些应付账款明细账户出现较大借方余额时,注册会计师应查明原因,必要时应建议被审计单位做重分类调整,以便将这些借方余额在资产负债表中列为资产。此外,注册会计师应结合预付账款的明细账余额,查明是否存在应付账款和预付账款两边同时挂账的项目;结合其他应付款的明细账余额,查明有无分类错误的其他应付款,如有,应做出记录,必要时应建议被审计单位做重分类调整。

(六)检查应付账款长期挂账的原因

检查应付账款长期挂账的原因并做记录,必要时予以调整。检查对确实无法支付的应付账款是否按规定进行了处理,相关依据和审批手续是否完备。

(七)检查带有现金折扣的应付账款

检查带有现金折扣的应付账款是否按发票上记载的全部应付款入账,在实际获得现金折扣时再冲减财务费用;被审计单位与债权人进行债务重组的,结合债务重组事项进行专项审计,检查有关的会计处理是否正确。

(八)检查应付账款在资产负债表中的列报是否恰当

审计人员应检查资产负债表日应付账款的余额是否按照应付账款和预付账款科目所属明细科目的期末贷方余额的合计数填列。如果发现应付账款明细账中出现借方余额的情形,就应查明原因,必要时建议做重分类调整。

【例 9-3】安徽华泰股份有限公司 2013 年 12 月 31 日资产负债表应付账款项目列示数额为 8 670 000 元,经审计发现如下需要调整事项:

(1)应付给 A 公司明细账借方余额 670 000 元,属于正常往来款项。

(2)应付给 B 公司明细账贷方余额 8 000 000 元,为被审计单位临时借款,用于技术研发。

【解析】

(1)应付账款项目应根据应付账款明细账贷方余额合计填列。如果应付账款明细账出现借方余额,应做重分类调整,审计调整分录为:

借:预付账款——A 公司　　670 000

　贷:应付账款——A 公司　　670 000

(2)按规定,不属于购销原因引起的应付账款不应在应付账款科目反映,如有这样的应

付账款,注册会计师应建议调整。审计调整分录为:

借:应付账款——B 公司 8 000 000

贷:其他应付款——B 公司 8 000 000

第四节 相关项目审计

一、材料采购(在途物资)审计

材料采购(在途物资)审计是对企业购进材料尚未验收入库的真实性和合理性的审计。

(一)审计目标

材料采购(在途物资)的审计目标一般包括:确定采购的材料是否真实存在;确定采购材料的计价是否准确;确定采购的材料是否记录在恰当的会计期间;确定材料采购在报表中的列报与披露是否恰当。

(二)实质性审计程序

(1)获取或编制材料采购(在途物资)明细表,复核加计是否正确,并与总账数、明细账合计数核对是否相符。

(2)检查期末材料采购(在途物资),核对有关凭证。核对有关凭证时,对于大额材料采购(在途物资),追查至相关的购货合同及购货发票,复核采购成本的正确性,并抽查期后入库情况,必要时进行函证。

(3)核对账簿记录和有关凭证。查阅资产负债表日前后若干天的材料采购(在途物资)增减变动的有关账簿记录和验收入库单等资料,检查有无跨期现象。按照购货截止测试的要求,若未将年终在途物资列入当年存货盘点范围内,只要相应的负债也同时记入次年账内,也不影响到财务报表。

(4)对采用计划成本核算的,审核材料采购项目有关材料成本差异发生额的计算和处理是否正确。

(5)审核有无长期挂账的材料采购(在途物资)。如有长期挂账的材料采购,应查明长期挂账的原因。不法分子往往通过不及时清账来舞弊,进行贪污盗窃。

【例 9-4】安徽大华会计师事务所的注册会计师范永亮在检查安徽华泰股份有限公司材料采购业务时发现,本年内一笔业务的处理如下:从外地购进原材料一批,共 5 000 千克,计价款 300 000 元,运杂费 2 000 元。会计部门将原材料价款计入原材料成本,运杂费计入管理费用。材料入库后,仓库发来的材料入库验收单显示,材料短缺 50 千克,查明是在运输途中的合理损耗。

问题:

(1)根据上述资料,指出企业在材料采购管理中存在的问题。

(2)不考虑增值税的影响,分析注册会计师对有关问题的处理方法。

【解析】

(1)安徽华泰股份有限公司的会计部门对上述采购业务是先记账,而后仓库部门才验收,这说明会计部门并不是以验收单作为记账依据的,该公司未能很好地执行材料记账、验收职责的相互控制,不但采购业务容易出错,账簿记录也容易混乱,很有可能造成账实不符。

(2)注册会计师可以做如下处理:

第一,提出改进原材料采购方法的建议。

第二,扩大实质性程序范围,估计错记金额的总额,确定对审计意见的影响。

第三,建议被审计单位做出调整。会计部门对材料采购成本的处理有误,采购过程中发生的运杂费应计入材料采购成本,而非列入当期的期间费用。审计调整分录为:

借:存货(原材料)　　2 000

　贷:管理费用　　2 000

对于运输途中合理损耗的材料,不需要调整入库材料的总金额(按规定,材料合理损耗应计入材料采购成本),但应调整材料明细账中入库材料的数量和单价。

二、应付票据的审计

随着我国企业对商业信用的重视,商业票据的使用越来越广泛。应付票据作为一种商业票据,在企业流动负债中的比重逐渐上升,它将成为一个重要的审计领域。由于应付票据大多是指向供货单位购买材料、商品或接受劳务时所开出的商业汇票,所以对应付票据的审计往往和采购与付款循环结合起来进行。

(一)审计目标

应付票据的审计目标一般包括:确定应付票据是否存在、是否确实属于被审计应履行的现时义务;确定应付票据的发生和偿还记录是否完整;确定应付票据增减变动的记录是否完整;确定应付票据的期末余额是否正确;确定应付票据在会计报表上的列报与披露是否恰当。

(二)实质性审计程序

(1)获取或编制应付票据明细表,复核加计是否正确,并与应付票据登记簿、报表数、总账数和明细账合计数核对是否相符。

应付票据明细表一般应列明票据类别及编号、出票日期、面额、到期日、收款人名称、利率、付息条件以及抵押品的名称、数量和金额等。注册会计师在核对时,应注意被审计单位有无漏报、错报票据;有无漏列作为抵押的资产;有无属于应收账款的票据;有无漏记、多记或少记应付利息费用等情况。

(2)实施分析性复核,以证实应付票据的完整性和合理性。

(3)函证应付票据。注册会计师可以选择应付票据中的重要项目(包括零账户)进行函证,函证其余额是否正确,根据回函情况,编制函证结果汇总表并对其进行分析。对于未回函的,可再次函证,也可采取其他替代审计程序来确定应付票据的真实性。询证函通常包括出票日、到期日、票面金额、未付金额、利率和抵押担保品等内容。

(4)检查应付票据备查簿,抽查若干重要的原始凭证,确定其是否真实。例如,检查该笔债务的相关合同、发票、货物验收单等资料,核实交易或事项的真实性;抽查资产负债表日后应付票据明细账及库存现金、银行存款日记账,核实期后是否已付款并转销;对截止资产负债表日已偿付的应付票据,检查其入账凭证,注意入账日期的合理性。在这个过程中,应特别关注应付关联方票据的真实性和合理性。

(5)复核带息应付票据的利息费用是否真实、正确。注册会计师应查明带息应付票据的利率是否合理,验算利息费用的计算是否正确无误,账务处理是否正确。

(6)检查逾期未付的票据。检查逾期未承付的原因,是否已转入应付账款项目,其中带息的应付票据是否已停止计息;确定是否存在抵押票据的情形,必要时,提请被审计单位进行必要的调整。

(7)查明应付票据在财务报表上的列报与披露是否恰当。

【例 9-5】安徽大华会计师事务所的注册会计师范永亮对安徽华泰股份有限公司 2013 年度的会计报表进行审计。在审查"应付票据"项目时,通过核对明细表、备查簿、明细账和总账,发现明细账和总账上漏列了应付 A 公司的一笔带息票据,票据金额为 60 000 元,票面利率为 8%,出票日期为 2013 年 9 月 1 日,期限为 3 个月。截至审计日,该票据尚未承兑,也未做任何账务处理。

问题:根据上述情形,审计人员应如何进一步审计?

【解析】根据上述资料,明细表和备查簿上有该项票据,而明细账和总账上没有,说明该公司存在漏列负债的可能性,注册会计师应进一步审查,就上述票据向 A 公司进行函证,如果查证核实确实属于漏列负债,应要求安徽华泰股份有限公司做出审计调整。调整分录如下:

(1)2013 年 9 月 1 日采购材料时:

借:在途物资	51 282	
应交税费——应交增值税(进项税额)	8 718	
贷:应付票据		60 000

(2)2013 年 9 月至 11 月每月月末计提票据利息时:

借:财务费用	400	
贷:应付票据		400

(3)2013 年 12 月 1 日到期未兑付时:

借:应付票据	61 200	
贷:应付账款		61 200

三、预付账款的审计

预付账款是指企业按照采购合同或劳务合同的规定,预先支付给供货方或提供劳务方的账款。企业通过设置"预付账款"账户进行核算,但是如果企业的预付账款不多或不经常发生,也可不单独设置该账户,直接通过应付账款账户的借方核算。预付账款的审计是审计中不可忽视的环节,应结合采购与付款循环的审计进行。

(一)审计目标

预付账款的审计目标一般包括:确定预付账款是否存在;确定所有的预付账款是否均已记录;确定预付账款是否归被审计单位所拥有或控制;确定预付账款的增减变动是否正确完整;确定预付账款的期末余额是否正确;确定预付账款在财务报表上的列报与披露是否恰当。

(二)实质性审计程序

(1)获取或编制预付账款明细表,复核加计是否正确,并与总账数、报表数和明细账合计数核对是否相符。

必要时,提请被审计单位协助,在预付账款明细表上标出截至审计日已收到货物并冲销预付账款的项目,抽查复核其正确性和真实性。

(2)实施分析性复核程序。根据被审计单位的具体情况,分析以下关于预付账款的事项:①将期末预付账款余额与上期期末余额进行比较,分析其波动原因。②了解预付账款惯例以及收回货物的平均天数,并分析预付账款的账龄。如果有确凿证据表明企业的预付账款不符合预付账款的性质,或者因供货单位破产、撤销等原因已无望再收回所购货物的,确定是否按规定将原计入预付账款的金额转入其他应收款项目。③计算预付账款与主营业务成本的比率。与以前各期末比较,分析异常变动的原因。④将预付账款余额的增减幅度与主营业务成本的增减幅度进行比较,分析异常变动的原因。⑤分析预付账款明细账余额。对出现贷方余额的项目,应查明原因,必要时提请调整。

(3)函证预付账款。注册会计师应选择大额或异常的预付账款重要项目(包括零项目),函证其余额是否正确,并根据回函情况编制函证结果汇总表并对其进行分析。如果存在回函金额不符的,要查明原因并做出记录或提请被审计单位做出必要的调整;未回函的可再次函证或采取其他替代程序进行检查,根据检查结果判断其债权的真实性或出现坏账的可能性。

(4)抽查入库记录,检查有无重复付款或将同一笔已付清的账款在预付账款和应付账款这两个科目同时挂账的情况。

(5)审查有无长期挂账的预付账款。如有长期挂账的预付账款,应查明原因,并做出记录,必要时进行调整。

(6)检查预付账款是否在会计报表上恰当披露。

【**例 9-6**】安徽大华会计师事务所对安徽华泰股份有限公司 2013 年度财务报表进行审计,注册会计师刘圣妮于 2014 年 2 月 7 日对其预付账款进行审计时,发现该公司 2013 年 1 月预付账款明细账借方余额为 80 000 元,2013 年度借、贷方均无发生额,2014 年 1 月借方余额仍为 80 000 元。经过刘圣妮的进一步审查,发现此款预付没有购销合同,但有口头协议,实际上没有履行协议,客户单位为 A 公司,具体业务为购买设备。

要求:请分析该笔预付账款可能存在的问题,并提出处理意见。

【解析】这笔预付账款可能存在以下问题：

(1)该笔购销业务双方存在纠纷。可能是购销双方在设备的价格、质量等方面有分歧，导致虽然预付了部分款项，但是实际业务并没有成交。

(2)该笔款项可能被诈骗。A公司可能根本就不存在，或虽存在但没有实际供货能力。

(3)该笔预付账款可能纯属虚构，即经办人员为了贪污、挪用该笔款项而虚构预付账款。

(4)可能是A公司故意拖欠货款，企图占有安徽华泰股份有限公司的资金。

(5)可能记账错误。

(6)可能该笔款项已收回或结算，但是没有销账。

针对上述可能存在的问题，审计人员应进一步审查，需要函证A公司。如果是业务纠纷，应组织双方协商解决；如果是被诈骗，应积极追回款项；如果是虚构，应追究有关人员的责任；如果是故意拖欠，应要求A公司尽快归还欠款；如果是记账错误，应及时更正；如果是未销账，应及时销账。

四、应交税费——应交增值税(进项税额)的审计

(一)审计目标

应交税费——应交增值税(进项税额)的审计目标一般包括：确定应交增值税(进项税额)的计算是否正确；确定所有的应交增值税(进项税额)是否均已记录；确定应交增值税(进项税额)的增减变动是否正确完整；确定应交增值税(进项税额)的期末余额是否正确；确定应交增值税(进项税额)在财务报表上的列报与披露是否恰当。

(二)实质性审计程序

(1)获取或编制应交增值税明细表，复核加计是否正确，并与"应交税费——应交增值税"明细账核对是否相符。

(2)将"应交增值税明细表"与增值税纳税申报表核对。

检查进项税额的入账与申报期间是否一致，金额是否相符，如不一致，应查明原因，并做好记录。

(3)检查应交税费——应交增值税(进项税额)的计算是否正确，记录是否完整。①通过原材料等相关账户计算进项税额是否合理。②抽查一定期间的进项税额抵扣汇总表，检查是否与应交增值税明细表总额一致，如有差异，应查明原因并做出适当处理。③检查重要的增值税扣税发票、运费发票等。要注意运费、进口货物、购进的免税农产品、接受投资或捐赠、接受应税劳务等应计的进项税额是否按规定进行了会计处理；注意存货因改变用途、终止流转或发生非常损失等增值税进项税额的转出数是否正确，会计处理是否恰当。

【例9-7】安徽大华会计师事务所对安徽华泰股份有限公司2013年度财务报表进行审计，注册会计师范永亮2014年2月9日在审计采购业务时发现，512号记账凭证及其所附原始凭证中的一笔运费(5 000元)全额计入了材料的采购成本。

要求：根据以上资料，分析该公司存在的问题，并给出处理建议。

【解析】根据最新的增值税法的规定，采购材料过程中，运费的7%可以作为增值税的进项税额予以抵扣，剩余的作为材料的采购成本。被审计单位这样处理会加大材料的采购成本。建议被审计单位调整会计分录：

借：应交税费——应交增值税（进项税额）　　350

　贷：存货（原材料）　　350

本章小结

采购与付款循环的主要业务活动包括请购商品或劳务、编制订购单、验收商品、仓储已验收的商品、编制付款凭单、确认与记录负债、付款和记录付款。

采购与付款循环内部控制主要包括职责分离、岗位分工、会计系统控制和独立检查。在对该循环进行控制测试时，注册会计师所使用的方法和程序，以及如何进行风险评估。

在对应付账款等相关负债进行审计时，低估负债与高估资产一样，都可能夸大被审计单位的财务状况，所以在对应付账款进行实质性审计程序时，需要重点确定应付账款等负债类项目的发生及偿还记录是否完整、期末相关款项是否存在、应付账款等负债类项目是否为被审计单位应履行的偿还义务、其期末余额是否正确、其列报是否恰当。

在对存货（在途物资或原材料）进行审计时，需要重点关注采购的材料是否真实存在、采购材料的计价是否准确、采购的材料是否记录在恰当的会计期间、材料采购在报表中的列报与披露是否恰当。

思考与练习

一、单项选择题

1. 下列各项中，不符合企业内部控制要求的是（　　）。

A. 仓库负责人根据需要填写请购单，并经预算主管人员签字批准

B. 采购部门根据经批准的请购单编制订购单，采购货物

C. 货物到达，由独立的验收部门验收，并填制一式多联未连续编号的验收单

D. 记录采购交易之前，由应付凭单部门编制付款凭单

2. 以下审计程序中，注册会计师最有可能证实已记录应付账款是否存在的是（　　）。

A. 从应付账款明细账追查至采购发票、采购合同和入库单等凭证

B. 检查采购文件以确定是否使用预先编号的采购单

C. 抽取采购合同、采购发票和入库单等凭证，追查至应付账款明细账

D. 向供应商函证零余额的应付账款

3. 应付账款函证最适当的方式是（　　）。

A. 积极式函证　　B. 消极式函证

C. 其他函证方式　　D. 积极式和消极式结合

4. 注册会计师在验证应付账款余额不存在漏报时，以下审计证据中证明力最强的是（　　）。

A. 被审计单位编制的连续编号的销售单　　B. 供应商开具的销售发票

C. 被审计单位编制的连续编号的验收报告　　D. 供应商提供的月末对账单

5. 下列审计程序中,注册会计师查找未入账的应付账款最有效的是(　　)。

A. 函证应付账款　　B. 检查购货发票与债权人名单

C. 检查资产负债表日前后几天的发票　　D. 检查资产负债表日后付款的情况

6. 某企业应付账款明细账年末余额和本年度进货总额如下所列,注册会计师对应付账款进行审计时,如果只选择一家企业进行函证,应选择的企业是(　　)。

A. 5 0670 元,57 260 元　　B. 1 560 元,2 160 元

C. 0 元,200 250 元　　D. 2 650 元,4 700 元

7. 下列审计应付账款的程序中,注册会计师可将其完全交由被审计单位办理的是(　　)。

A. 根据供应商的对账单调节未付发票　　B. 就所选定的账户余额进行函证

C. 抽查应付账款明细账的贷方记录相关凭证　　D. 编制应付账款明细表

8. 健全有效的内部控制要求由独立的采购部门负责(　　)。

A. 编制订购单　　B. 检查购入存货的数量、质量

C. 编制请购单　　D. 控制存货水平,以免出现积压

9. 仓库或资产使用部门根据实际需要编制一式三联的(　　),并经有关负责人签字批准。

A. 验收单　　B. 订购单

C. 请购单　　D. 付款凭单

10. 注册会计师范永亮在审查安徽华泰股份有限公司公司应付账款项目时,发现应付账款账户中包含本期估价入库的采购材料 450 万元,经审核,未附有供应商名称和材料的品种、数量、金额等凭证,审计人员应当采取的措施是(　　)。

A. 不必过问　　B. 取得估价入库的详细资料

C. 作为虚假事项处理　　D. 认可被审计单位的处理

二、多项选择题

1. 下列岗位中,属于采购与付款业务不相容的岗位是(　　)。

A. 付款审批与付款执行　　B. 采购合同的订立与审批

C. 采购、验收与相关会计记录　　D. 询价与确定供应商

2. 下列各项中,属于采购与付款循环审计时涉及的凭证与记录的是(　　)。

A. 请购单与订购单　　B. 验收单和购货发票

C. 付款凭单　　D. 应付账款明细账

3. 下列内部控制中,能够防止或发现采购和付款发生错误或舞弊的有(　　)。

A. 所有订购单应经采购部门及有关部门批准,其副本应及时提交会计部门

B. 收到采购发票后,应立即送采购部门与订购单、验收单核对

C. 采购部门根据经批准的请购单编制预先编号的订购单

D. 验收部门核对订购单与装运单,据此点验到货并编制验收单

4. 注册会计师对某公司采购与付款循环进行审计，在对应付账款进行函证时，通常函证(　　)。

A. 金额较大的应付账款债权人

B. 所有应付账款的付款对象

C. 在资产负债表日金额为零，但为企业重要供货商的债权人

D. 所有应付账款的债权人都不需要函证

5. 应付账款一般不需要函证，但出现(　　)时，注册会计师应该函证。

A. 应付账款存在借方余额　　B. 某应付账款的账户金额较大

C. 控制风险较高　　D. 被审计单位处于经济困难阶段

6. 在审计中，如果发现被审计单位因(　　)等原因导致某应付账款明细账户借方出现较大余额，注册会计师应在审计工作底稿中编制建议调整的重分类分录，以便将这些借方余额在资产负债表中列为资产。

A. 重复付款　　B. 重复收款

C. 预付货款　　D. 付款后退货

7. 应付账款明细表由被审计单位编制时，注册会计师应当(　　)。

A. 审核其金额计算的准确性

B. 审查其明细表与应付账款总账是否相符

C. 直接作为审计工作底稿

D. 审查明细表上应付账款分类的准确性

8. 资产负债表上的应付账款项目应根据(　　)科目所属明细账科目的期末贷方余额的合计数填列。

A. 应付账款　　B. 应收账款

C. 预付账款　　D. 预收账款

9. 注册会计师在审计时注意到，某企业2013年末的会计资料表明该企业当年的应付票据大部分已付清，注册会计师为证实应付票据支付情况而应获取的审计证据有(　　)。

A. 应付票据明细表

B. 银行对账单

C. 应付票据的函证回函

D. 管理层提供的票据到期支付的声明书

10. 注册会计师根据被审计单位的实际情况，可选择(　　)方式对应付账款执行分析性程序(　　)。

A. 将应付账款期末余额与期初余额进行比较，分析其波动原因

B. 计算应付账款与存货的比率、应付账款与流动负债的比率，并与以前年度相关比率进行对比分析，评价应付账款整体的合理性

C. 分析长期挂账的应付账款，要求被审计单位做出解释，判断被审计单位是否缺乏偿债能力或利用应付账款隐瞒利润

D. 分析存货和营业成本等项目的增减变动,判断应付账款增减变动的合理性

三、判断题

1. 注册会计师在审查应付账款时,应查实企业所有在资产负债表日以前收到的赊购发票均已计入当年应付账款。( )

2. 预付账款如果期末金额不大,注册会计师可以提请被审计单位冲抵流动负债项目,而并非只能列作流动资产。( )

3. 小额零星物品或劳务的采购可以由使用部门自行购买,无须授权。( )

4. 对大规模企业而言,企业内部各个部门都可填列请购单。为了加强控制,企业的请购单应当预先连续编号。( )

5. 注册会计师对负债项目的审计,主要目的是防止企业高估债务。( )

6. 注册会计师在检查未入账应付账款时,最有效的是函证应付账款。( )

7. 在一般情况下,应付账款不需要函证,这主要是因为注册会计师能够取得购货发票等外部凭证来证实应付账款的余额。( )

8. 支票一经签署,就需要在付款凭单和支持性凭证上加盖"付讫"戳记或注销,避免重复付款。( )

9. 如果某一应付账款明细账户的期末余额为零,注册会计师就不需要将其列为函证对象。( )

10. 如果应付账款带有现金折扣条件,而被审计单位按照发票上记载的全部应付金额入账,等实际获得现金折扣时再冲减财务费用,注册会计师应认可这种做法。( )

四、案例分析题

1. 安徽大华会计师事务所对安徽华泰股份有限公司2013年度财务报表进行审计,注册会计师范永亮在审计应付账款时,需要对下表所列的四个明细账中的两个进行函证。

安徽华泰股份有限公司应付账款明细账情况汇总表

单位:元

供应商名称	应付账款年末余额	本年度进货总额
A公司	32 650	48 500
B公司	—	2 350 000
C公司	75 000	86 000
D公司	190 000	2 135 000

要求:说明注册会计师应该选择哪两个供应商进行函证?为什么?

2. 注册会计师范永亮在审计安徽华泰股份有限公司2013年度财务报表时发现以下问题:

(1)2013年12月31日,该公司应付账款账户总账余额为贷方余额9 000 000元,其明细账如下表所示。

应付账款明细账余额

科目名称	余额(元)
应付账款——A 公司	5 000 000
应付账款——B 公司	4 500 000
应付账款——C 公司	-2 500 000
应付账款——D 公司	2 000 000
合　计	9 000 000

(2)该公司有一笔确实无法支付的应付账款 400 000 元,公司将其用于冲减当期的管理费用。

(3)2013 年 12 月 27 日,该公司购入甲材料 600 000 元,并且包含在当年的实物盘点范围内,但是采购发票于 2014 年 1 月 4 日才收到,并计入了 2014 年 1 月份的账内,2013 年 12 月无其他进货和相应负债。

要求:根据上述情况,分析该公司存在的问题,并提出处理意见。

3. 注册会计师刘圣妮对安徽华泰股份有限公司 2013 年度会计报表进行审计,在审查资产负债表中的应付账款项目时,发现应付账款贷方余额为 450 万元,该公司 2013 年度进货 760 万元,赊购的比例高达 59%。注册会计师认为这种情况不太合理,于是通过函证进一步核对总账和明细账以及有关的记账凭证和原始凭证,发现应付账款贷方余额应为 310 万元。经分析,应付账款审定数和未审定数之间出现差额的原因是有两笔业务的账务处理有问题。

其中一笔应付账款是 2013 年 12 月 24 日收到丙公司的购货款 80 万元,相关账务处理如下:

借:银行存款　　800 000

　贷:应付账款——丙公司　　80 000

另外一笔是 2013 年 12 月 28 日收到丁公司预付的购货款 60 万元,相关账务处理如下:

借:银行存款　　600 000

　贷:应付账款——丁公司　　600 000

要求:

(1)根据上述资料,分析这两笔业务的错误性质。

(2)注册会计师应建议该公司如何编制审计调整分录?

第十章　生产与仓储循环审计

知识目标

了解生产与仓储循环中的主要业务活动、内部控制及测试方法。

能力目标

会执行生产与仓储循环中的控制测试；会对存货实施实质性测试。

引导案例

ST圣芳(000620)主营业务为石油化工产品。2005年3月初，刘某在对该单位进行审计时发现两项重大问题：其一，公司提供的下属企业牡丹江石油化工厂的财务账上显示公司库存较上一年度大幅度增加，原油出库价低，这意味着成本可能被虚减，利润由此虚增2 900万元；其二，公司收到的委托经营收益2 300万元没有委托合同支持，该委托经营收益被记在“其他业务收入”科目中。

就在刘某即将结束对ST圣芳的审计的前一天晚上，ST圣芳的常务副总裁来到刘某的房间，对他说：“现在厂里比较困难，效益不好，要想得到银行贷款，一定要年报显示盈利才行，希望你能帮助我们。”走时，他递给刘某一个信封，里面是15 000元人民币。

之后的事情变得容易起来：刘某“适当调整”了ST圣芳少转成本的数额，体现出“盈利点”；不再索取与牡丹江热电厂签订的委托经营合同的原件；无保留意见审计报告顺利出炉。

ST圣芳2005年4月16日公布2004年报，宣布扭亏为盈。4月26日，公司公告称：我公司部分高管人员、董事、监事因涉嫌提供虚假财务报告及其他犯罪行为被立案侦查。

思考：生产与仓储循环在审计中有哪些作用？

第一节　生产与仓储循环概述

一、生产与仓储循环的业务活动

生产与仓储循环通常涉及生产计划部门、仓库、生产部门、人事部门、会计部门等。其业务活动主要包括：

1. 计划和安排生产

生产计划部门的职责是根据顾客订单或者对销售预测和产品需求的分析来决定生产授权，签发生产通知单。该部门通常应将发出的所有生产通知单预先编号并加以记录和控制。

2. 发出原材料

仓库部门的责任是根据从生产部门收到的领料单发出原材料。领料单上必须列示所需材料的数量和种类,以及领料部门的名称。领料单可以是一料一单,也可以是一单多料,通常需一式三联。仓库发料后,将其中一联连同材料交还领料部门,其余两联经仓库登记材料明细账后,送会计部门进行材料收发核算和成本核算。

3. 生产产品

生产部门在收到通知单及领取原材料后,便将生产任务分解到每一位生产工人,并将所领取的原材料交给生产工人,生产工人据以执行生产任务。生产工人在完成任务后,将完成的产品交生产部门查点,然后转交检验员验收并办理入库手续,或是将所完成的产品移交下一个部门,以进一步加工。

4. 核算产品成本

正确地核算产品成本,须建立健全的成本会计制度,将生产控制和成本核算有机结合。一方面,生产过程中的各种记录、生产通知单、领料单、计工单、入库单等文件资料都要汇集到会计部门,由会计部门对其进行检查和核对,了解和控制生产过程中存货的实物流转;另一方面,会计部门要设置相应的会计账户,会同有关部门对生产过程中的成本进行核算和控制。完善的成本会计记录应该提供原材料转为在产品、在产品转为产成品以及按成本中心分批生产任务通知单或生产周期所消耗的材料、人工和间接费用的分配与归集的详细资料。

5. 储存产成品

产成品入库,须由仓库部门先行点验和核查,然后签收。签收后,将实际入库数量通知会计部门。至此,仓库部门确立了本身应承担的责任,并对验收部门的工作进行验证。除此之外,仓库部门还应根据产成品的品质特征分类存放,并填制标签。

6. 发出产成品

产成品的发出须由独立的发运部门进行。装运产成品时必须持有经相关部门核准的发运通知单,并据此编制出库单。出库单至少一式四联:一联交仓库部门,一联发运部门留存,一联送交顾客,一联作为给顾客开发票的依据。

二、生产与仓储循环涉及的账户与单证

以制造企业为例,存货与仓储循环是指将原材料转化为产成品的一系列活动。这一环节涉及的资产负债表项目主要是存货、应付职工薪酬等;涉及的利润表项目主要是营业成本等项目。其中,存货是一个集合项目,包括材料采购或在途材料、原材料、材料成本差异、库存商品、委托加工物资、周转材料、发出商品、生产成本、存货跌价准备等。

根据生产与仓储循环过程有关活动的组成,该循环交易从计划和安排生产到加工、销售产成品结束所涉及的凭证和记录主要包括:

1. 生产指令

生产指令又称"生产任务通知单",是企业下达制造产品等生产任务的书面文件,用以通

知供应部门组织材料发放、生产车间组织产品制造、会计部门组织成本计算。

2. 领发料凭证

领发料凭证是企业为控制材料发出所采用的各种凭证,如材料发出汇总表、领料单、限额领料单、领料登记簿、退料单等。

3. 产量和工时记录

产量和工时记录是登记工人或生产班组在出勤内完成产品数量、质量和生产这些产品所耗费工时数量的原始记录。常见的产量和工时记录主要有工作通知单、工序进程单、工作班产量报告、产量通知单、产量明细表、废品通知单等。

4. 工薪汇总表及人工费用分配表

工薪汇总表是为了反映企业全部工薪的结算情况并据以进行工薪结算总分类核算和汇总整个企业工薪费用而编制的,它是企业进行工薪费用分配的依据。工薪费用分配表反映了各生产车间各产品应负担的生产工人工薪及福利费。

5. 材料费用分配表

材料费用分配表是用来汇总反映各生产车间各产品所耗费的材料费用的原始记录。

6. 制造费用分配汇总表

制造费用分配汇总表是用来汇总反映各生产车间各产品所应负担的制造费用的原始记录。

7. 成本计算单

成本计算单是用来归集某一成本计算对象所应承担的生产费用,计算该成本计算对象的总成本和单位成本的记录。

8. 存货明细账

存货明细账是用来反映各种存货增减变动情况和期末库存数量及相关成本信息的会计记录。

三、生产与仓储循环的特点与审计策略

(一)生产与仓储循环的特点

在制造业中,最主要的经营活动就是生产制造。生产与仓储循环占用的资金量往往较大,交易频繁,交易数量众多,且与其他循环都有着联系。生产活动中所使用的原材料来自于采购与付款循环,生产成本的归集需要考虑员工工资、材料成本及众多的直接和间接费用,这些费用需要采购与付款循环来支付,购置的固定资产通过折旧形式也要将成本转移到生产成本中,生产完工后的产成品还要通过销售循环售出后取得货币资金,从而完成整个经营活动的周转。

生产与仓储循环中流动着大量的实物资产,如原材料、低值易耗品、半成品、在产品、委托加工材料、产成品等,其收支流转频繁、工作量巨大,十分容易发生遗失、损坏和盗窃等。生产成本的核算过程十分复杂,工作量大,也容易发生无意的计算错误,更容易隐藏有意的成本操纵行为。

（二）生产与仓储循环的审计策略

基于生产与仓储循环的特点，对审计人员而言，详细测试的工作量大，审计成本较高。考虑到生产与仓储循环中的主要风险，审计人员应对本循环的内部控制进行详细的了解与评价，并把存货监盘和成本审计作为实质性程序的重点。

第二节　生产与仓储循环的内部控制和控制测试

一、生产与仓储循环内部控制的要点

一般来说，生产与仓储循环的内部控制包括两大控制系统：一是生产过程中的实物流转控制，二是对产品成本进行记录与控制的成本费用管理控制和成本费用会计控制。

（一）实物流转控制

实物流转控制主要依靠不相容职务的分工、严格的授权审批程序及充分的凭证记录流转程序，对从生产领料到产品完工入库的全过程进行有效的控制。实物流转控制的要点主要包括：

1. 计划和安排生产

生产计划部门决定生产授权后，签发预先编号的生产通知单并分送不同部门。

2. 发出原材料

仓库根据收到的预先编号并经过批准的生产任务通知单和原材料定额耗用通知单发出原材料。

3. 生产产品

生产部门在收到生产通知单及领取原材料后，分解生产任务至每一个生产工人，工人领取原材料并执行生产任务。生产部门查点完工产品，办理入库手续，或将完工产品移交下个部门，以进一步加工。

4. 产成品入库

产品完工并通过验收后，生产部门应及时编制一份“已完工生产报告”，并将产成品移送至仓库。仓库部门进行点验和核查，然后签收“产品转移单”，以确定对这些产成品的保管责任。

生产部门将“已完工生产报告”报送会计部门，并采取有效措施保护原材料等物品免遭贪污、盗窃、损失或浪费。

仓库部门填写“产品入库单”，将实际数量通知会计部门，并根据产成品的品质特征分类存放，并填制标签。

（二）成本费用管理控制

成本费用管理控制是指对成本费用支出业务进行计划、控制和考核的内部控制。成本费用管理控制的要点具体包括：

(1)确定成本控制目标和成本计划;

(2)确定各项消耗定额,包括直接材料、人工成本和制造费用定额;

(3)编制成本、费用预算;

(4)对各项成本费用指标进行分解,建立成本费用归口、分级管理制度;

(5)定期进行成本费用考核与评价。

(三)成本费用会计控制

成本费用会计控制是指对成本费用支出业务进行反映和监督的内部控制。控制要点主要包括:

(1)确定成本费用制度,明确成本费用开支范围、开支标准,制定报销手续,建立各项支出的审核制度;

(2)采用适当的成本核算和费用分配方法,且前后各期要保持一致;

(3)建立相应的会计账户;

(4)成本核算要以经过审核的生产通知单、领料单、人工费用分配表和制造费用分配表为依据;

(5)领料单、生产通知单、工资费用分配表等应按顺序编号。

二、生产与仓储循环内部控制的测试

(一)了解内部控制

审计人员可以通过设计调查表、询问被审计单位相关人员、观察其工作、获取相关的内部控制资料或文件等方式,了解被审计单位内部控制设计情况和控制是否得到执行。

(二)生产与仓储循环的控制测试

1. 向企业有关人员询问其成本内部控制的执行情况

询问和观察人事、考勤、工薪发放、记录等职务是否相互分离,以及各项职责的执行情况。检查有关成本核算的记账凭证是否附有领发料凭证、产量工时记录、人工费用分配表、材料费用分配表、制造费用分配表等原始凭证,检查有无未附原始单证的记账凭证。

2. 检查各项成本核算制度的执行情况

选取样本测试各成本项目的归集和分配以及成本核算是否按规定执行,料、工、费是否采用适当方法进行记录,生产成本是否在完工产品和在产品之间适当分配,核算方法是否前后一致,完工产品发出后是否及时结转成本,核算方法是否前后一致。审核有关费用的核准、审批手续,检查有关费用是否按费用开支标准和范围发生,是否合理真实。检查是否所有已发生的料、工、费的耗费均已及时准确地计入生产成本中,有无未入账的原始凭证。

3. 抽查企业成本会计制度

构成产品成本的主要内容是直接材料、直接人工和制造费用。审计人员对企业成本会计制度的控制测试一般包括:

(1)抽取适当成本计算单样本,审核直接材料的数量和成本。直接材料的数量应该核对领料单,直接材料的成本应追查永续盘存记录。

(2)抽取适当成本计算单样本,审核直接工时、每小时工资率和直接人工费用。直接工时数应当核对记工单、工时统计表或生产考勤,小时工资率或工资标准应核对有关文件、资料。检查员工人事档案、工时卡是否由经授权的有关人员进行管理,员工人事档案、工时卡是否及时准确地记录有关工资、薪金或佣金、代扣款项等内容。检查记录的工薪是否为实际发生而非虚构的。检查当期实际已发生的工薪支出是否全部计入产品成本,工资分配表、工资汇总表是否完整反映实际已发生的工薪支出。

(3)对于制造费用,可审查制造费用明细账,检查实际记入制造费用的项目是否真实、适当,特别是检查大金额制造费用发生额的原始凭证,并注意有无将销售费用、管理费用和财务费用这些期间费用记入制造费用,并根据企业选定的制造费用分配方法,计算制造费用分配率,并检查记入所查成本计算对象中的制造费用是否正确。

(4)在抽查成本会计制度时,还应当特别注意:企业在被审查期间有无改变成本计算方法或费用分配标准;审查成本费用的归属期间是否正确;审查是否正确划清了各种费用的界限,如应记入产品成本和不应记入产品成本的生产费用界限、资本性支出与收益性支出的界限、各个会计期间的费用界限、各种产品应负担的费用界限、完工产品成本和在产品成本的界限。

4.评价生产与仓储循环的内部控制

审计人员对生产与仓储循环内部控制进行测试后,应根据收集的证据并结合专业分析和职业判断,对生产与仓储循环的内部控制及其执行情况、内部控制的有效性加以判断,推断有无导致会计报表相关项目的重大错报风险发生,并据以设计和实施进一步审计程序的性质、时间和范围。

第三节 相关项目审计

一、存货审计

存货是指企业在日常活动中持有以备出售的产成品或商品、处在生产过程中的在产品、在生产过程或提供劳务过程中耗用的材料和物料等。存货是资产负债表中的主要项目,通常在企业资产中占有很大比重。存货具有品种繁多、流动性强、周转速度较快、变换频繁等特点,其核算比较复杂,有多种计价方法可供选择,对应的会计账项很多。通常存货的重大错报对流动资产、营运资产、总资产、销售成本、毛利以及净利润都会产生直接的影响;对利润分配和所得税等项目也有间接影响,因此对存货进行审计具有十分重要的意义,审计人员必须谨慎对待。

存货审计的目标是:确定存货是否存在;确定存货是否归被审计单位所有;确定存货增减变动业务的记录是否完整;确定存货的品质状况,存货跌价的计提是否合理;确定存货的计价方法是否恰当;确定存货年末余额是否正确;确定存货在财务报表上的披露是否恰当。

（一）存货监盘

存货监盘是指审计人员现场观察被审计单位存货的盘点，并对已盘点的存货进行适当检查。相应地，存货监盘有两层含义：一是审计人员现场监督被审计单位存货的盘点，二是审计人员根据需要对被审计单位已盘点的存货进行适当检查。存货监盘是存货审计的一项核心审计程序，目的是获取有关存货数量和状况的审计证据。存货监盘针对的主要是存货的存在性认定、完整性认定和所有权认定。通过存货监盘，审计人员还会获取有关存货状况（如毁损、陈旧等）的审计证据，从而为计价测试提供部分审计证据。

1. 存货监盘计划

审计人员应当根据被审计单位存货的特点、盘存制度和存货内部控制的有效性等情况，与被审计单位就存货监盘等问题达成一致意见，并据此编制存货监盘计划，对存货监盘做出合理安排。

（1）在编制存货监盘计划时，审计人员应当实施下列审计程序：①了解存货的内容、性质、各存货项目的重要程度及存放场所；②了解与存货相关的内部控制；③评估与存货相关的重大错报风险和重要性；④查阅以前年度的存货监盘工作底稿；⑤考虑实地察看存货的存放场所，特别是金额较大或性质特殊的存货；⑥考虑是否需要利用专家的工作或其他审计人员的工作；⑦复核或与管理层讨论其存货盘点计划。

（2）在复核或与管理层讨论其存货盘点计划时，审计人员应当考虑以下主要因素，以评价其能否合理地确定存货的数量和状况：①存货盘点前的会议及任务布置，盘点的时间安排、范围和场所的确定；②盘点人员的分工及胜任情况；③存货的整理和排列，对毁损、陈旧、过时、残次及所有权不属于被审计单位的存货的区分；④存货计量工具和计量方法；⑤在产品完工程度的确定方法；⑥存放在外单位的存货的盘点安排；⑦存货收发截止的控制；⑧盘点期间存货移动的控制；⑨盘点表单的设计、使用与控制；⑩盘点结果的汇总及盘盈盘亏的分析、调查与处理。

如果认为被审计单位的存货盘点计划存在缺陷，审计人员应当提请被审计单位调整；如果认为被审计单位内部控制设计良好且得到有效实施、存货盘点组织良好，审计人员可以相应缩小实施检查程序的范围。

（3）存货监盘计划的主要内容：①存货监盘的目标、范围及时间安排；②存货监盘的要点及关注事项；③参加存货监盘人员的分工；④检查存货的范围。参考格式 10－1 为某会计师事务所审计人员编制的存货监盘计划。

2. 存货监盘程序

（1）实地观察：①在被审计单位盘点存货前，审计人员应当观察盘点现场，确定应纳入盘点范围的存货是否已经适当整理和排列，并附有盘点标志，防止遗漏或重复盘点。对未纳入盘点范围的存货，审计人员应当查明未纳入的原因。②对所有权不属于被审计单位的存货，审计人员应当取得其规格、数量等有关资料，并确定这些存货是否已分别存放、标明，且未被纳入盘点范围。③审计人员应当观察被审计单位盘点人员是否遵守盘点计划并准确地记录

参考格式 10－1　存货监盘计划

被审计单位：________	索引号：________
项目：________	财务报表截止日/期间：________
编制：________	复核：________
日期：________	日期：________

一、存货监盘目标、范围及时间安排

存货监盘目标：获取 E 公司资产负债表日（2010 年 12 月 31 日）有关存货数量和状况的审计证据，检查存货数量是否真实完整，是否归属于 E 公司，存货有无毁损、陈旧、过时、残次和短缺等状况。

存货监盘范围：E 公司 2010 年 12 月 31 日存货未审余额为 1 441 004 475.71 元，其中库存原材料 320 859 149.16 元，比重为 22.3%，在途物资 568 404 876.20 元，比重为 39.4%，库存商品 182 998 014.25 元，比重为 12.7%，自制半成品 368 742 436.10 元，比重为 25.6%。

从存货组成来看，E 公司存货中原材料、在途物资、自制半成品占比较大，库存商品占比较小。另外，根据我们对 E 公司内部控制的了解和测试，E 公司存货内控设计合理并得到执行，所以我们认为 E 公司存货重大错报风险为中等水平，重点对原材料、自制半成品、库存商品实施监盘。由于在途物资正在运输过程中，无法实施监盘，我们将实施替代审计程序，获取期末在途物资数量和状况的充分、适当审计证据。

二、存货监盘要点及关注事项

在监盘过程中，各监盘小组实施观察、检查等程序，确定应纳入盘点的存货是否存放在指定地点并排列规则，检查各种测量仪器是否能正常使用，仔细观察 E 公司盘点人员的测量方法是否与该公司规定的测量方法一致。在监盘过程中，注册会计师要详细记录每一个仓库储存存货的数量，并将其与经营部记录的台账核对。

三、参加存货监盘人员的分工

根据 E 公司盘点计划，该公司将组织三组人员同时对原材料、库存商品、自制半成品进行盘点。我们将分派三组人员参与监盘，每组三人，第一组为宋某、李某、田某，第二组为徐某、贺某、王某，第三组为朱某、唐某、邓某。

四、检查存货范围

E 公司存货内部控制设计良好并得到落实，根据以往存货监盘得知，该公司存货盘点组织良好，每个盘点小组在观察的基础上抽取 40% 的存货进行检查。

存货的数量和状况。如果发现问题，审计人员应及时指出，并督促企业纠正；如认为盘点程序和过程有问题，导致盘点结果严重失实，应要求企业组织人员重新盘点。

（2）检查。当被审计单位盘点人员按照盘点计划将存货盘点完毕后，审计人员还要对已盘点的存货进行适当检查，将检查结果与被审计单位的盘点记录进行核对，记录在工作底稿中。在检查已盘点的存货时，审计人员可以从存货盘点记录中选取项目追查至存货实物，以测试盘点记录的准确性；审计人员还可以从存货实物中选取项目追查至存货盘点记录，以测试存货盘点记录的完整性。如果检查时发现差异，审计人员应当查明原因，并及时提请被审计单位更正；审计人员还应考虑错误的潜在范围和重大程度，如果差异较大，审计人员应当扩大检查范围或提请被审计单位重新盘点。

（3）存货监盘程序过程中应特别关注的问题：①审计人员应当特别关注存货的移动情况，防止遗漏或重复盘点；②审计人员应当特别关注存货的状况，观察被审计单位是否已经恰当区分所有毁损、陈旧、过时及残次的存货；③审计人员应当获取盘点日前后存货收发及移动的凭证，检查库存记录与会计记录期末截止是否正确；④如果存货盘点日不是资产负债表日，审计人员应当实施适当的审计程序，确定盘点日与资产负债表日之间的存货变动是否已做出正确的记录；⑤在永续盘存制下，如果永续盘存记录与存货盘点结果之间出现重大差异，审计人员应当实施追加的审计程序，查明原因，并检查永续盘存记录是否已做出适当调整。

(4)存货监盘结束时的工作。在被审计单位存货盘点结束前，审计人员应当根据自己在存货监盘过程中获取的信息，对被审计单位最终的存货盘点结果汇总记录进行复核，并评估其是否正确地反映了实际盘点结果。同时，审计人员还应该：①再次观察盘点现场，以确定所有应纳入盘点范围的存货是否均已盘点；②取得并检查已填用、作废及未使用盘点表单的号码记录，确定其是否连续编号，查明已发放的表单是否均已收回，并与存货盘点的汇总记录进行核对。

3. 特殊情况的处理

(1)由于存货的性质和位置而无法实施监盘程序：①性质特殊的存货。被审计单位存货的性质可能导致审计人员无法实施存货监盘，如存货涉及保密问题；存货系危害性物质，如放射性化学品等。②位置特殊的存货。被审计单位存货的特殊位置也可能导致审计人员无法实施存货监盘，如在途存货。

对此，审计人员应当考虑能否实施替代审计程序，获取有关期末存货数量和状况的充分、适当的审计证据。审计人员实施的替代审计程序主要包括：检查进货交易凭证、生产记录或其他相关资料；检查资产负债表日后发生的购、销货交易凭证；向顾客或供应商函证。

(2)因不可预见的因素导致无法在预定日期实施存货监盘或接受委托时被审计单位期末存货盘点已经完成：①不可预见的因素。有时，由于不可预见的因素而可能导致审计人员无法亲临现场或无法在预定日期实施存货监盘，如由于被积雪覆盖而无法观察木材的数量及其他情况。②接受委托时被审计单位的期末存货盘点已经完成。

对于以上两种情况，审计人员应当评估与存货相关的内部控制的有效性，对存货进行适当检查或提请被审计单位另择日期重新盘点；同时，测试在该期间发生的存货交易，以获取有关期末存货数量和状况的充分、适当的审计证据。

(3)委托其他单位保管或已做质押的存货。对被审计单位委托其他单位保管的或已做质押的存货，审计人员应当向保管人或质权人函证。如果此类存货的金额占流动资产或总资产的比例较大，审计人员还应当考虑实施存货监盘或利用其他审计人员的工作。

(4)首次接受委托的情况。当首次接受委托未能对上期期末存货实施监盘，且该存货对本期财务报表存在重大影响时，如果已获取有关本期期末存货余额的充分、适当的审计证据，审计人员应当实施下列一项或多项审计程序，以获取有关本期期初存货余额的充分、适当的审计证据：①查阅前任审计人员的工作底稿；②复核上期存货盘点记录及文件；③检查上期存货交易记录；④运用毛利百分比法等进行分析。参考格式 10－2 为 N 会计师事务所审计人员出具的存货监盘报告。

参考格式 10－2　存货监盘报告

被审计单位:____________	索引号:____________
项目:____________	财务报表截止日/期间:____________
编制:____________	复核:____________
日期:____________	日期:____________

一、盘点日期:2010 年 12 月 31 日

二、盘点仓库名称:原材料仓库、库存商品仓库、自制半成品仓库

仓库负责人:苏某　　仓库记账员:贺某　　仓库保管员:郝某、齐某

仓库概况:E 公司拥有原材料仓库、库存商品仓库、自制半成品仓库,分别储存各种存货,仓库的日常管理工作较好。

三、监盘参加人员

监盘人员(N 会计师事务所):宋某、李某、田某

监盘人员(N 会计师事务所):徐某、贺某、王某

监盘人员(N 会计师事务所):朱某、唐某、邓某

E 公司盘点负责人:苏某

E 公司盘点人员:郝某、齐某、贺某、黄某等

四、监盘开始前的工作

项　目	是或否	工作底稿编号
1. 索取《期末存货盘点计划》	是	略
2. 索取仓库《存货收发存月报表》	是	略
3. 索取存货的《盘点清单》	是	略
4. 索取盘点前仓库收料、发料的最后一张单证	是	略
5. 存货是否已停止流动	是	略
6. 废品、毁损品是否已分开堆放	不适用	略
7. 货到单未到存货是否已暂估入账	是	略
8. 存货是否已按型号、规格排列整齐	是	略
9. 其他非本公司的存货是否已分开堆放	不适用	略
10. 最近一次盘点存货的日期	2010 年 11 月 30 日	略
11. 最近一次对计量工具的校对	2010 年 11 月 30 日	略
12. 是否有存货的记录位置或存放图	是	略

五、监盘进行中的工作

1. 监盘从 8 点开始,共分 3 个监盘小组,每个小组 3 人。

2. 核对仓库报表结存数量与仓库存货账结存数量是否相符;仓库存货结账数量与仓库存货卡数量是否相符;填制《存货表、账、卡核对记录表》。

3. 盘点结束,索取《盘点清单》及《存货盘盈、盘亏汇总表》。

六、复盘

1. 盘点结束后,应选择数额较大、收发频繁的存货项目进行复盘。

2. 复盘人员:宋某、徐某、朱某。

3. 复盘记录详见《存货监盘结果汇总表》。

4. 复盘统计:

品种、型号共 20 种,复盘共 10 种,占 50%。

金额共计 872 599 599.51 元,复盘达 305 409 859.83 元,占 35%。

5. 计算复盘正确率:

复盘共 10 种,其中复盘正确的有 10 种,占 100%。

复盘金额 305 409 859.83 元,其中复盘正确的金额为 305 409 859.83 元,占 100%。

6. 盘点中的存货不存在残次、毁损、滞销积压的情况。

七、盘点结束后的工作

1. 再次观察现场并检查盘点表单。

2. 复核盘点结果汇总表。

3. 关注被审计单位盘点方式及其结果无效时的处理,如果认为被审计单位的盘点方式及结果无效,注册会计师应当提请被审计单位重新盘点。

4. 请参加复盘的人员在《存货监盘结果汇总表》上签字。

5. 索取由仓库人员填写的《复盘差异说明》。

八、对盘点及复盘的评价

1. 仓库管理人员对存货很熟悉。

2. 盘点工作及复盘工作很认真。

3. 很配合注册会计师的工作。

4. 监盘结果总体评价:E 公司存货监盘计划执行较好;存货实地盘点数量与账面数一致,存货不存在残次、毁损、滞销等情况。

监盘人员签名:宋某、李某、田某
徐某、贺某、王某
朱某、唐某、邓某

(二)存货计价测试

为验证财务报表上存货余额的真实正确,还必须对年末存货的计价进行测试。

1. 选择测试样本

用于计价测试的样本,应从存货数量已经盘点、单价和总金额已经记入存货汇总表的结存存货中选择。选择时,应着重选择结存金额较大且价格变化频繁的项目,同时考虑选择样本的代表性。

2. 存货计价基础测试

企业取得的存货应采用成本法作为计价基础,期末存货应按成本与可变现净值孰低法计价,按两者的差额计提存货的跌价准备。在存货计价审计中,审计人员在审计过程中应注意检查被审计单位采用的计价基础是否符合有关制度的规定,可变现净值的确定及存货跌价准备的计提是否正确。可变现净值是指企业在日常活动中,存货的估计售价减去至完工时估计将要发生的成本、估计的销售费用以及相关税费后的金额。企业确定存货的可变现净值,应当以取得的确凿证据为基础,并且考虑持有存货的目的、资产负债表日后事项的影响等因素。

3. 存货计价方法的确认

审计人员应注意被审计单位存货计价方法的选择是否符合企业会计准则的规定,是否和企业的实际情况相符,前后各期是否一致。如不一致,应注意被审计单位是否充分列报了这种变动对当期和以后各期的影响。

4. 存货入账价值测试

存货成本的构成范围因取得存货的来源不同而有所不同,进行存货入账价值测试时,审计人员首先应对存货价格的组成内容予以审核,然后按照所了解的计价方法对所选择的存货样本进行计价审计,并与企业账面记录对比,如有差异,分析形成差异的原因。如果差异过大,应扩大测试范围,并根据审计结果考虑是否应提出审计调整建议。

【例 10-1】华泰公司的会计政策规定,入库产成品按实际生产成本入账,发出产成品按先进先出法核算。2007 年 12 月 31 日,华泰公司甲产品期末结存数量为 1 200 件,期末余额为 5 210 万元,华泰公司 2007 年度甲产品的明细资料如表 10-1 所示(数量单位为件,金额单位为人民币万元,假定期初余额和所有的数量、入库单价均无误)。

表 10-1　甲产品的明细资料

日期	摘要	入库			发出			结存		
		数量	单价	金额	数量	单价	金额	数量	单价	金额
2007 年 1 月 1 日	期初结存							500		2 500
2007 年 3 月 1 日	入库	400	5.1	2 040				900		4 540
2007 年 4 月 1 日	销售				800	5.2	4 160	100		380
2007 年 8 月 1 日	入库	1 600	4.6	7 360						
2007 年 10 月 1 日	销售				400	4.6	1 840	1 300		5 900
2007 年 12 月 1 日	入库	700	4.5	3 150				2 000		9 050
2007 年 12 月 31 日	销售				800	4.8	3 840	1 200		5 210
2007 年 12 月 31 日	期末余额							1 200		5 210

在进行相关测试后,注册会计师应提出怎样审计调整建议?

【解析】当期发出存货的成本 = 2 500 + (2 040 + 7 360 + 3 150) - (700 × 4.5 + 500 × 4.6) = 9 600 万元;华泰公司计算的发出存货成本为 9 840(4 160 + 1 840 + 3 840)万元,所以应调减 240(9 840 - 9 600)万元。

相关调整分录如下:

借:库存商品　　240

　　贷:主营业务成本　　240

（三）存货截止测试

1. 存货截止测试的含义

所谓存货截止测试，就是检查已经记录为企业所有并包括在12月31日存货盘点范围内的存货中，是否含有截至该日尚未购入或已经售出的部分。存货正确截止的关键在于存货实物纳入盘点范围的时间与存货引起的借贷双方会计科目的入账时间处于同一会计期间。

正确确定存货购入与售出的截止日期，是正确、完整地记录企业年末存货的前提。如果当年12月31日购入货物，并已包括在当年12月31日的实物盘点范围内，而当年12月的账上并无进货和对应的负债记录，这就少记了账面存货和应付账款，这时若将盘盈的存货冲减有关的费用或增加有关收入，就虚增了本年利润；相反，如果当年12月31日收到一张购货发票，并记入当年12月的账内，而这张发票所对应的存货实物却在次年1月5日才收到，未包括在当年的年度盘点范围内，如果此时根据盘亏结果增加费用或损失，就会虚减本年的存货和利润。

2. 存货截止测试的方法

（1）检查存货盘点日前后的购货（销售）发票与验收报告、入库单（或出库单），验证其是否归属同一会计期间。如果12月底入账的发票附有12月31日或之前日期的验收报告和入库单，则货物肯定已经入库，并包括在当年的实地盘点存货范围内；如果有验收报告和入库单而没有购货发票，则应认真审核每一验收报告单上是否加盖暂估入账印章，并以暂估价记入当年存货账内，待次年以红字冲销。

（2）查验验收部门的业务记录。凡是接近年底（包括次年年初）购入或销售的货物，均必须查明与其相对应的购货或销售发票是否在同期入账。对于未收到购货发票的入库存货，应查明是否将入库单分开存放并暂估入账；对已填制出库单而未发出的商品，应查明是否将其单独保管。对于测试完成以后发现的截止期处理不当的情况，审计人员应提请被审计单位进行必要的会计账务调整。

在实务中，存货截止测试工作一般是通过填制存货入库截止测试表（见P174表10－2）和存货出库截止测试表（见P175表10－3）工作底稿来完成的。

二、营业成本审计

（一）营业成本的审计目标

营业成本的审计目标包括：①确定利润表中记录的营业成本是否已发生，且与被审计单位有关；②确定所有应当记录的营业成本是否均已记录；③确定与营业成本有关的金额及其他数据是否已恰当记录；④确定营业成本是否已记录于正确的会计期间；⑤确定营业成本是否已记录于恰当的账户；⑥确定营业成本在财务报表中的列报是否恰当。

（二）主营业务成本的实质性程序

（1）获取或编制主营业务成本明细表，复核加计是否正确，并与总账和明细账合计数核对是否相符。结合其他业务成本科目与营业成本报表数进行核对。

（2）编制生产成本及主营业务成本倒轧表，并与总账进行核对。

表 10－2 存货入库截止测试表

被审计单位：____________ 索引号：____________
项目：____________ 财务报表截止日/期间：____________
编制：____________ 复核：____________
日期：____________ 日期：____________

一、从存货明细账的借方发生额中抽取样本与入库记录核对，以确定存货入库被记录在正确的会计期间

序号	摘要	明细账凭证			入库单（或购货发票）			是否跨期
		编号	日期	金额	编号	日期	金额	
截止日前 截止日期： 年 12 月 31 日 截止日后								

二、从存货入库记录中抽取样本与明细账的借方发生额核对，以确定存货入库被记录在正确的会计期间

序号	摘要	入库单（或购货发票）			明细账凭证			是否跨期
		编号	日期	金额	编号	日期	金额	
截止日前 截止日期： 年 12 月 31 日 截止日后								

编制说明：本表适用于材料采购、在途物资、原材料、在产品、库存商品等。

表 10－3 存货出库截止测试表

被审计单位：________	索引号：________
项目：________	财务报表截止日/期间：________
编制：________	复核：________
日期：________	日期：________

一、从存货明细账的贷方发生额中抽取样本与出库记录核对，以确定存货出库被记录在正确的会计期间

序号	摘要	明细账凭证			出库单（或销售发票）			是否跨期
		编号	日期	金额	编号	日期	金额	
截止日前 截止日期： 年 12 月 31 日 截止日后								

二、从存货出库记录中抽取样本与明细账的贷方发生额核对，以确定存货出库被记录在正确的会计期间

序号	摘要	出库单（或销售发票）			明细账凭证			是否跨期
		编号	日期	金额	编号	日期	金额	
截止日前 截止日期： 年 12 月 31 日 截止日后								

编制说明：本表适用于材料采购/在途物资、原材料、在产品、库存商品等。

【例 10－2】注册会计师张三负责对甲公司 2011 年的主营业务成本进行审计，通过审查该公司的主营业务成本明细表，并与有关明细账、总账进行核对，发现账表之间数字完全相符。表 10－4 为甲公司账表数字。

表 10－4　甲公司账表数字

项目	金额(元)	项目	金额(元)
材料期初余额	80 000	本期购进材料	150 000
材料期末余额	60 000	本期销售材料	10 000
直接人工成本	15 000	制造费用	42 000
在产品期初余额	23 000	在产品期末余额	30 000
产成品期初余额	40 000	产成品期末余额	50 000

该注册会计师通过对有关记账凭证和原始凭证的审计，发现以下问题：

1)本期已入库但尚未收到结算凭证的材料价值 5 000 元，未进行暂估处理。

2)已领取未用的材料价值 1 000 元，未进行退料处理。

3)在建工程发生的工人工资 2 000 元计入生产成本。

4)本期发生的大修理费用 6 000 元全部计入当期制造费用(按规定应分三期摊销)。

5)经过期末在产品的盘点，在产品的实际金额为 38 000 元。

请根据以上资料，编制生产成本与主营业务成本倒轧表(见表 10－5)，计算结果并得出审计结论。

(3)检查主营业务成本的内容和计算方法是否符合有关规定，前后期是否一致，尤其要注意发出商品的计价方法是否恰当，有无随意变更。

(4)对主营业务成本执行实质性分析程序，检查本期内各月间及前期同一产品的单位成本是否存在异常波动，是否存在调节成本的现象。

(5)抽取若干月份的主营业务成本结转明细清单，结合生产成本的审计，检查销售成本结转数额的正确性，比较计入主营业务成本的商品品种、规格、数量与计入主营业务收入的口径是否一致。

(6)检查主营业务成本中重大调整事项(如销售退回)的会计处理是否正确。

(7)在采用计划成本、定额成本、标准成本核算存货的情况下，检查产品成本差异的计算、分配和会计处理是否正确。

(8)结合期间费用的审计，判断有无通过将应计入生产成本的支出计入期间费用或将应计入期间费用的支出计入生产成本等手段调节生产成本，从而调节主营业务成本的现象。

(9)检查主营业务成本在财务报表中的列报是否恰当。

表 10-5 生产成本与主营业务成本倒轧表

被审计单位：______________ 索引号：______________

项目：______________ 财务报表截止日/期间：______________

编制：______________ 复核：______________

日期：______________ 日期：______________

项目	未审数	调整或重分类		审定数
		借或贷	金额	
期初原材料余额	80 000			80 000
加：本期购进	150 000	借	5 000	155 000
减：原材料期末余额	60 000	借	1 000	61 000
其他发出额	10 000			10 000
直接材料成本	160 000	借	4 000	164 000
加：直接人工成本	15 000	贷	2 000	13 000
制造费用	42 000	贷	4 000	38 000
生产成本	217 000	贷	2 000	215 000
加：在产品期初余额	23 000			23 000
减：在产品期末余额	30 000	借	8 000	38 000
完工产品生产成本	210 000	贷	10 000	200 000
加：产成品期初余额	40 000			40 000
减：产成品期末余额	50 000			50 000
主营业务成本	200 000	贷	10 000	190 000
结论：由于多计产品生产成本10 000元，导致多计主营业务成本10 000元，将影响营业利润少计10 000元。				

三、应付职工薪酬审计

职工薪酬是企业支付给职工的劳务报酬，其主要核算方式有计时制和计件制两种。职工薪酬可能采用现金形式支付，因而相对于其他业务更容易发生错误或舞弊行为，如虚报冒领、重复支付和贪污等。职工薪酬有时是构成企业成本费用的重要项目，所以在审计中显得十分重要。

随着经营管理水平的提高和技术手段的发展，职工薪酬业务中进行舞弊及掩饰的可能性已有减少，因为有效的职工薪酬内部控制可以及时揭露错误和舞弊；使用计算机编制职工薪酬表和使用工薪卡，提高了职工薪酬计算的准确性；通过有关机构，如税务部门、社会保障机构的复核，可相应防止职工薪酬计算的错误。在一般企业中，职工薪酬在成本费用中所占比重较大。如果职工薪酬的计算出现错误，就会影响到成本费用和利润的正确性，所以审计人员应重视对职工薪酬业务的审计，主要涉及的审计项目是应付职工薪酬。

（一）应付职工薪酬的审计目标

应付职工薪酬的审计目标包括：确定期末应付职工薪酬是否存在；确定期末应付职工薪酬是否为被审计单位应履行的支付义务；确定应付职工薪酬计提和支出依据是否合理，记录是否完整;确定应付职工薪酬期末余额是否正确;确定应付职工薪酬的披露是否恰当。

(二)应付职工薪酬的实质性程序

(1)获取或编制应付职工薪酬明细表,复核加计正确,并与报表数、总账数和明细账合计数进行核对。

(2)对本期职工薪酬执行实质性分析程序:①检查各月职工薪酬的发生额是否存在异常波动,若存在,应查明波动原因并做出记录;②将本期职工薪酬总额与上期进行比较,检查被审计单位的工薪费用有无异常变动,并取得被审计单位管理层关于职工薪酬标准的文件;③了解被审计单位本期平均职工人数,计算人均薪酬水平,与上期或同行业水平进行比较。

(3)检查工资、奖金、津贴和补贴:①检查应付职工薪酬中的工资、奖金、津贴和补贴计提是否正确,依据是否充分,将执行的工资标准与有关规定校对,并对工资总额进行测试;如果被审计单位实行工效挂钩,应取得有关主管部门确认的效益工资发放额的认定证明,结合有关合同文件和实际完成的指标,检查其计提额是否正确,是否应做纳税调整。②检查薪酬费用的分配方法是否正确,是否与上年保持一致。除因解除与职工的劳务关系给予的补偿直接计入管理费用外,被审计单位应根据职工提供服务的受益对象分配工薪费用。如应由生产产品、提供劳务负担的职工薪酬,计入产品成本或劳务成本;应由在建工程、无形资产负担的职工薪酬,计入在建工程或无形资产;其他职工薪酬,应计入当期损益。③检查职工薪酬发放金额是否正确,代扣事项是否正确。④检查社会保险费、住房公积金、工会经费和职工教育经费等计提和支付的会计处理是否正确。

(4)检查辞退福利:①对于职工没有选择权的辞退计划,检查按辞退职工数量、辞退补贴标准计提辞退福利负债金额是否正确;②对于自愿接受裁减的建议,检查按接受裁减建议的预计职工数量、辞退补偿标准计提辞退福利负债金额是否正确;③检查实质性辞退工资在一年内完成但付款时间在一年以上的辞退福利,是否按折现后的金额计量,折现率的选择是否合理;④检查计提辞退福利负债的会计处理是否正确,是否将计提金额计入当期管理费用;⑤检查辞退福利支付凭证是否真实正确。

(5)检查非货币性福利:①检查以自产产品发放给职工的非货币性福利,是否根据受益对象按照该产品的公允价值计入当期相关成本或当期损益,同时确认应付职工薪酬。对难以确认受益对象的非货币性福利,检查是否将其直接计入当期损益和应付职工薪酬。②检查无偿向职工提供住房的非货币性福利,是否根据受益对象将该住房每期计提的折旧计入相关成本或当期损益。对难以确认受益对象的非货币性福利,检查是否将其直接计入当期损益和应付职工薪酬。③检查租赁住房等资产供职工无偿使用的非货币性福利,是否根据受益对象将该住房每期应付的租金计入相关成本或当期损益。对难以确认受益对象的非货币性福利,检查是否将其直接计入当期损益和应付职工薪酬。

(6)检查应付职工薪酬的期后付款情况,并关注在资产负债表日至财务报表批准报出日之间,是否有确凿证据表明需要调整资产负债表日原确定的应付职工薪酬事项。

(7)检查应付职工薪酬在资产负债表上的列报是否恰当。

【例 10-3】审计人员在对华泰公司进行审计时发现,华泰公司为总部各部门经理级别以上的职工每人配备一辆汽车,同时为副总裁以上高级管理人员每人租赁一套住房。该公司总部共有部门经理级别以上职工15名,每人提供一辆汽车,每辆汽车的月折旧额为1 700元。公司共有副总裁级别以上高级管理人员5名,公司为他们每人租赁了一套面积为120平方米的公寓,每套月租金为4 000元。以上汽车的折旧费用及公寓租金全部计入企业管理费用,借记"管理费用",贷记"累计折旧"及"其他应付款",然后按月支付。

要求:判断华泰公司以上做法是否正确,并提出处理意见。

【解析】根据《企业会计准则》的规定,企业将拥有的汽车等资产无偿提供给职工使用,应当根据受益对象,将汽车每期应计提的折旧计入相关资产成本或费用,同时确认应付职工薪酬;企业租赁住房等资产供职工无偿使用时,应当根据受益对象,将每期应付的租金计入相关资产成本或费用,并确认应付职工薪酬。难以认定受益对象的,直接计入当期损益,并确认应付职工薪酬。本例中,华泰公司提供的汽车及住房都能够准确确认受益对象,故应确认为职工薪酬。

审计人员要求华泰公司进行如下账目调整:

借:应付职工薪酬——非货币性福利　　546 000

　贷:应付职工薪酬——非货币性福利　　546 000

内容小结

本章主要阐述了生产与仓储循环的主要业务活动、所涉及的主要凭证和会计记录、相应的内部控制及测试,以及该循环主要报表项目的实质性程序。

生产与仓储循环是指从领料生产开始到加工、销售产成品为止的过程。该循环中所发生的业务活动主要有计划和安排生产、发出原材料、生产产品、核算产品成本、储存产成品、发出产成品等。所涉及的凭证和会计记录主要包括生产指令、领发料凭证、产量和工时记录、工薪汇总表及人工费用分配表、材料费用分配表、制造费用分配汇总表、成本计算单、存货明细账。

生产与仓储循环的内部控制包括两大控制系统:一是生产过程中的实物流转控制,二是对产品成本进行记录与控制的成本费用管理控制和成本费用会计控制 。内部控制要点主要包括:适当的授权控制,材料收、发、领用制度,成本核算控制,库存商品控制,存货盘存控制制度。

对本循环相关的存货、存货成本、应付职工薪酬及其他有关项目,有针对性地分别确定审计目标,采用检查、监盘、询问、重新计算、重新执行和分析程序等实施实质性程序,验证其是否真实发生、记录是否完整、金额是否正确、每一项目在报表中的披露是否恰当。

思考与练习

一、单项选择题

1. 仓库部门向生产部门发货的依据是从生产部门收到的(　　)。

A. 验收单　　B. 发料单　　C. 领料单　　D. 保管单

2. 对存货实施定期盘点属于(　　)。

A. 注册会计师的审计责任　　B. 被审计单位的会计责任

C. 会计师事务所质量控制要求　　D. 被审计单位财务部门的责任

3. 注册会计师在企业存货的盘点工作中，应当(　　)。

A. 亲自进行独立的存货盘点

B. 参与企业盘点，并对盘点工作进行适当的观察和检查

C. 观察企业盘点，完全不必亲自盘点

D. 制定盘点计划，由企业进行盘点，将盘点结果汇入工作底稿

4. 注册会计师观察被审计单位存货盘点的主要目的是(　　)。

A. 查明被审计单位是否漏盘某些重要的存货项目

B. 鉴定存货的质量

C. 了解存货的种类

D. 获得存货期末是否实际存在及其状况的证据

5. 下列各项中，属于生产成本实质性程序的是(　　)。

A. 审查有关凭证是否进行适当审批

B. 审查记账凭证是否附有原始凭证，原始凭证的顺序编号是否完整

C. 对生产成本实施分析程序

D. 询问和观察存货的盘点及接触、审批程序

6. 注册会计师监盘存货前应当确定存货盘点范围，以下有关存货盘点范围的确定不正确的是(　　)。

A. 在被审计单位盘点存货前，注册会计师应当观察盘点现场，确定应纳入盘点范围的存货是否已经适当整理和排列，并附有盘点标识，防止遗漏或重复盘点。对未纳入盘点范围的存货，注册会计师应当查明未纳入的原因

B. 对于被审计单位持有的受托代存存货，注册会计师应将其纳入盘点范围

C. 对所有权不属于被审计单位的存货，注册会计师应当取得其规格、数量等有关资料，确定是否已分别存放、标明，且未被纳入盘点范围

D. 对于被审计单位委托代销的存货，注册会计师应将其纳入盘点范围，并向委托代销单位获取委托代管的书面确认函

7. 注册会计师对存货抽盘时发现了差异，下列处理中不恰当的是(　　)。

A. 查明原因，及时提请被审计单位更正

B. 不管是什么差异，应当提请被审计单位先挂账“待处理财产损溢——待处理流动资产损溢”后再做处理

C. 注册会计师应当考虑错误的潜在范围和重大程度，在可能的情况下，增加抽查范围以减少错误的发生

D. 抽查结果出来后，注册会计师如果认为盘点记录中错误程度非常严重，应当要求被审计单位重新盘点

8. 应付职工薪酬的审计目标不应包括(　　)。

A. 确定应付职工薪酬是否实际发放

B. 确定应付职工薪酬的披露是否恰当

C. 确定应付职工薪酬的期末余额是否正确

D. 确定应付职工薪酬计提和支出的记录是否完整,以及计提是否合理

二、多项选择题

1. 存货监盘计划应当包括(　　)。

A. 存货监盘的目标　　B. 存货监盘的要点及关注事项

C. 存货监盘人员的分工　　D. 抽查的范围

2. 如果由于被审计单位存货的性质或位置等原因导致无法实施存货监盘,审计人员应当考虑能否实施替代审计程序,获取有关存货数量和状况的充分、适当的审计证据。审计人员实施的替代审计程序主要包括(　　)。

A. 检查进货交易凭证、生产记录或其他相关资料

B. 复核上期盘点记录

C. 检查资产负债表日后发生的销货交易凭证

D. 向顾客和供应商函证

3. 注册会计师对被审计单位进行存货监盘时,应特别关注的问题有(　　)。

A. 注册会计师应当特别关注存货的移动情况,防止遗漏或重复盘点

B. 注册会计师应当特别关注存货的状况,观察被审计的单位是否已经恰当地区分了所有毁损、陈旧、过时及残次的存货

C. 注册会计师应当获取盘点日前后存货收发及移动的凭证,检查库存记录与会计记录期末截止日期是否正确

D. 在存货监盘过程中,注册会计师应当获取存货验收入库、装运出库以及内部转移截止等信息,以便将来追查至被审计单位的记录

4. 注册会计师对于被审计单位委托其他单位保管或已做质押的存货未进行监盘时,应实施的审计程序有(　　)。

A. 向保管人或债权人函证

B. 实施监盘

C. 利用其他注册会计师的工作

D. 对存放于外单位的存货,注册会计师通常需要向该单位获取委托代管存货的书面确认函

5. 存货截止测试的方法有(　　)。

A. 抽查存货截止日前后的购货发票,并与验收单核对

B. 检查验收部门验收单,查明与其相对应的购货发票是否在同期入账

C. 检查成本计算单

D. 检查材料费用分配表

三、判断题

1. 存货监盘所得到的是实物证据。它不仅能保证被审计单位对存货拥有所有权,而且能为该存货的价值和完整性提供审计证据。(　　)

2. 审计人员应当从存货盘点记录中选取项目追查至存货实物，以测试盘点记录的完整性；审计人员还应当从存货实物中选取项目追查至存货盘点记录，以测试存货盘点记录的准确性。(　　)

3. 被审计单位财务负责人认为由于本公司存货采取永续盘存制，因此可不必对存货进行实地盘点，注册会计师应接受这种意见。(　　)

4. 如果由于被审计单位存货的性质或位置等原因导致无法实施存货监盘，注册会计师应当直接发表保留意见或无法表示意见。(　　)

5. 采用不同计价方法计算出来的发出存货的本期主营业务成本应该是相同的。(　　)

四、案例分析

1. 注册会计师王军在观察被审计单位存货实地盘点时，发现以下特殊项目：

(1) 产成品仓库中有数箱产品未挂盘点单，经询问，这些属于被审计单位的已售出产品。

(2) 公司小仓库中有3种布满灰尘的原材料，每种材料都挂有盘点标签，并且数额与实物相符。

(3) 材料明细账中有一批存货记录，而存货盘点表上却没有，经询问，得知该批存货存放在外地。

问题：王军对这些项目应当进一步采取何种审计程序？

2. 某企业材料采用计划成本核算，注册会计师在审阅基本生产车间“生产成本”、“原材料”和“材料成本差异”等明细账时，发现甲材料12月初“材料成本差异”账户为借方金额8 340元，库存原材料计划成本为320 000元。12月购入的甲材料的实际成本为2 455 000元，计划成本为2 500 000元；12月发出的甲材料的计划成本为960 000元，其中生产车间生产产品领用920 000元，生产车间一般耗用12 000元，行政管理部门领用8 000元，销售部门领用20 000元；结转耗用材料的实际成本为931 960元。假定12月产品全部完工并售出。

要求：

(1) 说明注册会计师在审计过程中运用了哪些审计程序。

(2) 指出该企业存在的问题。

(3) 提出审计调整建议。

第十一章　筹资与投资循环审计

知识目标

了解筹资与投资循环的主要业务活动和内部控制、主要凭证和账户以及审计目标。

能力目标

掌握筹资与投资循环的内部控制测试；掌握借款业务审计、应付债券审计、交易性金融资产审计、长期股权投资审计和固定资产审计，能够填制相关的审计工作底稿。

引导案例

丰乐种业造假

2005 年 1 月 5 日，证监会公布了丰乐种业(000713)造假劣迹，并对丰乐种业做出处罚决定。丰乐种业从 1997 年上市以来，直至 2001 年一直在造假。造假时间之长、造假名目之多，在上市公司造假案中非常少见。证监会 2003 年 6 月 4 日就开始调查丰乐种业的造假案，调查时间长达一年半。

在证监会公告的《行政处罚决定书》中，丰乐种业的造假行为有以下几项：

未按照有关规定披露重大投资信息。丰乐种业自 1997 年 4 月发行上市至 2001 年底共计投入募集资金和自有资金 68 800 万元进行证券投资，其中有 38 300 万元属募集资金。对上述重大投资行为，丰乐种业仅在 2001 年 5 月 14 日补充披露了其中的 6 100 万元委托理财。

所披露的财务数据有虚假记载。2002 年，丰乐种业以日常管理费用、营业费用虚构杂交水稻项目在建工程 246 万元，以日常管理费用、营业费用虚构棉花油菜项目在建工程 306 万元，总计虚增在建工程 552 万元。丰乐种业 2002 年度报告实际披露为：杂交水稻制种基地建设项目计划投资 4 430 万元，建设期为 3 年，本报告期投资 39.1 万元；棉花、油菜制种基地建设项目计划投资 2 980 万元，建设期为 3 年，本年度没有再投资。

所披露的募集资金使用情况有虚假记载。1997 年至 2001 年，丰乐种业通过虚构在建工程 18 666 万元，对以前年度虚构在建工程，丰乐种业于 2001 年底冲账 6 574 万元(在 2001 年的年报中已披露)。

资料来源：新浪财经。

通过本章学习，你能给出上述筹资与投资交易相关账户的审计程序吗？

第一节　筹资与投资循环概述

筹资活动是指企业为满足生存和发展的需要，通过改变企业资本及债务规模和构成而筹集资金的活动。投资活动是指企业为享有被投资单位分配的利润,或为谋求其他利益,将资产让渡给其他单位而获得另一项资产的活动。

筹资与投资循环由筹资活动和投资活动的交易事项构成。筹资活动主要由借款交易和股东权益交易组成;投资活动主要由权益性投资交易和债权性投资交易组成。筹资与投资循环有以下几个特征:

(1)审计年度内投资与筹资循环的交易数量少,而每笔交易的金额通常较大,这就决定了对该循环涉及的财务报表项目,更多的是运用实质性程序。

(2)漏记或不恰当地对一笔业务进行会计处理,将会导致重大错误,从而对企业财务报表的公允反映产生较大影响。

(3)筹资与投资循环交易必须遵守国家法律、法规和相关契约的规定。

筹资与投资循环涉及的资产负债表项目主要包括:交易性金融资产、应收利息、应收股利、可供出售的金融资产、持有至到期投资、长期股权投资、投资性房地产、短期借款、交易性金融负债、应付利息、应付股利、长期借款、应付债券、实收资本(或股本)、资本公积、盈余公积、未分配利润等。该循环所涉及的利润表项目主要包括财务费用、投资收益等。

一、筹资与投资循环所涉及的主要业务活动

(一)筹资所涉及的主要业务活动

1. 授权审批

企业通过借款筹集资金需经管理层审批,其中债券的发行每次均要由董事会授权;企业发行股票必须依据国家有关法规或企业章程的规定,报经企业最高权力机构(如董事会)及国家有关管理部门批准。

2. 签订合同或协议

企业向银行或其他金融机构融资须签订借款合同,发行债券须签订债券契约和债券承销或包销合同。

3. 取得资金

这项业务是指企业实际取得银行或金融机构划入的款项或债券、股票的融入资金。

4. 计算利息或股利

企业应按有关合同或协议的规定,及时计算利息或股利。

5. 偿还本息或发放股利

银行借款或发行债券应按有关合同或协议的规定偿还本息,融入的股本根据股东大会的决定发放股利。

(二)投资所涉及的主要业务活动

1. 确定投资项目并进行审批授权

投资项目通常需要企业最高管理层(如股东大会、董事会、总经理等)做出决策。如同意投资,则应在有关文件上签字批准。

2. 签订投资协议

确定投资项目后,应当由利益双方签订合同,明确双方的责任和义务。

3. 取得证券或其他投资

企业可以通过购买股票或债券进行投资,也可以通过与其他单位联合进行投资。

4. 取得投资收益

企业可以取得股权投资的股利收入、债券投资的利息收入和其他投资收益。企业收到股利和利息支票时,应当予以记录并追查至银行存款单。如果发生了大量的投资活动,企业应当设立单独的银行账户,所有的投资收益都应当存入该账户。

5. 转让证券或收回其他投资

一般来说,投资一经投出,除联营合同期满或由于其他特殊原因导致联营企业解散外,不得抽回;但是如果投资以证券形式存在,则企业可以通过转让证券实现投资的收回。

二、筹资与投资循环所涉及的凭证和会计记录

(一)筹资活动所涉及的凭证和会计记录

1. 公司债券

公司债券是指公司依据法定程序发行、约定在一定期限内还本付息的有价证券。

2. 股本凭证

股本凭证是指公司签发的证明股东所持股份的凭证。

3. 债券契约

债券契约是指载明债券持有人与发行企业双方所拥有的权利与义务的法律性文件。债券契约包括以下内容:债券发行的标准,债券的明确表述,利息或利息率,受托管理人证书,登记和背书;如系抵押债券,其所担保的财产等内容。

4. 股东名册

股东名册是指发行记名股票的公司记载股东的凭证。股东名册应包含以下内容:股东的姓名或者名称及住所,股东所持股份数,股东所持股票的编号,股东取得其股份的日期。发行无记名股票的,公司应当记载其股票数量、编号及发行日期。

5. 公司债券存根簿

公司债券存根簿是指发行记名公司债券时记载债券持有人的凭证。公司债券存根簿包含以下内容:债券持有人的名称及住所,债券持有人取得债券的日期及债券的编号,债券总额、债券的票面金额、债券的利率、债券还本付息的期限和方式,债券的发行日期。发行无记名债券的,应当在公司的债券存根簿上记载债券总额、利率、偿还期限和方式、发行日期和债券编号。

6. 承销或包销协议

公司向社会公开发行股票或债券时,应当由依法设立的证券经营机构承销或包销,公司应与其签订承销或包销协议。

7. 借款合同或协议

借款合同或协议是指公司向银行或其他金融机构借入款项时与其签订的合同或协议。

(二)投资活动所涉及的凭证和会计记录

1. 股票或债券

股票或债券可能以纸质形式存在,也可能以电子形式存在。对于纸质的证券,通常注册会计师可以对股票或债券进行盘点,以确定其账面金额是否存在。

2. 经纪人通知书

如果投资是通过经纪人代理进行的,则经纪人通知书可以证实企业投资的合理性、投资的日期等信息。

3. 债券契约

债券契约是证明债券持有人和发行企业双方权利和义务的法律性文件,它能证明债券的相关明细内容,如日期、价值量情况等。

4. 企业的章程及有关协议

企业的投资应当符合企业的章程。通过对企业章程的检查,可以证明投资的合法性。

5. 投资协议

投资协议是证明投资有关事项的法律性文件。通过检查该文件,可以证明投资的真实性及价值量情况。

6. 有关记账凭证

通过对记账凭证与其他会计记录进行核对,可以审查是否存在账证不符、证证不符等情况。

7. 投资总分类账和明细分类账

投资总分类账记录被投资单位所持有的投资所有的详细信息,包括所获得或收取的投资收益。总分类账中的投资账户记录初始购买成本和之后的账面价值。投资明细分类账由投资单位保存,用于记录所有的非现金性投资交易,如公允价值的反映,以及记录与处置投资相关的损益。

第二节　筹资与投资循环的内部控制和控制测试

一、筹资与投资循环的内部控制

(一)筹资活动的内部控制

1. 筹资的授权审批控制

一般情况下,企业会事先授权财务经理编制筹资计划,然后交由董事会审批。

2. 筹资活动的职务分离控制

筹资业务中应进行职务分离的工作包括:筹资计划的编制人与审批人适当分离;筹资业

务的经办人员不能接触会计记录，通常由独立的机构代理发行债券和股票；会计记录人员同负责收付款的人员应分离；证券保管人同会计记录人员应分离。

3. 筹资收入款项的控制

如果筹资金额较大，最好委托独立的代理机构代为发行。

4. 还本付息、支付股利等付出款项的控制

企业债券的利息可委托有关代理机构代发，股利的发放要以董事会有关发放股利的决议文件为依据。

5. 实物保管的控制

债券和股票都应设立相应的筹资登记簿，详细记录与已发行债券和股票有关的事项。对未发行的债券，应加强保管并定期盘点；对已收回的债券，要及时注销或盖章作废，防止被不合理地多次使用。

6. 会计记录的控制

筹资业务必须保证及时地按正确的方法、在适当的账户和合理的会计期间予以正确记录。

（二）投资活动的内部控制

1. 合理的职责分工

合法的投资业务应在业务的授权、业务的执行、业务的会计记录以及投资资产的保管等方面都有明确的分工，不得由一人同时负责上述任何两项工作。由于投资属于企业的重大业务活动，因此必须经企业高层管理者授权批准，企业不可以未经授权就进行投资。

2. 健全的资产保管制度

企业对投资资产（指股票和债券资产）一般有两种保管方式：一种是由独立的专门机构保管，如在企业拥有较大投资资产的情况下，委托银行、证券公司、信托投资公司等机构进行保管。这些机构拥有专门的保存和防护措施，可以防止各种证券及单据的失窃或毁损。由于它与投资业务的会计记录工作完全分离，因而可以大大降低舞弊的可能性。另一种方式是由企业自行保管。在这种方式下，必须建立严格的联合控制制度，即至少要由两名以上人员共同控制，不得一人单独接触证券。

3. 详尽的会计核算制度

企业的投资资产无论是自行保管还是由他人保管，都要进行完整的会计记录，并对其增减变动及投资收益进行相关会计核算。

4. 严格的记名登记制度

除无记名证券外，企业在购入股票或债券时应在购入的当日尽快登记于企业名下，切忌登记于经办人员名下，以防止冒名转移并借其他名义牟取私利的舞弊行为发生。

5. 完善的定期盘点制度

企业所拥有的投资资产，应由内部审计人员或不参与投资业务的其他人员进行定期盘点，检查该项投资资产是否确为企业所拥有，并将盘点记录与账面记录进行核对，以确认账实的一致性。

二、筹资与投资循环的内部控制测试

(一)筹资交易的内部控制测试

1. 记录的筹资交易均系真实发生的交易

关键的内部控制包括:借款经过授权审批;签订借款合同或协议等相关法律文件。常用的控制测试包括:索取借款的授权批准文件,检查审批手续是否齐全;检查借款合同或协议。交易的实质性程序包括:检查支持借款记录的原始凭证。

2. 筹资交易均已记录

关键的内部控制包括:负责借款业务的信贷管理员根据综合授信协议或借款合同,逐笔登记借款备查簿,并定期与信贷记账员的借款明细账进行核对;定期与债权人核对账目。常用的控制测试包括:询问借款业务的职责分工情况及内部对账情况;检查被审计单位是否定期与债权人核对账目。交易的实质性程序包括:检查董事会会议记录、借款合同、银行询证函等,确定有无未入账的交易。

3. 筹资交易均以恰当的金额记入恰当的期间

关键的内部控制包括:负责借款业务的信贷管理员根据综合授信协议或借款合同,逐笔登记借款备查簿,并定期与信贷记账员的借款明细账进行核对;会计主管复核。常用的控制测试包括:询问借款业务的职责分工情况及内部对账情况;检查被审计单位是否定期与债权人核对账目;检查会计主管复核印记。交易的实质性程序包括:将借款记录与所附的原始凭证进行细节比对。

4. 筹资交易均已记入恰当的账户

关键的内部控制包括:使用会计科目核算说明;会计主管复核。常用的控制测试包括:询问会计科目表的使用情况;检查会计主管复核印记。交易的实质性程序包括:将借款记录与所附的原始凭证进行细节比对。

(二)投资交易的内部控制测试

1. 记录的投资交易均系真实发生的交易

关键的内部控制包括:投资经过授权审批。常用的控制测试包括:索取投资授权批准文件,检查审批手续是否齐全。交易的实质性程序包括:检查与投资有关的原始凭证,包括投资授权文件、被投资单位出具的股权或债权证明、投资付款记录等。

2. 投资交易均已记录

关键的内部控制包括:投资管理员根据交易流水单对每笔投资交易记录进行核对、存档,并在交易结束后一个工作日内将交易凭证交投资记账员;投资记账员编制转账凭证,并附相关单据,提交会计主管复核;复核无误后进行账务处理;每周末,投资管理员与投资记账员就投资类别、资金统计进行核对,并编制核对表,分别由投资管理经理、财务经理复核并签字;如有差异,将立即调查;对所投资的有价证券或金融资产定期进行盘点,并与账面记录进行核对;定期与被投资单位或交易对方核对账目。常用的控制测试包括:询问投资业务的职责分工情况及内部对账情况;检查被审计单位是否定期与交易对方或被投资方核对账目。

交易的实质性程序包括：检查董事会会议记录、投资合同、交易对方提供的对账单及盘点报告等，确定有无未入账的交易。

3. 投资交易均以恰当的金额记录在恰当的期间

关键的内部控制包括：定期与被投资单位或交易对方核对账目；会计主管复核。常用的控制测试包括：检查被审计单位是否定期与债权人核对账目；检查会计主管复核印记。交易的实质性程序包括：将借款记录与所附的原始凭证进行细节比对。

4. 投资交易均已记录在恰当的账户

关键的内部控制包括：使用会计科目核算说明；会计主管复核。常用的控制测试包括：询问会计科目表的使用情况；检查会计主管复核印记。交易的实质性程序包括：将投资记录与所附的原始凭证进行细节比对。

第三节 筹资相关项目审计

一、短期借款审计

（一）短期借款的审计目标

短期借款的审计目标包括：资产负债表中记录的短期借款是存在的；所有应当记录的短期借款均已记录；记录的短期借款是被审计单位应当履行的现时义务；短期借款以恰当的金额包括在财务报表中，与之相关的计价调整已恰当记录；短期借款已按照《企业会计准则》的规定在财务报表中做出恰当列报。

（二）短期借款的实质性程序

（1）获取或编制短期借款明细表。注册会计师应首先获取或编制短期借款明细表，复核其加计数是否正确，并与明细账和总账核对相符。

（2）检查被审计单位贷款卡，核实账面记录是否完整。对被审计单位贷款卡上列示的信息与账面记录核对的差异进行分析，并关注贷款卡中列示的被审计单位对外担保的信息。

（3）对短期借款进行函证。

（4）检查短期借款的增加。对年度内增加的短期借款，检查其借款合同，了解借款数额、借款用途、借款条件、借款日期、还款期限、借款利率，并与相关会计记录相核对。

（5）检查短期借款的减少。对年度内减少的短期借款，应检查相关记录和原始凭证，核实还款数额，并与相关会计记录相核对。

（6）复核短期借款利息。根据短期借款的利率和期限，检查被审计单位短期借款的利息计算是否正确；如有未计利息和多计利息，应做出记录，必要时提请进行调整。

（7）检查被审计单位用于短期借款的抵押资产的所有权是否属于企业，其价值和实际状况是否与契约中的规定相一致。

（8）检查被审计单位与贷款人之间所发生的债务重组。检查债务重组协议，确定其真实性、合法性,并检查债务重组的会计处理是否正确。

(9)检查短期借款是否已按照企业会计准则的规定在财务报表中做出恰当列报。

二、长期借款审计

(一)长期借款的审计目标

长期借款的审计目标包括:资产负债表中记录的长期借款是存在的;所有应当记录的长期借款均已记录;记录的长期借款是被审计单位应当履行的现时义务;长期借款以恰当的金额包括在财务报表中,与之相关的计价调整已恰当记录;长期借款已按照《企业会计准则》的规定在财务报表中做出恰当列报。

(二)长期借款的实质性程序

(1)获取或编制长期借款明细表,复核加计是否正确,并与总账数和明细账合计数核对是否相符,减去将于一年内偿还的长期借款后与报表数核对是否相符。

(2)检查被审计单位贷款卡,核实账面记录是否完整。对被审计单位贷款卡上列示的信息与账面记录核对的差异进行分析,并关注贷款卡中列示的被审计单位对外担保的信息。

(3)对长期借款进行函证。

(4)检查长期借款的增加。对年度内增加的长期借款,检查其借款合同和授权批准,了解借款数额、借款条件、借款用途、借款日期、还款期限、借款利率,并与相关会计记录相核对。

(5)检查长期借款的减少。对年度内减少的长期借款,检查其相关记录和原始凭证,核实还款数额,并与相关会计记录相核对。

(6)复核长期借款利息。根据长期借款的利率和期限,复核被审计单位长期借款的利息计算是否正确。如有未计利息或多计利息,应做出记录,必要时进行调整。

(7)检查借款费用的会计处理是否正确。

(8)检查被审计单位用于长期借款抵押的资产的所有权是否属于被审计单位,其价值和实际状况是否与担保契约中的规定相一致。

(9)检查被审计单位与贷款人进行的债务重组。

(10)检查债务重组协议,确定其真实性、合法性,并检查债务重组的会计处理是否正确。

(11)检查长期借款是否已按照《企业会计准则》的规定在财务报表中做出恰当列报。

三、应付债券审计

(一)应付债券的审计目标

应付债券的审计目标包括:资产负债表中记录的应付债券是存在的;所有应当记录的应付债券均已记录;记录的应付债券是被审计单位应当履行的现时义务;应付债券以恰当的金额包括在财务报表中,与之相关的计价调整已恰当记录;应付债券已按照《企业会计准则》的规定在财务报表中做出恰当列报。

（二）应付债券的实质性程序

（1）获取或编制应付债券明细表，复核加计是否正确，并与报表数、总账数和明细账合计数核对是否相符。

（2）检查应付债券的增加。审阅债券发行申请和审批文件，检查发行债券所收入现金的收据、汇款通知单、送款登记簿及相关的银行对账单，核实其会计处理是否正确。

（3）对应付债券向证券承销商或包销商函证。

（4）检查债券利息费用的会计处理是否正确，资本化的处理是否符合规定。

（5）检查到期债券的偿还。

（6）检查可转换公司债券是否将负债和权益成分进行分拆；检查可转换公司债券持有人行使转换权利将其持有的债券转为股票时，其会计处理是否正确。

（7）如发行债券时已做抵押或担保，应检查相关契约的履行情况。

（8）检查应付债券是否已按照《企业会计准则》的规定在财务报表中做出恰当列报。

四、实收资本（股本）审计

（一）实收资本（股本）的审计目标

实收资本的审计目标包括：资产负债表中记录的实收资本（股本）是存在的；所有应当记录的实收资本（股本）均已记录，实收资本（股本）的增减变动符合法律、法规和合同、章程的规定；实收资本（股本）以恰当的金额包括在财务报表中；实收资本（股本）已按照企业会计准则的规定在财务报表中做出恰当列报。

（二）实收资本（股本）的实质性程序

（1）获取或编制实收资本（股本）明细表，复核加计是否正确，并与报表数、总账数和明细账合计数核对是否相符。

（2）首次接受委托的客户，取得历次验资报告，将其所载明的投资者名称、投资方式、投资金额、到账时间等内容与被审计单位历次实收资本（股本）变动的账面记录、会计凭证及附件等进行核对。

（3）审阅公司章程、股东（大）会、董事会会议记录中有关实收资本（股本）的规定。收集与实收资本（股本）变动有关的董事会会议纪要、股东（大）会决议、合同、协议、公司章程及营业执照，以及公司设立的批文、验资报告等法律性文件，并更新永久性档案。

（4）检查投入资本是否真实存在，审阅和核对与投入资本有关的原始凭证、会计记录，必要时向投资者函证实缴资本额，对有关财产和实物价值进行鉴定，以确定投入资本的真实性。

（5）检查出资期限、出资方式、出资额，检查投资者是否按合同、协议、章程约定的时间和方式缴付出资额，是否已经注册会计师验证。若已验资，应审阅验资报告。

（6）检查实收资本（股本）增减变动的原因，查阅其是否与董事会会议纪要、补充合同、协议及其他有关法律性文件的规定一致，逐笔追查至原始凭证，检查其会计处理是否正确。应注意有无抽资或变相抽资的情况，如有，应取证核实，做恰当处理。对首次接受委托的客户，除取得验资报告外，还应检查并复印记账凭证及进账单。

(7)根据证券登记公司提供的股东名录，检查被审计单位及其子公司、合营企业与联营企业是否有违反规定的持股情况。

(8)检查认股权证及其有关交易，确定委托人及认股人是否遵守认股合约或认股权证中的有关规定。

(9)检查实收资本(股本)是否已按照《企业会计准则》的规定在财务报表中做出恰当列报。

【例11－1】审计人员范永亮2014年1月17日对安徽华泰股份有限公司2013年度财务报表中的实收资本项目进行审计，实收资本总账年末金额为1 919 517.00元，明细账相关资料如表11－1所示。

表11－1　明细账相关资料

股东名称	期初余额	本期增加额	本期减少额
A公司	545 838.00	0	0
B公司	483 869.00	0	0
C公司	430 106.00	0	0
D公司	297 999.00	0	0
E公司	161 705.00	0	0

根据以上资料填制表11－2。

表11－2　实收资本明细表

被审计单位：安徽华泰股份有限公司	索引号：
项目：实收资本明细表	财务报表截止日/期间：2013年12月31日
编制：范永亮	复核：王勇
日期：2014年1月17日	日期：

股东名称	期初余额	本期增加额	本期减少额	期末余额	备注
A公司	545 838.00	0	0	545 838.00	
B公司	483 869.00	0	0	483 869.00	
C公司	430 106.00	0	0	430 106.00	
D公司	297 999.00	0	0	297 999.00	
E公司	161 705.00	0	0	161 705.00	
合计	1 919 517.00	0	0	1 919 517.00	

审计说明：

已与明细账数、总账余额、报表数核对相符。

五、资本公积审计

（一）资本公积的审计目标

资本公积的审计目标包括：资产负债表中记录的资本公积是存在的；所有应当记录的资本公积均已记录，资本公积的增减变动符合法律、法规和合同、章程的规定；资本公积以恰当的金额包括在财务报表中；资本公积已按照《企业会计准则》的规定在财务报表中做出恰当列报。

（二）资本公积的实质性程序

（1）获取或编制资本公积明细表，复核加计是否正确，并与报表数、总账数和明细账合计数核对是否相符。

（2）首次接受委托的单位，应对期初的资本公积进行追溯查验，检查原始发生的依据是否充分。

（3）收集与资本公积变动有关的股东（大）会决议、董事会会议纪要、资产评估报告等文件资料，更新永久性档案。

（4）根据资本公积明细账，对“资本（股本）溢价”的发生额逐项审查至原始凭证。

（5）根据资本公积明细账，对“其他资本公积”的发生额逐项审查至原始凭证。

（6）记录资本公积中不能转增资本的项目。

（7）检查资本公积是否已按照企业会计准则的规定在财务报表中做出恰当列报。

【例 11－2】审计人员范永亮 2014 年 1 月 18 日对安徽华泰股份有限公司 2013 年度财务报表的资本公积项目进行审计，相关资料如表 11－3 所示。

表 11－3 2013 年度财务报表的资本公积项目

项目名称	期初余额	本期增加额	本期减少额
资本（股本）溢价	1 705 408.18	0	0
其他资本公积	471 258.63	8870.00	0

调出相关的记账凭证（凭证号为 95 号）检查，发现本期增加的资本公积为一笔罚款收入。相关会计分录如下：

借：银行存款　　8 870

　　贷：资本公积　　8 870

根据上述资料填制表 11－4。

表 11－4 资本公积明细表

被审计单位：安徽华泰股份公司	索引号：
项目：资本公积明细表	财务报表截止日/期间：2013 年 12 月 31 日
编制：范永亮	复核：
日期：2014 年 1 月 18 日	日期：

项目名称	期初余额	本期增加额	本期减少额	期末余额	备注
一、资本(股本)溢价	1 705 408.18	0	0	1 705 408.18	
二、其他资本公积	471 258.63	8 870.00	8 870.00	471 258.63	
罚款收入	0	8 870.00	8 870.00	0	
合计	2 176 666.81	8 870.00	8 870.00	2 176 666.81	

审计说明:

2013 年度只发生一笔交易业务:罚款收入,计入了其他资本公积。我们依据企会计准则的规定,将其调整计入营业外收入。

借:资本公积——其他资本公积　　8 870.00

　贷:营业外收入　　8 870.00

第四节　投资相关项目审计

一、交易性金融资产审计

(一)交易性金融资产的审计目标

交易性金融资产的审计目标包括:资产负债表中记录的交易性金融资产是存在的;所有应当记录的交易性金融资产均已记录;记录的交易性金融资产由被审计单位拥有或控制;交易性金融资产以恰当的金额包括在财务报表中,与之相关的计价调整已恰当记录;交易性金融资产已按照企业会计准则的规定在财务报表中做出恰当列报。

(二)交易性金融资产的实质性程序

(1)获取或编制交易性金融资产明细表,复核加计是否正确,并与报表数、总账数和明细账合计数核对是否相符;检查非记账本位币交易性金融资产的折算汇率及折算是否正确;与被审计单位讨论,以确定交易性金融资产的划分是否符合《企业会计准则》的规定。

(2)对被审计单位管理层将投资划分为交易性金融资产的意图获取审计证据,并考虑管理层实施该意图的能力。

(3)确定交易性金融资产余额是否正确,交易性金融资产是否确实存在。

(4)确定交易性金融资产的会计记录是否完整,并确定所购入交易性金融资产是否归被审计单位所拥有。

(5)确定交易性金融资产的计价是否正确。

(6)抽取交易性金融资产增减变动的相关凭证,检查其原始凭证是否完整合法,会计处理是否正确。

(7)检查有无变现存在重大限制的交易性金融资产,如有,则查明情况,并做适当调整。

(8)检查交易性金融资产是否已按照《企业会计准则》的规定在财务报表中做出恰当列报。

二、持有至到期投资审计

(一)持有至到期投资的审计目标

持有至到期投资的审计目标包括:资产负债表中记录的持有至到期投资是存在的;所有应当记录的持有至到期投资均已记录;记录的持有至到期投资由被审计单位拥有或控制;持有至到期投资以恰当的金额包括在财务报表中,与之相关的计价调整已恰当记录;持有至到期投资已按照企业会计准则的规定在财务报表中做出恰当列报。

(二)持有至到期投资的实质性程序

(1)获取或编制持有至到期投资明细表,复核加计正确,并与报表数、总账数和明细账合计数核对相符。

(2)就被审计单位管理层将投资确定为持有至到期投资的意图获取审计证据,并考虑管理层实施该意图的能力。

(3)确定持有至到期投资的余额是否正确,持有至到期投资是否确实存在。

(4)确定持有至到期投资的会计记录是否完整,并确定所购入的持有至到期投资是否归被审计单位拥有。

(5)确定持有至到期投资的计价是否正确。

(6)检查持有至到期投资与可供出售的金融资产相互重分类的依据是否充分,会计处理是否正确。

(7)期末对成本计量的持有至到期投资进行逐项检查,以确定持有至到期投资是否已经发生减值。

(8)检查非货币性资产交换、债务重组时取得或转出持有至到期投资的会计处理是否正确。

(9)结合银行借款等的检查,了解持有至到期投资是否存在质押、担保情况。如有,则应详细记录,并提请被审计单位进行充分披露。

(10)检查持有至到期投资是否已按照《企业会计准则》的规定在财务报表中做出恰当列报。

三、长期股权投资审计

(一)长期股权投资的审计目标

长期股权投资的审计目标包括:记录的长期股权投资在资产负债表日是存在的;所有应

当记录的长期股权投资均已记录；记录的长期股权投资由被审计单位拥有或控制；长期股权投资以恰当的金额包括在财务报表中，与之相关的计价调整已恰当记录；长期股权投资已按照企业会计准则的规定在财务报表中做出恰当列报。

（二）长期股权投资的实质性程序

（1）获取或编制长期股权投资明细表，复核加计是否正确，并与总账数和明细账合计数进行核对；结合长期股权投资减值准备科目与报表数核对是否相符。

（2）确定长期股权投资是否存在并归被审计单位所有；根据管理层的意图和能力，分类是否正确；针对各分类，确定其计价方法、期末余额是否正确。

（3）确定长期股权投资增减变动的记录是否完整。

（4）期末对长期股权投资进行逐项检查，以确定长期股权投资是否已经发生减值。

（5）检查通过发行权益性证券、投资者投入、企业合并等方式取得的长期股权投资的会计处理是否正确。

（6）对于长期股权投资分类发生变化的，检查其核算是否正确。

（7）结合对银行借款等的检查，了解长期股权投资是否存在质押、担保情况。如有，则应详细记录，并提请被审计单位进行充分披露。

（8）与被审计单位人员讨论确定是否存在被投资单位由于所在国家或地区及其他方面的影响，其向被审计单位转移资金的能力受到限制的情况。如存在，应详细记录受限情况，并提请被审计单位充分披露。

（9）检查长期股权投资的列报是否恰当。

四、固定资产审计

（一）固定资产的审计目标

固定资产的审计目标包括：资产负债表中记录的固定资产是存在的；所有应记录的固定资产均已记录；记录的固定资产由被审计单位拥有或控制；固定资产以恰当的金额包括在财务报表中，与之相关的计价或分摊已恰当记录；固定资产已按照企业会计准则的规定在财务报表中做出恰当列报。

（二）固定资产的实质性程序

（1）获取或编制固定资产明细表，复核加计是否正确，并与总账数和明细账合计数进行核对，结合累计折旧科目和固定资产减值准备科目与报表数核对是否相符。

（2）实施实质性分析程序。

1）基于对被审计单位及其环境的了解，通过进行以下比较，并考虑有关数据间关系的影响，建立有关数据的期望值：①分类计算本期计提折旧额与固定资产原值的比率，并与上期进行比较；②计算固定资产修理及维护费用占固定资产原值的比例，并进行本期各月、本期与以前各期的比较。

2）确定可接受的差异额。

3)将实际情况与期望值相比较,识别需要进一步调查的差异。

4)如果其差额超过可接受的差异额,调查并获取充分的解释和恰当的佐证审计证据,如检查相关的凭证。

5)评估实质性分析程序的测试结果。

(3)实地检查重要固定资产(如为首次接受审计,应适当扩大检查范围),确定其是否存在,关注是否存在已报废但仍挂账的固定资产。

实施实地检查审计程序时,注册会计师可以固定资产明细分类账为起点,进行实地追查,以证明会计记录中所列固定资产确实存在,并了解其目前的使用状况;也应考虑以实地为起点,追查至固定资产明细分类账,以获取实际存在的固定资产均已入账的证据。注册会计师实地检查的重点是本期新增加的重要固定资产。

(4)检查固定资产的所有权。对各类固定资产,获取、收集不同的证据以确定其是否归被审计单位所有:对外购的机器设备等固定资产,审核采购发票、采购合同等;对于房地产类固定资产,查阅有关的合同、产权证明、财产税单、抵押借款的还款凭据、保险单等书面文件;对融资租入的固定资产,检查有关融资租赁合同;对汽车等运输设备,检查有关运营证件;对受留置权限制的固定资产,结合有关负债项目进行检查。

(5)检查本期固定资产的增加:①询问管理层当年固定资产的增加情况,并与获取或编制的固定资产明细表进行核对;②检查本年度增加固定资产的计价是否正确,手续是否齐备,会计处理是否正确;③检查固定资产是否存在弃置费用,如果存在,检查弃置费用的估计方法和弃置费用现值的计算是否合理,会计处理是否正确。

(6)检查本期固定资产的减少。

(7)检查固定资产的后续支出。检查与固定资产有关的后续支出是否满足资产确认条件。如不满足,检查该支出是否在该后续支出发生时计入当期损益。

(8)检查固定资产的租赁。

(9)获取暂时闲置固定资产的相关证明文件,并观察其实际状况,检查是否已按规定对其计提折旧,相关的会计处理是否正确。

(10)获取已提足折旧仍继续使用固定资产的相关证明文件,并做相应记录。

(11)获取持有待售固定资产的相关证明文件,并做相应记录,检查对其预计净残值调整是否正确、相关会计处理是否正确。

(12)检查固定资产保险情况,复核保险范围是否足够。

(13)检查有无与关联方的固定资产购售活动,是否经适当授权,交易价格是否公允。对于合并范围内的购售活动,记录应予合并抵销的金额。

(14)对应计入固定资产的借款费用,应根据企业会计准则的规定,结合长短期借款、应付债券或长期应付款的审计,检查借款费用(借款利息、折溢价摊销、汇兑差额、辅助费用)资本化的计算方法和资本化金额,以及相关会计处理是否正确。

(15)检查购置固定资产时是否存在与资本性支出有关的财务承诺。

(16)检查固定资产的抵押、担保情况。结合对银行借款等的检查,了解固定资产是否存在重大的抵押、担保情况。如存在，应取证，并做相应的记录，同时提请被审计单位做出恰当的披露。

（17）检查累计折旧。

（18）检查固定资产的减值准备。

（19）确定固定资产是否已按照企业会计准则的规定在财务报表中做出恰当列报。涉及的具体内容包括：①固定资产的确认条件、分类、计量基础和折旧方法；②各类固定资产的使用寿命、预计净残值和折旧率；③各类固定资产的期初和期末原价、累计折旧额及固定资产减值准备累计金额；④当期确认的折旧费用；⑤对固定资产所有权的限制及其金额和用于担保的固定资产账面价值；⑥准备处置的固定资产名称、账面价值、公允价值、预计处置费用和预计处置时间等。

【例 11－3】审计人员范永亮 2014 年 1 月 15 日对安徽华泰股份有限公司 2013 年度财务报表的固定资产项目进行审计，相关资料如下：

（1）固定资产明细项目及本年折旧提取情况如表 11－5 所示。

表 11－5 固定资产明细项目及本年折旧提取情况

项目名称	期初余额	本期增加	本期减少	本年账面已提折旧
房屋建筑物	1898 329.29			60 113.76
机械设备	1296 873.17	266 527.75		67 926.52
电子设备	71 232.06	39 532.15		16 037.79
运输设备	189 104.29	70 311.60	56 647.98	23 286.86

（2）机械设备于 2013 年 5 月投入使用；电子设备为 8 月购买，当月投入使用；运输设备为 2 月购买，当月投入使用；减少的运输设备报废时间为 9 月。

（3）该公司采用年限平均法提取折旧，房屋建筑物的使用年限为 30 年，机械设备的使用年限为 20 年，电子设备的使用年限为 5 年，运输设备的使用年限为 10 年，残值率统一为 5%。

（4）电子设备的折旧费计入管理费用，其他固定资产的折旧费计入制造费用。

要求：请根据以上资料填制表 11－6。

表 11－6 折旧计算检查表

被审计单位：安徽华泰股份有限公司	索引号：
项目：折旧计算检查表	财务报表截止日/期间：2013 年 12 月 31 日
编制：范永亮	复核：王勇
日期：2014 年 1 月 15 日	日期：2014 年 1 月 16 日

固定资产类别	年初原值	使用年限	期初应提折旧	本期增加资产应提折旧	本期减少资产应提折旧	本期应提折旧合计	本期账面已提折旧	差异（+）（−）
房屋建筑物	1 898 329.29	30	60 113.76	0	0	60 113.76	60 113.76	0
机械设备	1 296 873.17	20	61 601.48	7 385.04	0	68 986.52	67 926.52	1 060.00

续表

固定资产类别	年初原值	使用年限	期初应提折旧	本期增加资产应提折旧	本期减少资产应提折旧	本期应提折旧合计	本期账面已提折旧	差异(+)(-)
电子设备	71 232.06	5	13 534.09	2 503.70	0	16 037.79	16 037.79	0
运输设备	189 104.29	10	17 964.91	5 566.34	1 345.39	22 185.86	21 084.86	1 101.00
合计	3 455 538.81		153 214.24	15 455.08	1 345.39	167 323.93	165 162.93	2 161.00

审计说明:

经计算复核,该公司少提折旧2161.00元,应做调整分录:

借:制造费用 2 161.00

贷:累计折旧 2 161.00

本章小结

筹资与投资业务循环的特点主要体现在其交易类别、主要凭证与会计记录、主要业务活动与其他循环不相同。

筹资与投资循环由筹资活动和投资活动的交易事项构成。筹资活动主要由借款交易和股东权益交易组成,投资活动主要由权益性投资交易和债权性投资交易组成。

该循环的内部控制可分为筹资交易的内部控制和投资交易的内部控制。注册会计师如果拟信赖内部控制,就应对筹资和投资交易进行控制测试。筹资循环主要介绍了短期借款、长期借款、应付债券和所有者权益相关项目的实质性程序;投资循环主要介绍了金融资产、长期股权投资和固定资产的实质性程序。

思考与练习

一、单项选择题

1. 关于筹资与投资循环的审计,下列说法中不正确的是(　　)。

A. 审计年度内筹资与投资循环的交易数量较少,所以漏计或不恰当地对每笔业务进行会计处理对财务报表的影响不大

B. 审计年度内筹资与投资循环每笔交易的金额通常较大

C. 漏计或不恰当地对每笔业务进行会计处理将导致重大错误,从而对企业财务报表的公允反映产生较大的影响

D. 筹资与投资循环交易必须遵守国家法律、法规和相关契约的规定

2. 下列项目中,不应列示在资产负债表长期负债项目中的是(　　)。

A. 被审年度取得的两年期银行借款　　B. 被审年度发行的五年期公司债券

C. 一年内将要到期的长期负债　　D. 其他长期负债

3. 以下各项中,(　　)更应100%地予以审计。

A. 股息　　B. 短期投资　　C. 应收账款　　D. 固定资产

4. 审计人员审计应付债券时，如果被审计单位应付债券业务不多，可直接进行(　　)。

A. 控制测试　　B. 实质性程序　　C. 穿行测试　　D. 内部控制调查

5. 针对可能存在筹集款项没按规定用途使用的情况，企业应当设置的控制措施是(　　)。

A. 借款或发行股票履行必要的授权手续，建立相关批准程序、文件

B. 借款合同由专人保管，定期检查借款使用情况

C. 建立严密的账簿体系和记录制度

D. 企业与银行定期对账，编制银行存款余额调节表

6. 注册会计师在审计应付债券时，不涉及的凭证与记录有(　　)。

A. 债券　　B. 债券契约　　C. 公司债券存根簿　　D. 股东名册

7. 为防止投资证券丢失，企业应当设置的控制措施是(　　)。

A. 建立投资授权批准程序、文件

B. 投资业务计划、执行、保管等方面职责分开

C. 建立详尽的会计核算制度

D. 委托专门机构保管，或者在内部建立至少两名以上人员的联合控制制度

8. 注册会计师拟对安徽华泰股份有限公司借款活动的相关内部控制进行测试，下列程序中不属于控制测试的是(　　)。

A. 取得借款的授权批准文件，检查批准的权限是否恰当、手续是否齐全

B. 观察借款业务的职责分工

C. 计算短期借款、长期借款的利息支出总额，并与财务费用等项目的相关记录进行核对

D. 检查有关会计处理过程，以判断其是否合规

9. 授权批准是筹资与投资循环中与(　　)认定相关的关键内部控制程序。

A. 存在　　B. 完整性

C. 计价和分摊　　D. 权利和义务

10. 被审计单位为了达到其对投资业务完整性的控制目标，最好的控制措施是(　　)。

A. 将记录投资明细账与总账的职务实施严格的分离

B. 与被投资单位签订合同、协议，并获取其出具的投资证明

C. 投资业务的授权、执行、记录、保管等职责分离

D. 由内部审计人员或其他独立人员定期盘点证券投资资产

11. 如果被审计单位的投资证券是委托专门机构代为保管，为证实这些投资证券的存在，注册会计师应(　　)。

A. 实地盘点投资证券　　B. 向代保管机构发函询证

C. 获取被审计单位管理层的声明　　D. 逐笔检查被审计单位的相关会计记录

12. 确定持有至到期投资的列报是否恰当，要注意一年内到期的持有至到期投资是否列入(　　)。

A. 持有至到期投资　　B. 一年内到期的流动负债

C. 一年内到期的非流动资产　　D. 财务报表附注

13. 固定资产和累计折旧审计工作底稿显示，以下审计策略中正确的是(　　)。

A. 由于上年度相关内部控制难以信赖，本次审计不再实施控制测试程序

B. 由于上年度审计中已全面观察固定资产，本次审计仅观察新增固定资产

C. 由于上年度审计中已索取全部固定资产权属证明，本次审计仅索取新增固定资产权属证明

D. 由于上年度审计中已全面检查固定资产的使用寿命，本次审计仅检查新增固定资产的使用寿命

14. 计算固定资产原值与本期产品产量的比率，并与以前期间进行比较，是指对固定资产实施(　　)。

A. 控制测试　　B. 检查　　C. 细节测试　　D. 分析程序

15. 一般情况下，注册会计师实地检查固定资产的重点是(　　)。

A. 企业的所有固定资产　　B. 本年度增加的重要固定资产

C. 以前年度增加的固定资产　　D. 在用固定资产

16. 为证实会计记录中所列的固定资产是否存在，了解其目前的使用状况，注册会计师应当实施(　　)程序。

A. 对固定资产进行实地检查

B. 以固定资产明细账为起点，进行实地追查

C. 检查固定资产的所有权归属

D. 以实地为起点，追查至固定资产明细账

17. 注册会计师向被审计单位生产负责人询问的以下事项中，最有可能获取审计证据的是(　　)。

A. 固定资产的抵押情况

B. 固定资产的报废或毁损情况

C. 固定资产的投保及其变动情况

D. 固定资产折旧计提的情况

18. 注册会计师认为被审计单位固定资产折旧计提不足的迹象是(　　)。

A. 经常发生大额的固定资产清理损失

B. 累计折旧与固定资产原值比率较大

C. 提取折旧与固定资产账面价值庞大

D. 固定资产投保额大于其账面价值

二、多项选择题

1. 在对华泰公司短期借款实施相关审计程序后，需对所取得的审计证据进行评价。以下有关短期借款审计证据可靠性的论述中，正确的是(　　)。

A. 从第三方获取的有关短期借款的证据比直接从华泰公司获得的相关证据更为可靠

B. 短期借款的控制风险为低水平时产生的会计数据比控制风险为高水平时产生的会计数据更为可靠

C. 短期借款的控制风险为高水平时产生的会计数据比控制风险为低水平时产生的会计数据更为可靠

D. 华泰公司提供的短期借款合同尽管有借贷双方的签章，但如果没有其他证据佐证，也不一定可靠

2. 为审查被审计单位的投资在资产负债表上的披露是否正确，注册会计师常做的实质性测试有(　　)。

A. 查明库存股票是否已提供质押或受其他约束，取证并提请被审计单位做恰当的披露

B. 验明投资的披露是否恰当，注意一年内到期的长期投资是否列入流动资产

C. 向委托的专门保管机构函证

D. 检查长期债券投资的溢价和折价是否按有关规定摊销

3. 注册会计师对被审计单位短期借款进行审查时，应根据(　　)确定实质性测试的审计程序。

A. 年末短期借款余额的大小　　B. 年末短期借款占负债额的比重

C. 以前年度发现问题的多少　　D. 相关内部控制制度的强弱

4. 注册会计师对资本公积进行实质性测试，其测试内容应包括(　　)。

A. 审查资本溢价或股本溢价

B. 审查资本折算差额

C. 审查弥补亏损的处理

D. 检查资本公积转增资本是否符合有关规定，会计处理是否正确

5. 注册会计师确定长期投资是否已在资产负债表上恰当披露时，正确的做法是(　　)。

A. 检查资产负债表上长期投资项目的数额与审定数是否相符

B. 检查长期投资超过其净资产的50%时，是否已在附注中恰当披露

C. 盘点股票、债券数量，并审查其账实是否相符

D. 检查一年内到期的长期投资项目的数额与审定数是否相符

6. 下列各项中，注册会计师认为需要对固定资产账面价值进行调整的有(　　)。

A. 对固定资产进行修理发生的费用

B. 对办公楼进行装修符合资本化的部分

C. 对融资租赁租入固定资产进行改良发生的费用

D. 计提固定资产减值准备

7. 下列各项中，属于筹资循环职责分离控制方面的内容有(　　)。

A. 筹资方案的拟订与决策分离

B. 筹资合同或协议的批准与订立分离

C. 与筹资有关的各种款项偿付的批准与执行分离

D. 筹资业务的执行与相关会计记录分离

8. 企业如果自行保管证券投资资产，应当建立严格的保管制度，具体包括(　　)。

A. 证券至少由两名以上的人员共同保管

B. 一人不能单独接触证券

C. 证券的存入、取出应有严格的批准手续，并由经办人员签字

D. 合理设计各种投资账簿，除建立明细账和总账外，还应建立证券投资登记簿

9. 为确定“应付债券”的存在或完整性，可直接向（　　）进行函证。

A. 债权人　　B. 债务人　　C. 承销人　　D. 证监会

10. 注册会计师应在期末短期借款余额较大或认为必要时，向（　　）函证短期借款。

A. 银行　　B. 其他债权人　　C. 其他债务人　　D. 企业主管部门

11. 对于重大的投资，注册会计师向被投资单位函证（　　）。

A. 被审计单位的投资额情况　　B. 被审计单位的持股比例

C. 被投资单位发放股利情况　　D. 被投资单位经营效益情况

12. 所有者权益审计的主要内容包括（　　）。

A. 实收资本审计　　B. 资本公积审计　　C. 盈余公积审计　　D. 利润分配审计

13. 下列凭证中，属于筹资活动所涉及的凭证有（　　）。

A. 股东名册　　B. 企业的章程　　C. 承销协议　　D. 投资协议

14. 下列关于实地检查固定资产的说法正确的有（　　）。

A. 可以固定资产明细账为起点

B. 可以实地为起点

C. 从实地追查至固定资产明细账，以证明会计记录中所列固定资产确实存在

D. 从固定资产明细账追查至实地，以证明实际存在的固定资产均已入账

15. 以下各项中，注册会计师认为会引起资产负债表中固定资产项目发生变化的有（　　）。

A. 计提固定资产减值准备　　B. 计提固定资产折旧

C. 固定资产改扩建　　D. 固定资产大修理

16. 注册会计师在审计固定资产项目时，会认为下列说法中正确的有（　　）。

A. 投资者投入的固定资产，以投资方原账面价值为入账价值

B. 购置的不需要安装的固定资产，以实际支付的买价、包装费、运输费、安装成本等为入账价值

C. 购置的不需要安装的生产用设备，增值税进项税额可以抵扣

D. 自行建造的固定资产，以建造该项资产达到预定使用状态前所发生的必要支出为入账价值

17. 审查固定资产折旧的计提和分配应注意（　　）。

A. 复核折旧率的计算是否正确

B. 测算全年的折旧额，看有无少提或多提折旧

C. 检查折旧费用的分配是否合理

D. 检查其是否在资产负债表上披露

18. 注册会计师应获取不同的证据以确定固定资产是否确实归被审计单位所有。对于

房地产类固定资产，需要查阅(　　)。

A. 合同、产权证明　　B. 财产税单

C. 抵押借款的还款凭证　　D. 保险单

19. 检查被审计单位固定资产折旧时应注意，计提折旧范围不应包括(　　)。

A. 已提足折旧、继续使用的固定资产

B. 因改良停用的固定资产

C. 已全额计提减值准备的固定资产

D. 未使用的、不需用的固定资产

20. 检查是否存在未做记录的固定资产减少业务的程序有(　　)。

A. 复核本期是否有新增加的固定资产替换了原有固定资产

B. 分析营业外收支等账户，查明有无处置固定资产所带来的收支

C. 若某种产品因故停产，追查其专用设备的处理情况

D. 向被审计单位的固定资产管理部门查询本期有无未做记录的固定资产减少业务

三、判断题

1. 长期借款形成后，在偿还期限内很少发生变动，如果审计年度内长期借款没有发生变动，注册会计师可以省略相关的审计程序。(　　)

2. 为确定"应付债券"账户期末余额的合法性，注册会计师应直接向债务人及债券的承销人或包销人进行函证。(　　)

3. 出售交易性金融资产结转成本时，原记入公允价值变动损益的，需要调整至投资收益。(　　)

4. 如果能够对被审计单位的资产和负债进行充分审计，且能证实两者的期初余额、期末余额和本期发生额，注册会计师可不必对所有者权益进行单独审计。(　　)

5. 企业借款和发行股票一般由企业财务主管批准。(　　)

6. 对证券投资资产定期进行盘点，既可由参与证券投资业务的人员进行，也可以由其他各类人员进行。(　　)

7. 无论是投资业务还是筹资业务，注册会计师均应通过控制测试，对相关业务的职责分工是否明确进行评价。(　　)

8. 如果了解到被审计单位的筹资与投资循环内部控制不存在或不值得信赖，注册会计师仍然要进行控制测试，以确定实质性程序的性质、时间和范围。(　　)

9. 借款余额较大或认为必要时，注册会计师应向银行或其他债权人发函询证借款额、借款利率、已偿还金额及利息支付情况。(　　)

10. 资产负债表日，要将"一年内到期的应付债券"从"应付债券"项目扣除，并在流动负债类下的"一年内到期的非流动负债"项目反映。(　　)

11. 交易性金融资产已经具备流动性强的特征，因此注册会计师对交易性金融资产进行审计，不必关注其是否存在重大的变现限制。(　　)

12. 因为实收资本账户业务量不大，有时在年度内没有变动，所以可以采用详查法进行

审计。(　　)

13. 被审计单位将持有到期投资划转为可供出售金融资产,注册会计师一定不会同意这种做法。(　　)

14. 注册会计师对固定资产进行实地检查时,可以固定资产明细账为起点,重点检查本期新增加的重要固定资产。(　　)

15. 检查固定资产减少业务的主要目的在于检查因不同原因而减少的固定资产的会计处理是否符合有关规定,相关数额的计算是否正确。(　　)

16. 对于更新改造而增加的固定资产,注册会计师应检查被审计单位是否对折旧进行了重新计算。(　　)

17. 企业对已计提减值准备的固定资产不再重新计算折旧,注册会计师应认可这种做法。(　　)

18. 资产负债表中的固定资产项目按照"固定资产"账户期末余额扣除"累计折旧"期末余额后的金额进行填列,注册会计师应认可这种做法。(　　)

四、案例分析题

1. 2013 年 5 月 13 日,A 公司支付价款 100 000 元从二级市场购入甲公司发行的股票 10 000股,每股价格 10.60 元(含已宣告但尚未发放的现金股利 0.6 元),另支付交易费用 1 000元。A 公司将持有的甲公司的股权划分为交易性金融资产,且持有甲公司股权后对其无重大影响。6 月 30 日,甲公司的股票涨到每股 13 元。8 月 15 日,A 公司将持有的甲公司股票全部售出,每股售价 15 元。

6 月 30 日,A 公司账务处理如下:

借:交易性金融资产——公允价值变动　　30 000

　贷:投资收益　　30 000

8 月 15 日,A 公司账务处理如下:

借:银行存款　　150 000

　贷:交易性金融资产——成本　　100 000

　　投资收益　　50 000

要求:对上述事项进行分析,并提出纠正意见。

2. A 注册会计师在审计甲公司财务报表时,发现下列问题:

(1)2013 年 1 月 1 日,甲公司分别借入 3 年期借款 1 000 万元,年利率 8%;两年期借款 2 000 万元,年利率 10%,用于扩建办公楼。扩建工程于 2013 年 7 月开始,首先购入工程物资 710 万元。2013 年领用工程物资 600 万元,支付工程其他费用 26 万元,2013 年计提的借款利息 280 万元全部计入在建工程。

(2)2013 年 1 月,甲公司购买 48 万元的班车一辆并入账,当月启用,但当年未提折旧。(该班车预计使用年限为 5 年,预计净残值率为 5%,采用平均年限法计提折旧)

要求:对上述问题进行分析,并提出纠正意见。

3. 注册会计师审计 ABC 公司基本生产车间 2013 年 6 月的设备计提折旧业务,在检查固定资产明细账和制造费用明细账时，发现如下记录：

(1)该企业设备年折旧率为5%，5月末该车间设备计提折旧额为12 000元。

(2)5月初购入不需要安装设备一台，原值25 000元，已交付生产使用。

(3)5月交外单位改良设备一台，当月交付使用。该设备账面价值为200 000元，技术改良支出为60 000元，变价收入为18 000元。

(4)6月该车间设备计提折旧额为20 300元。

问题：如何查证该车间设备6月折旧的计提是否正确？

4. 指出下列固定资产实质性程序所涉及的管理层认定。

(1)检查当年固定资产增加的有关文件。

(2)实地检查固定资产，查明其所有权的归属。

(3)查明固定资产有无抵押等。

(4)审查固定资产计提折旧的方法是否适当。

第十二章　货币资金审计

知识目标

理解货币资金的内部控制及其对相关认定的影响；熟悉货币资金的内部控制测试；掌握库存现金的监盘、银行存款的函证，以及银行对账单和银行存款余额调节表的检查。

能力目标

能够监盘库存现金；能够检查大额现金收支；能够取得并检查银行对账单及银行存款余额调节表；能检查银行存单，并对银行存款实施函证程序和截止测试。

引导案例

"天津磁卡"的高现金舞弊

现金（这里指货币资金）本来是被人们认为最可靠的资产，如今却成为大股东掏空上市公司的有力工具。现金舞弊可能表现为上市公司虚构货币资金、隐藏账外资金、隐藏货币资金受限制的事实而不披露等，从而使财务报表反映的货币资金或者不存在，或者不完整，或者货币资金所有者的权利受到限制，或者货币资金的分类不合理，使投资者产生重大误解，甚至被欺骗，以致造成重大损失。

天津磁卡在2005年9月7日的公告中称：研发基地一期建设总用地512.34亩，总投资103 896万元；2005年3月25日，公司与中贸源签订总价款为431 972 300元的《设备采购合同》，2005年6月30日，公司向中贸源预付了520 000 000元设备采购款及原材料采购款。总价值只有431 972 300元，却预付了520 000 000元，且如此巨额工程设备不自己招标采购，反而委托一家背景不明的公司操作，这只能说明这520 000 000元实际是在空转，也就是天津磁卡没有真实收到520 000 000元的销售款，也没有真实支付520 000 000元的设备款，而是在银行配合下做出的虚假现金流；实际上，2003年度收回的关联方欠款530 000 000元以及后面支付印刷厂的630 000 000元也被怀疑涉嫌资金空转，以此转回巨额的减值准备，如果是这样，则其2003年、2004年巨额的非经常性损益都是虚构的。

思考：

（1）货币资金一向被认为是最不容易出现管理舞弊的领域，为什么天津磁卡会出现如此大量的舞弊呢？

（2）货币资金舞弊的主要目的和手段有哪些？

第一节　货币资金概述

货币资金是企业资产的重要组成部分，是企业资产中流动性最强的一种资产。货币资金与各交易循环均直接相关,任何企业进行生产经营活动都必须拥有一定数额的货币资金,持有货币资金是企业生产经营活动的基本条件。根据货币资金存放地点及用途的不同,可将其分为库存现金、银行存款和其他货币资金。

一、货币资金涉及的主要经济业务活动

货币资金主要来源于企业资本的投入和经营收入,主要用于资产的取得、费用的支付及债务的结算。一个企业只有保持良好的现金流,才能继续生存;反之,将可能出现财务困难,并使企业的持续经营能力受到影响。

(一)货币资金与各个交易循环之间的关系

货币资金与各个交易循环均直接相关,具体表现为:

1. 筹资循环阶段

在筹资循环中,企业发行股票、债券、向银行或其他金融机构借款时,会导致货币资金的增加,而还本付息、支付股利则会导致货币资金的减少。

2. 采购和付款循环阶段

在采购和付款循环中,企业购买存货、固定资产、无形资产等会导致货币资金的减少。

3. 生产和存货循环阶段

在生产和存货循环中,企业支付各种费用会导致货币资金的减少。

4. 销售和收款循环阶段

在销售和收款循环中,企业产品的销售、劳务的提供会导致货币资金的增加。

5. 投资循环阶段

在投资循环中,企业购买股票、债券时,会导致货币资金的减少,而收回投资及收到股利、利息时,则会导致货币资金的增加。

(二)货币资金所涉及的主要业务活动

货币资金业务主要由处理单据、受理结算凭证、办理结算凭证、办理结算、收付款项和账务处理等构成。

1. 处理单据

与货币资金业务相关的单据的处理涉及企业各个职能部门:销售部门签订销售合同,零星收入由收款部门开具收款通知单,收发室受理汇款单,仓库部门填写请购单,零星支出部门填写差旅费报销单、备用金报销单等,劳动工资部门编制工资结算汇总表。这些单据经处理后,交财会部门。

2. 受理结算凭证

从企业外部转来的结算凭证要先经过销售部门或采购部门等受理后再送交财务部门。销售部门受理由付款单位或开户银行转来的票据和收款结算凭证,采购部门受理由收款单位或开户银行转来的付款结算凭证。

3. 办理结算

出纳员根据销售合同、销售发票、提货单和运费单等编制代垫费用清单,据此到银行办

理收款转账或提取现金;根据采购合同、请购单、验收单、入库单等办理现金支票、转账支票结算,或在开户银行申请办理汇兑、银行汇票、银行本票、外埠存款、信用证存款等结算;根据受理的付款结算凭证,到开户银行办理付款、拒付、多余款转账等。

4. 收款与付款

出纳员根据销售发票和收款通知单办理收款业务,根据请购单、差旅费报销单、备用金报销单、付款凭单和工资结算汇总表及所附原始凭证办理付款业务。每日终了,根据所收款项编制送款单,连同所收到现金送存银行。

5. 账务处理

收到现金或银行存款时,会计人员根据原始凭证编制收款凭证,登记现金或银行存款日记账;支付现金或银行存款时,根据原始凭证编制付款凭证,登记现金日记账或银行存款日记账;涉及其他货币资金收付时,根据相关原始凭证进行账务处理。

6. 银行存款余额调节

货币资金业务中的另一重要业务就是银行存款余额调节。开户银行对于存款户,都照例在每月初将上月的存款和付款情况打印一份“银行对账单”,连同注销的支票及一些费用通知单送存款户核对,企业需要对银行余额进行调节。

二、货币资金涉及的主要凭证和会计记录

货币资金审计涉及的主要凭证和会计记录主要包括:库存现金盘点表、银行对账单、银行存款余额调节表、库存现金收付款凭证和银行存款收付款凭证等有关记账凭证,现金日记账和银行存款日记账等有关会计账簿。

三、货币资金的审计范围

(一)内部控制制度的健全性与有效性

注册会计师应审计相关的内部控制制度是否存在,设计是否合理,在实际工作中是否得到贯彻执行,执行的程度如何。

(二)相关的经济活动

这些经济活动主要包括筹资与投资、采购、生产与仓储、销售等。这些活动的各个环节是否合规、合法,手续及相关的文件资料是否齐全,是注册会计师审计的重点。

(三)入账金额及账务处理

记录货币资金的会计凭证与相关账户是重要的审计范围。

(四)列报与披露

会计报表中与货币资金有关的财务信息的列报与披露、描述及有关内容的披露是货币资金审计的重要内容。

第二节 货币资金的内部控制和控制测试

一、货币资金的内部控制概述

由于货币资金是企业中流动性最强的资产,企业必须加强对货币资金的管理,建立良好的货币资金内部控制制度,以确保全部应收取的货币资金均能收到,并及时、正确地予以记录。全部货币资金支出是按照批准用途进行的,应及时、准确地进行记录;库存现金、银行存款报告应正确,并进行恰当保管;应正确预测企业正常经营所需的货币资金收支额,确保企业有充足又不过剩的货币资金金额。

一般而言,一个良好的货币资金内部控制应该达到以下几点:①货币资金收支与记账的岗位分离;②货币资金收支要有合理、合法的凭据;③全部收支及时、准确地入账,并且支出要有核准手续;④控制现金坐支,当日收入现金要及时送存银行;⑤按月盘点现金,编制银行存款余额调节表,以做到账实相符;⑥加强对货币资金收支业务的内部审计。

由于每个企业的性质、所处行业、规模以及内部控制制度健全程度等不同,不同企业中与货币资金相关的内部控制的内容也不相同,但货币资金的内部控制大多包含以下内容:

(一)岗位分工及授权批准

(1)企业应当建立货币资金业务的岗位责任制。

企业应明确相关部门和岗位的职责权限,确保办理货币资金业务的不相容岗位相互分离、制约和监督。出纳人员不得兼任稽核、会计档案保管和收入、费用、支出、债权债务项目的登记工作。企业不得由一人办理货币资金业务的全过程。

【例 12-1】安徽华泰股份有限公司的张某为出纳人员,同时兼管债权债务项目的登记工作,他利用职务上的便利,擅自挪用一笔债务人偿还的债务 20 万元炒股,并篡改账簿记录,结果给公司造成了严重损失。

【分析】该公司发生该事件,主要原因就是由于会计和出纳岗位没有分离,出纳人员兼任了债权债务项目的登记工作。

(2)企业应当对货币资金业务建立严格的授权批准制度。

企业应明确审批人对货币资金业务的授权批准方式、权限、程序、责任和相关控制措施,规定经办人办理货币资金业务的职责范围和工作要求。审批人应当根据货币资金授权批准制度的规定,在授权范围内进行审批,不得超越审批权限。经办人应当在职责范围内,按照审批人的批准意见办理货币资金业务。对于审批人超越授权范围审批的货币资金业务,经办人员有权拒绝办理,并及时向审批人的上级授权部门报告。

【例 12-2】安徽华泰股份有限公司为了严格控制货币资金的开支,对在年度预算内的资金支付进行规定:日常经济业务开支 10 万元以下的由财务经理审批;10 万元以上(含 10 万元)至 30 万元以下的由总会计师审批;30 万元以上(含 30 万元)的由总会计师签署意见，总经理批准。各部门一律按授权范围严格执行，违者受到责任追究与处理，直至除名。

【分析】该公司对货币资金的支出制定了严格的授权审批制度，并建立了责任追究制度，可以有效防范贪污、侵占、挪用货币资金的行为。

(3)企业应当按照规定的程序办理货币资金支付业务，具体程序如下：①支付申请。企业有关部门或个人用款时，应当提前向审批人提交货币资金支付申请，注明款项的用途、金额、预算、支付方式等内容，并附有效经济合同或相关证明。②支付审批。审批人根据其职责、权限和相应程序对支付申请进行审批，对不符合规定的货币资金支付申请，审批人应当拒绝批准。③支付复核。复核人应当对批准后的货币资金支付申请进行复核，复核货币资金支付申请的批准范围、权限、程序是否正确，手续及相关单证是否齐全，金额计算是否准确，支付方式、支付企业是否真实、妥当等，复核无误后，交由出纳人员办理支付手续。④办理支付。出纳人员应当根据复核无误的支付申请，按规定办理货币资金支付手续，及时登记库存现金和银行存款日记账。

【例 12-3】下列与现金业务有关的职责可以不分离的是(　　)。

A. 现金支付的审批与执行　　B. 现金的会计记录与审计监督

C. 现金保管与现金日记账的记录　　D. 现金保管与现金总账的记录

【解析】正确答案为 C。选项 A 中，审批和执行属于不相容职务；选项 B 中，会计记录与审计监督属于不相容的职务；选项 C 中，现金的保管和库存现金日记账的登记，属于相容职务，在会计实务中，企业出纳往往也是兼顾两者的工作；选项 D 中，现金保管和现金总账的登记工作应该分离，总账与日记账之间存在互相检验的关系，所以不能够由同一人来担当。

(4)企业对于重要货币资金支付业务，应当实行集体决策和审批，并建立责任追究制度，防范贪污、侵占、挪用货币资金等行为。

(5)严禁未经授权的机构或人员办理货币资金业务或直接接触货币资金。

(二)现金和银行存款的管理

(1)企业应当加强现金库存限额的管理，超过库存限额的现金应及时存入银行。

(2)企业必须根据《现金管理暂行条例》的规定，结合本单位的实际情况，确定本企业的现金开支范围，不属于现金开支范围的业务，应当通过银行办理转账结算。

(3)企业现金收入应当及时存入银行，不得用于直接支付企业自身的支出。因特殊情况需要坐支现金的，应事先报经开户银行审查批准。企业借出款项必须执行严格的授权批准程序，严禁擅自挪用、借出货币资金。

(4)企业取得的货币资金收入必须及时入账，不得私设“小金库”，不得账外设账，严禁收入不入账。

(5)企业应当严格按照《支付结算办法》等国家有关规定，加强对银行账户的管理，严格按照规定开立账户，办理存款、取款和结算。企业应当定期检查、清理银行账户的开立及使用情况，发现问题，及时处理；加强对银行结算凭证的填制、传递及保管等环节的管理与控制。

(6)企业应当严格遵守银行结算纪律。企业不准签发没有资金保证的票据或远期支票，套取银行信用；不准签发、取得和转让没有真实交易和债权债务的票据，套取银行和他人资金；不准无理由拒绝付款，任意占用他人资金；不准违反规定开立和使用银行账户；不准出租、出借企业银行账户。

(7)企业应定期编制银行存款余额调节表。企业应当指定专人定期核对银行账户（每月至少核对一次），编制银行存款余额调节表，使银行存款账面余额与银行对账单调节相符。如调节不符，应查明原因，及时做出处理。

(8)企业应进行库存现金盘点。企业应当定期和不定期地进行库存现金盘点，确保库存现金账面余额与实际库存相符。发现不符，应查明原因，及时做出处理。

【例 12－4】安徽华泰股份有限公司 2013 年 12 月 26 日，收到一家公司交来的购货款 9 000元。当天该公司购入原材料一批，需要付款，于是该公司以收到的货款直接支付了购入原材料的货款。

【分析】该公司这种行为属于坐支现金行为，违反了《现金管理暂行条例》的规定。

（三）票据及有关印章的管理

(1)企业应当加强对与货币资金相关的票据的管理。企业应明确各种票据的购买、保管、领用、背书转让、注销等环节的职责权限和程序，并专设登记簿进行记录，防止空白票据的遗失和被盗用。

(2)企业应当加强银行预留印鉴的管理。财务专用章应由专人保管，个人名章必须由本人或其授权人员保管；严禁一人保管支付款项所需全部印章；按规定需要有关负责人签字或盖章的经济业务，必须严格履行签字或盖章手续。

【例 12－5】安徽华泰股份有限公司的财务专用章、银行支票等均由王某一人保管，王某得以私自开出现金支票，任意提取现金，一年间先后作案十几次，共贪污公款 40 余万元，挪用公款 60 余万元，给该公司造成严重损失。

【分析】该公司印章、支票管理混乱。王某一人负责管理印章和支票是该公司货币资金控制的一大漏洞。

（四）监督检查

(1)企业应当建立对货币资金业务的监督检查制度，明确监督检查机构或人员的职责权限，定期和不定期地进行检查。

(2)货币资金监督检查的内容主要包括：①货币资金业务相关岗位及人员的设置情况。重点检查是否存在货币资金业务不相容职务混岗的现象。②货币资金的授权批准制度的执行情况。重点检查货币资金支出的授权批准手续是否健全，是否存在越权审批行为。③支付款项印章的保管情况。重点检查是否存在办理付款业务所需的全部印章交由一人保管的现象。④票据的保管情况。重点检查票据的购买、领用、保管手续是否健全，票据保管是否存在漏洞。

(3)对监督检查过程中发现的货币资金内部控制中的薄弱环节,应当及时采取措施,加以纠正和完善。

二、了解和描述货币资金内部控制制度的内容

注册会计师应当了解被审计单位与货币资金审计相关的内部控制,以初步评估货币资金的重大错报风险。注册会计师通常用文字描述、调查表、流程图三种方式体现企业货币资金内部控制制度的内容。

下面介绍用调查表方式来描述内部控制制度,如表 12 - 1 所示。

表 12 - 1 货币资金内部控制调查表

被审计单位: 审计时间: 年 月 日
单位负责人: 填 表 人:
出纳人员: 复 核 人:

问题	是	否	不适用	备注
1. 出纳人员是否不兼任记账、会计档案保管,以及收入、费用、债权债务账目登记?				
2. 用款是否先向负责审批的人员提出申请并附相关证明?				
3. 现金收支是否及时入账?				
4. 现金支出是否均有核准手续?				
5. 登记库存现金、银行存款日记账是否与登记总账分开?				
6. 是否有独立的人员对现金付款记录进行复核?				
7. 是否规定库存现金限额? 超过库存限额的现金是否及时存入银行?				
8. 是否不签发空头支票?				
9. 是否不出租出借账户?				
10. 现金日记账是否做到日清月结?				
11. 是否白条抵库?				
12. 收付款后是否在收付款凭证上加盖"收讫""付讫"戳记?				
13. 签发支票的印章是否妥善保管?				
14. 未使用的支票是否被妥善保管,且签发被严格控制?				
15. 银行存款日记账与总账是否每月末核对相符?				
16. 是否定期编制银行存款余额调节表?				
17. 银行票据的购买、保管、注销是否非一人进行?				

注册会计师通过了解被审计单位货币资金的内部控制,对相关控制的设计是否得到执行进行评价,同时结合对被审计单位其他方面的了解,评估重大错报风险,以确定进一步审

计的程序、时间和范围。如果了解到被审计单位的内部控制不存在或者不值得信赖，注册会计师可执行实质性程序，而不进行控制测试。如果在评估货币资金的重大错报风险时，预期内部控制的运行是有效的，或者仅实施实质性程序不足以提供充分、适当的审计证据，注册会计师应当实施货币资金的控制测试。

三、货币资金的内部控制测试

（一）库存现金的控制测试

（1）检查库存现金内部控制是否建立并得到严格执行。检查要点包括：库存现金的收支是否按规定程序和权限办理；是否存在与被审计单位经营无关的款项收支情况；出纳和会计的职责是否严格分离；库存现金是否妥善保管，是否定期盘点核对。

（2）抽取并检查收款凭证。检查要点包括：核对现金日记账的收入金额是否正确；核对收款凭证与应收账款明细账的有关记录是否相符；核对实收金额与销货发票是否一致。

（3）抽取并检查付款凭证。检查要点包括：检查付款的授权批准手续是否符合规定；核对现金日记账的付出金额是否正确；核对付款凭证与应付账款明细账的记录是否一致；核对实付金额与购货发票是否相符。

（4）抽取一定期间的库存现金日记账与总账核对。注册会计师应抽取一定期间的库存现金日记账，简单加总确定是否正确无误，并将库存现金日记账与总账进行核对。

（5）评价库存现金的内部控制。注册会计师完成以上程序之后，即可对库存现金的内部控制进行评价。评价时，注册会计师应首先确定库存现金内部控制的可信赖程度以及存在的薄弱环节和缺点，然后据以确定在库存现金实质性程序中的时间、范围，以降低审计风险。

（二）银行存款的控制测试

（1）检查银行存款内部控制是否建立并得到严格执行。检查要点包括：银行存款的收支是否按规定的程序和权限办理；银行账户是否存在与本单位经营无关的款项收支情况；是否存在出租、出借银行账户的情况；出纳和会计的职责是否严格分离；是否定期取得银行对账单并编制银行存款余额调节表。

（2）抽取并检查收款凭证。检查要点包括：核对收款凭证与存入银行账户的日期和金额是否相符；核对银行存款日记账的收入金额是否正确；核对收款凭证与银行对账单是否相符；核对收款凭证与应收账款明细账的有关记录是否相符；核对实收金额与销货发票是否相符。

（3）抽取并检查付款凭证。检查要点包括：检查付款的授权批准手续是否符合规定；核对银行存款日记账的付出金额是否正确；核对付款凭证与银行对账单是否相符，核对付款凭证与应付账款明细账的记录是否一致；核对实付金额与购货发票是否相符。

（4）抽取一定期间的银行存款日记账与总账进行核对。

（5）抽取一定期间的银行存款余额调节表，检查是否按月正确编制并进行复核。

为了证实银行存款记录的正确性，注册会计师必须抽取一定期间的银行存款余额调节表，将其同银行对账单、银行存款日记账及总账进行核对，确定被审计单位是否按月正确编制并复核银行存款余额调节表。

(6)评价银行存款的内部控制。注册会计师完成以上程序之后，即可对银行存款的内部控制进行评价。评价时，注册会计师应首先确定银行存款内部控制可信赖程度以及存在的薄弱环节和缺点，然后据以确定在银行存款实质性审计程序中对哪些环节可以适当减少审计程序，哪些环节应增加审计程序，以降低审计风险。

第三节 库存现金审计

库存现金包括企业的人民币和外币。库存现金是企业资产中流动性最强的一种资产，尽管其在企业资产总额中所占的比重不大，但是企业发生舞弊事件大都与库存现金有关，因此注册会计师应该重视库存现金的审计。

一、库存现金的审计目标

库存现金的审计目标一般包括以下内容：

(1)确定被审计单位的库存现金在资产负债表日是否确实存在。

(2)确定被审计单位在特定期间内发生的现金收支业务是否均已记录完毕，有无遗漏。

(3)确定记录的库存现金是否为被审计单位所拥有或控制。

(4)确定库存现金是否包括在财务报表的货币资金项目中，与之相关的计价调整是否已恰当记录。

(5)确定库存现金是否已按照《企业会计准则》的规定在财务报表中做出恰当列报。

二、库存现金的实质性程序

库存现金的实质性程序一般包括以下内容：

1. 核对库存现金日记账与总账的余额是否相符

注意检查记账本位币库存现金的折算汇率及折算金额是否正确。注册会计师测试现金余额的起点是核对库存现金日记账与总账余额是否相符，如果不相符，应查明原因，并做出适当调整。

2. 监盘库存现金

(1)监盘目的：证实资产负债表中货币资金项目下所列库存现金是否存在的一项重要程序。

(2)监盘范围：企业各部门经手的全部现金，通常包括已收到但未存入银行的现金、备用金等。

(3)参与人员：通常有被审计单位的出纳和会计主管人员，以及注册会计师。

(4)监盘时间：最好选择在上午上班前或下午下班后，尽量不影响被审计单位正常经营。

（5）监盘方式：最好实施突击式检查，以增强监盘结果的可信度。

（6）监盘库存现金的步骤：①制订监盘计划，确定监盘时间；②库存现金盘点前，出纳应将现金集中起来存入保险柜中，必要时可加以封存；③由出纳把已办妥现金收付手续的收付款凭证登入库存现金日记账，并结出余额；④检查库存现金日记账，并与现金收付款凭证相核对，查看其内容、金额和日期是否相符；⑤出纳在注册会计师监督下盘点库存现金实存数，并由注册会计师编制库存现金盘存表。

（7）监盘时应注意的事项：①当被审计单位的库存现金存放在两个或两个以上部门时，应同时进行盘点，防止移库遮掩现金短缺。②将盘点金额与库存现金日记账余额相核对，如有差异，应要求被审计单位查明原因，必要时应提请被审计单位做出调整；如果无法查明原因，应要求被审计单位按管理权限批准后做出必要调整。③若有冲抵库存现金的借条、未提现支票、已支付但未入账的原始凭证，应在“库存现金盘点表”中注明，必要时提请被审计单位做出调整。④在非资产负债表日进行盘点和监盘时，应调整至资产负债表日的金额。⑤同时进行库存金融资产的盘点，防止其用金融资产作质押换取库存现金来弥补短库的情况。

【例 12－6】2014 年 1 月 20 日，由注册会计师刘圣妮参加的现金盘点小组盘点了安徽华泰股份有限公司出纳所经管的库存现金，当天的现金日记账已经登记完毕，现金余额为 5 850元，采购员张明预借差旅费 1 800 元、变卖旧报纸收入 289 元、副经理李晓私人借款白条 911 元均未入账。库存现金的清点结果如下：实有数额 3 428 元，其中 100 元面值的有 25 张，50 元面值的有 5 张，20 元面值的有 10 张，10 元面值的有 20 张，5 元面值的有 34 张，一元面值的有 94 张，五角面值的有 15 张，一角面值的有 65 张。银行对该公司核定的库存现金限额为 2 500 元。编制的库存现金监盘表如表 12－2 所示。

表 12－2　库存现金监盘表

被审计单位：安徽华泰股份有限公司　　　　索引号：×××
项目：库存现金审计　　　　财务报表截止日/期间：2013 年 12 月 31 日
编制：刘圣妮　　　　复核：范永亮
日期：2014 年 1 月 20 日　　　　日期：2014 年 1 月 20 日

检查账目记录			现金盘点记录		
项目	项次	人民币	面额	数量	金额
一、盘点日现金账目金额	1	5 850	100	25	2 500
加：未记账收款金额	2	289	50	5	250
减：未记账付款金额	3	1 800	20	10	200
盘点日账面应有金额	4＝1＋2－3	4 339	10	20	200
二、盘点日库存实有金额	5	3 428	5	34	170
加：白条抵库	6	911	2	0	0
盘点日库存应有金额	7＝5＋6	4 339	1	94	94
三、盘点日账存与实存差异	8＝4－7	0	0.5	15	7.5

续表

检查账目记录			现金盘点记录		
项目	项次	人民币	面额	数量	金额
四、追溯调整			0.1	65	6.5
加:报表日至盘点日现金付出数	9	—	合计	—	3 428
减:报表日至盘点日现金收入数	10	—			
报表日现金实有金额	11 =7 +9 −10	—			
报表日现金账面金额	12	—			
报表日账存与实存差额	13 =12 −11	—			
情况说明及审计结论: 白条抵库违反规定 超库存限额 收付款项入账不及时					

3. 分析被审计单位的库存现金

分析被审计单位日常库存现金余额是否合理,关注是否存在大额未缴存的库存现金。

4. 抽查大额库存现金的收支

检查大额现金收支的原始凭证是否齐全、原始凭证的内容是否完整、有无授权批准、记账凭证与原始凭证是否相符、账务处理是否正确、是否记录于恰当的会计期间等项内容。在实务中,通常编制大额库存现金收支检查表来抽查大额现金收支,如表 12 −3 所示。

表 12 −3 大额库存现金收支抽查表

抽查凭证内容					*测试内容			
日期	凭证号	摘要	对方科目	金额	1	2	3	4
*测试内容: 1. 原始凭证是否齐全,内容是否完整;2. 有无授权批准;3. 账务处理是否正确;4. 是否记录于恰当的会计期间。								

5. 实施截止测试

检查资产负债表日后若干天的、一定金额以上的现金收支凭证并实施截止测试。被审计单位资产负债表的货币资金项目中的库存现金数额,应以结账日期数额为准,因此注册会计师必须验证现金收支的截止日期,以确定是否存在跨期事项、是否应考虑提出调整建议。表 12 −4 为库存现金截止日期测试审核表。

表 12－4　库存现金截止日期测试审核表

抽查凭证内容					收支是否归属本审计年度	
日期	凭证号	摘要	对方科目	金额	是	否
*1						
合　计						
*2						
合　计						
注：*1 表示资产负债表日前的库存现金收支；*2 表示资产负债表日后的库存现金收支。						

6. 检查库存现金是否在资产负债表上恰当列报

根据有关规定，库存现金在资产负债表上的“货币资金”项目中反映，注册会计师应在实施上述审计程序后，确定“库存现金”账户的期末余额是否恰当，进而确定库存现金是否在资产负债表上恰当披露。

第四节　银行存款审计

银行存款是指企业存放在银行或其他金融机构的各种款项。按照国家有关规定，凡是独立核算的企业都必须在当地银行开设账户。企业在银行开设账户以后，除按规定的限额保留库存现金外，超过限额的现金必须存入银行；除了在规定的范围内可以用现金直接支付款项外，在经营过程中所发生的一切货币收支业务，都必须通过银行存款账户进行结算。

一、银行存款的审计目标

银行存款的审计目标一般应包括：

(1)确定被审计单位的银行存款在资产负债表日是否确实存在。

(2)确定被审计单位所有应当记录的银行存款收支业务是否均已记录完毕，有无遗漏。

(3)确定记录的银行存款是否为被审计单位所拥有或控制。

(4)确定银行存款是否以恰当的金额包括在财务报表的货币资金项目中，与之相关的计价调整是否已恰当记录。

(5)确定银行存款是否已按照《企业会计准则》的规定在财务报表中做出恰当列报。

二、银行存款的实质性程序

(一)获取或编制银行存款余额调节表

复核加计是否正确，并与总账和日记账合计数核对是否相符。如果不相符，应查明原因，必要时应建议做出适当调整。

(二)实施实质性分析程序

银行存款的实质性分析程序包括：计算银行存款累计余额应收利息收入，分析比较被审计单位银行存款应收利息收入与实际利息收入的差异是否恰当;评估利息收入的合理性,检查是否存在高息资金拆借;确认银行存款余额是否存在,利息收入是否已完整记录;计算存放在非银行金融机构的存款占银行存款的比例,分析这些资金的安全性。

(三)取得并检查银行存款余额对账单和银行存款余额调节表

取得并检查银行存款余额对账单和银行存款余额调节表是证实资产负债表中所列银行存款是否存在的重要程序。银行存款余额调节表通常应由被审计单位根据不同的银行账户和货币种类分别编制。具体测试程序通常包括:

(1)将被审计单位资产负债表日的银行存款余额对账单与银行询证函回函核对,确认是否一致,核对账面记录的存款金额是否与对账单记录一致。

(2)获取资产负债表日的银行存款余额调节表,检查调节表中加计数是否正确,调节后银行存款日记账余额与银行对账单余额是否一致。

(3)检查调节事项的性质和范围是否合理:①检查是否存在跨期收支和跨行转账的调节事项。编制跨行转账业务明细表,检查跨行转账业务是否同时对应转入和转出,未在统一期间完成的转账业务是否反映在银行存款余额调节表的调整事项中。②检查大额在途存款的日期,查明发生在途存款的具体原因,追查资产负债表日后银行对账单存款记录日期,确定被审计单位与银行记账时间差异是否合理,在资产负债表日是否须建议做审计调整。③检查被审计单位的未付票据明细清单,查明被审计单位未及时入账的原因,确定账簿记录时间晚于银行对账单的日期是否合理。④检查被审计单位未付票据明细清单中有记录但截至资产负债表日银行对账单无记录且金额较大的未付票据,获取票据领取人的书面说明,确认资产负债表日是否需要建议做审计调整。⑤检查资产负债表日后银行对账单是否完整地记录了调节事项中银行未付票据金额。

(4)检查是否存在未入账的利息收入和利息支出。

(5)检查是否存在其他跨期收支事项。

(6)检查银行存款余额调节表。如果被审计单位未经授权或授权不清而支付货币资金的现象比较突出,检查银行存款余额调节表中异常的支出、签字不全、收款地址不清、金额较大票据的调整事项,确认是否存在舞弊。

【例12-7】安徽大华会计师事务所接受安徽华泰股份有限公司的委托,对其2013年12月31日的资产负债表进行审计,在审查资产负债表中的货币资金项目时,发现该公司2013年12月31日银行存款账面余额为45 800元,注册会计师向开户银行取得对账单一张,2013年12月31日的银行对账单余额为53 200元。另外,发现以下记账差错和未达账项:

(1)12月24日,公司送存一张转账支票,金额为16 200元,银行未入账;

(2)12月25日,公司开出一张转账支票,金额为8 300元,持票人尚未到银行办理转账业务;

(3)12月26日,委托银行收款36 800元,银行已收妥入账,但收款通知尚未到达该公司;

(4)12 月 30 日,银行代付水费 21 500 元,但银行付款通知单尚未到达该公司。

要求:根据上述资料编制银行存款余额调节表,核实 2013 年 12 月 31 日资产负债表上货币资金项目银行存款数额的正确性。

【解析】编制银行存款余额调节表(见表 12 - 5)。

表 12 - 5　银行存款余额调节表

户别:基本户　　　　2013 年 12 月 31 日　　　　币别:人民币

项　目	金额(元)	项　目	金额(元)
银行对账单余额(2013 年 12 月 31 日)	53 200	企业银行日记账余额(2013 年 12 月 31 日)	45 800
加:企业已收,银行未收金额		加:银行已收,企业未收金额	
其中:1. 企业收到转账支票金额	16 200	其中:1. 银行托收销货款	36 800
2.		2.	
减:企业已付,银行未付金额		减:银行已付,企业未付金额	
其中:1. 企业开出转账支票金额	8 300	其中:1. 银行代扣水费	21 500
2.		2.	
调节后的银行对账单余额	61 100	调节后的企业银行存款日记账余额	61 100
经办会计人员:(签字)		会计主管:(签字)	

分析意见:从银行存款余额调节表可以看出,安徽华泰股份有限公司 2013 年 12 月 31 日银行存款的数额经调整后应为 61 100 元,从而证明公司银行存款账面余额 45 800 元是真实的。

(四)函证银行存款余额

1. 函证条件

除非有充分证据表明某一银行存款及与金融机构往来的其他重要信息对财务报表不重要且与之相关的重大错报风险很低,否则,注册会计师应当对银行存款及与金融机构往来的其他重要信息实施函证程序。如果不对这些项目实施函证程序,注册会计师应当在审计工作底稿中说明理由。

2. 函证的目的

函证银行存款余额是证实资产负债表所列银行存款是否存在的重要程序。通过向往来银行函证,注册会计师不仅可以了解企业银行存款是否真实存在,还可以了解企业账面反映所欠银行债务的情况,并有助于发现企业未入账的银行借款和未披露的或有负债。

3. 函证的对象

注册会计师在执行审计业务过程中,需要以被审计单位名义向被审计单位在本年存过款的所有银行发函询证,函证对象主要包括外埠存款、银行汇票存款、银行本票存款、信用卡存款、信用证保证金存款。应注意的是,函证的对象还包括企业存款账户已结清的银行,因为有可能存款账户已结清,但仍有银行借款或其他负债存在。此外,虽然注册会计师已直接从某一银行取得了银行对账单和所有已付支票,但仍应向这一银行进行函证。

4. 函证的控制与评价

注册会计师直接向银行发询证函,并直接从银行获取回函,将银行确认的余额与银行存款余额调节表、银行对账单的余额核对无误,同时确认函证中银行所提供的相关信息已在报表中得到披露。如有不符,应对不符事项做出适当处理。银行询证函见 P222 参考格式 12 – 1。

(五)检查银行存款账户存款人是否为被审计单位所拥有

检查银行存款账户存款人是否为被审计单位,若存款人非被审计单位,应获取该账户户主和被审计单位的书面声明,确认资产负债表日是否需要提请被审计单位进行调整。

(六)检查银行存单

编制银行存单检查表,检查银行存款是否与账面记录金额一致,是否有被质押、冻结等对变现有限制或存在境外的款项。对已经质押的定期存款,应检查定期存单,并与相应的质押合同进行核对,同时关注定期存单对应的质押借款有无入账,是否提请被审计单位做必要的调整和披露。

(七)抽查大额银行存款收支的原始凭证

抽查大额银行存款收支的原始凭证,检查原始凭证是否齐全、记账凭证与原始凭证是否相符、账务处理是否正确、是否记录于恰当的会计期间等项内容。检查是否存在非营业目的大额货币资金转移,并核对相关账户的进账情况;如有与被审计单位生产经营无关的收支事项,应查明原因并做出相应的记录。

(八)检查银行存款收支的截止是否正确

1. 清点支票及支票存根

确定各银行账户最后一张支票的号码,同时查实该号码之前的所有支票均已开出并入账。

2. 核查支票付款记录

从截止日后一个月的银行存款对账单中挑选大额的支票付款记录,追查至支票存根以确认出票日、是否延期记入银行存款账中;挑选大额的收款记录,检查其有无提前记入银行存款账中,从而夸大流动性的现象。

3. 检查截止日前后的转账业务

检查截止日前后各银行账户之间是否发生转账业务并记入同一会计期间,以发现是否存在挪借资金现象,即是否存在转入账户存款日前记增加而转出账户存款日前不记减少的现象。

(九)列明不符条件的银行存款

对不符合现金及现金等价物条件的银行存款,在审计工作底稿中予以列明,以考虑对现金流量表的影响。

参考格式 12－1　银行询证函

××(银行):

本公司聘请的××会计师事务所正在对本公司××年度财务报表进行审计,按照《中国注册会计师审计准则》的要求,应当询证本公司与贵行相关的信息。下列信息出自本公司记录,如与贵行记录相符,请在本函下端"信息证明无误"处签章证明;如有不符,请在"信息不符"处列明不符项目及具体内容;如存在与本公司有关的未列入本函的其他重要信息,也请在"信息不符"处列出其详细资料。回函请直接寄至××会计师事务所。

回函地址:

邮编:　　　　电话:　　　　传真:　　　　联系人:

截至××年×月×日,本公司与贵行相关的信息列示如下:

1. 银行存款

账户名称	银行账号	币种	利率	余额	起止日期	是否被质押或用于担保或存在其他限制	备注

除上述列示的银行存款外,本公司并无在贵行的其他存款。

注:"起止日期"一栏仅适用于定期存款,如为活期或保证金存款,可只填写"活期"或"保证金"字样。

2. 银行借款

账户名称	币种	余额	借款日期	还款日期	利率	其他借款条件	抵(质)押品/担保人	备注

除上述列示的银行借款外,本公司并无在贵行的其他银行借款。

注:此项仅函证截至资产负债表日本公司尚未归还的借款。

其他重大事项:

(公司盖章)

××年×月×日

以下仅供被函证银行使用

结论: 1. 信息证明无误。 (银行盖章) 年　月　日 经办人:	2. 信息不符,不符项目及具体内容(其他未在本函列出的项目,请列出金额及其详细资料)如下: (银行盖章) 年　月　日 经办人:

(十)检查银行存款在资产负债表中的列报是否恰当

注册会计师应在实施上述审计程序后,确定银行存款账户的期末余额是否恰当,进而确定银行存款是否在资产负债表上恰当披露。

【例 12-8】注册会计师范永亮在审查安徽华泰股份有限公司银行存款日记账时，在账中发现有一笔存款记录，摘要为“暂存款”，存入金额为 80 000 元。相隔两天，在银行存款日记账中有一笔 80 000 元的付出记录，摘要为“提取差旅费”，这一存一取引起了注册会计师的注意。

注册会计师调出“暂存款”增加的记账凭证，其会计分录为：

借：银行存款　　80 000

　贷：其他应付款　　80 000

所附原始凭证就是一张银行存款进账单。

再调出支付差旅费的记账凭证，其会计分录为：

借：其他应付款　　80 000

　贷：银行存款　　80 000

所附原始凭证是私人开出的白条收据。

针对这一情况，注册会计师分别对被审计单位的会计、出纳进行询问，得知将单位账户借给某人做生意，每人得到了 1 000 元好处费的真相。

【分析】该公司会计、出纳利用工作之便出租账户、收取好处费的行为违反了财经法规，按照有关规定，应没收其违法所得。

【例 12-9】注册会计师范永亮在审查安徽华泰股份有限公司的银行存款日记账时，发现 2013 年 12 月 28 日 56 号凭证可能有问题。该凭证摘要为“退货款 50 000 元”，结算方式为“委托付款”，入账时间为“12 月 25 日”，收款凭证为“53 号”，在 3 天的时间里就发生退货，范永亮怀疑有假退款行为。范永亮首先调出 53 号凭证，其会计分录为：

借：银行存款　　50 000

　贷：应收账款　　50 000

所附原始凭证为银行转来的收款通知，付款单位为浙江某公司；调阅 56 号凭证，其会计分录为：

借：主营业务收入　　50 000

　贷：银行存款　　50 000

所附原始凭证有两张：一张是该公司业务部门开出的退货发票；一张是该公司财务部门开出的转账支票，收款人为浙江某公司本市代理处。范永亮想，该公司从浙江收款为何把退款转到本市代理处呢？于是他决定追查支票去处。银行证实，该款项转到 C 公司账户。经调查，C 公司根本不存在，同时与浙江某公司联系，该公司称根本没有发生退货业务。

范永亮断定安徽华泰股份有限公司利用银行存款的漏洞或其他原因，开设了假账户，隐瞒收入，存入小金库或私分，以逃避税收。范永亮在全部取证后，该公司财务经理供认 C 公司账户是该公司王某利用银行工作人员的关系开设的，存入部分收入，用于发放奖金和支付回扣等。

【分析】安徽华泰股份有限公司私设小金库，将本应归属该公司的营业收入存入小金库，违反了财经法规,C 公司账户余额共查出 90 000 元,应全部归为安徽华泰股份有限公司所有。

本章小结

本章主要讲述货币资金内部控制及控制测试、库存现金的实质性程序,以及银行存款的实质性程序。

货币资金与各交易循环均直接相关,是各个循环的枢纽,起到“资金池”的作用;同时货币资金具有很高的固有风险,所以不论其余额大小,注册会计师通常都会安排较多的时间来进行审计。

货币资金内部控制包括:货币资金收支与记账的岗位分离;货币资金收支要有合理、合法的凭据;全部收支及时准确入账,并且支出要有核准手续;控制现金坐支,当日收到现金应及时送存银行;对现金按月盘点,编制银行存款余额调节表,以做到账实相符;加强对货币资金收支业务的内部控制。

库存现金实质性程序包括:核对库存现金日记账与总账;盘点库存现金。在盘点库存现金时,要注意对不同地点存放的现金进行突击式检查,检查时间应安排在上午上班之前或下午下班之后。另外,出纳人员和会计负责人要在场,检查完毕,要编制库存现金盘点报告表。

银行存款的实质性程序主要包括:核对银行存款日记账与总账,进行分析性复核;计算定期存款占银行存款的比例、存放于非金融机构的存款占银行存款的比例;获取和审查银行存款余额调节表。

思考与练习

一、单项选择题

1. 对库存现金实有数额的审计应通过对库存现金实施(　　)来进行。

A. 函证　　B. 重新计算　　C. 分析程序　　D. 监盘

2. 下列工作中,出纳还可以从事的是(　　)。

A. 会计档案保管　　B. 记录收入、支出、费用的明细账

C. 记录银行存款、现金日记账　　D. 编制银行存款余额调节表

3. 货币资金内部控制的以下关键环节中,存在重大缺陷的是(　　)。

A. 财务专用章由专人保管,个人名章由本人或其授权人员保管

B. 对重要货币资金支付业务实行集体决策

C. 现金收入及时存入银行,特殊情况下,经主管领导审查批准方可坐支现金

D. 指定专人定期核对银行账户,每月核对一次,编制银行存款余额调节表,使银行存款余额与银行对账单调节相符

4. 被审计单位现金收入应于每日存入银行的主要目的是(　　)。

A. 确保交易经适当批准　　B. 确保交易按授权进行

C. 保护资产安全　　D. 确保现金及收入记录完整

5. 在对年度会计报表进行审计时，为了证实被审计单位在临近 12 月 31 日签发的支票未予入账，注册会计师实施的最有效审计程序是(　　)。

A. 审查 12 月 31 日的银行存款余额调节表

B. 审查 12 月 31 日的银行对账单

C. 函证 12 月 31 日的银行存款余额

D. 审查 12 月的支票存根并追查至银行存款日记账

6. 下列不属于银行函证对象的是(　　)。

A. 在本年存过款的所有银行

B. 存款账户已结清的银行

C. 已直接取得了银行对账单和所有已付支票的银行

D. 往来单位的开户银行

7. 函证银行存款时，回函应直接寄至(　　)。

A. 会计师事务所　　B. 被审计单位

C. 委托人　　D. 被审计单位或会计师事务所

8. 如果在资产负债表日后对库存现金进行盘点，应当根据盘点数、资产负债表日至(　　)的库存现金数，倒推计算资产负债表上所包含的库存现金数是否正确。

A. 审计报告日　　B. 资产负债表日

C. 盘点日　　D. 外勤工作结束日

9. 向开户银行函证，可以证实若干项目标，其中最基本的目标是(　　)。

A. 银行存款的真实性　　B. 是否有欠银行的债务

C. 是否有漏列的负债　　D. 是否有充当抵押担保的存货

10. 2014 年 3 月 5 日注册会计师对安徽华泰股份有限公司全部现金进行监盘后，确认实有现金数额为 1 000 元。该公司 3 月 4 日账面库存现金余额为 2 000 元，3 月 5 日发生的现金收支全部未登记入账，其中收入金额为 3 000 元、支出金额为 4 000 元，2014 年 1 月 1 日至 3 月 4 日现金收入总额为 165 200 元、现金支出金额为 165 500 元，则推断该公司 2013 年 12 月 31 日库存现金余额应为(　　)。

A. 1 300 元　　B. 2 300 元　　C. 700 元　　D. 2 700 元

二、多项选择题

1. 注册会计师寄发的银行询证函(　　)。

A. 是以被审计单位的名义发往开户银行的

B. 是以会计师事务所的名义发往开户银行的

C. 要求银行直接回函至会计师事务所

D. 包括银行存款和借款余额

2. 资产负债表日后盘点库存现金时，注册会计师应(　　)调整至资产负债表日的金额。

A. 扣减资产负债表日至盘点日库存现金增加额

B. 扣减资产负债表日至盘点日库存现金减少额

C. 加计资产负债表日至盘点日库存现金增加额

D. 加计资产负债表日至盘点日库存现金减少额

3. 下列对库存现金盘点的提法中，正确的是(　　)。

A. 盘点库存现金是证实收到的现金收入是否已全部登记入账的一项重要程序

B. 盘点对象通常包括已收到但未存入银行的现金

C. 通常实施突击性的检查

D. 如果被审计单位现金存放部门有两处或两处以上的，应同时进行盘点

4. 为了做到银行存款在财务报表上正确截止，对于以下未达账项，注册会计师应当要求被审计单位编制会计分录调整的有(　　)。

A. 银行已付、企业未入账的支出　　B. 银行已收、企业未入账的收入

C. 企业已付、银行未入账的支出　　D. 企业已收、银行未入账的收入

5. 良好的货币资金内部控制的要求是(　　)。

A. 控制现金坐支，当日现金收入应及时送存银行

B. 货币资金收支与记账的岗位分离

C. 全部收支及时、准确入账，并且支出要有核准手续

D. 按月盘点库存现金，编制银行存款余额调节表

6. 注册会计师应当注意检查库存现金内部控制的建立和执行情况，并关注(　　)。

A. 库存现金的收支是否按规定的程序和权限办理

B. 是否存在与被审计单位经营无关的款项收支情况

C. 是否存在出租、出借银行账户的情况

D. 出纳和会计的职责是否严格分离

7. 安徽华泰股份有限公司编制的 2013 年 12 月末银行存款余额调节表显示，存在 120 000元的未达账项，其中包括安徽华泰股份有限公司已付而银行未付的材料采购款 100 000元。以下审计程序中，可能为该材料采购款未达账项的真实性提供审计证据的有(　　)。

A. 检查 2014 年 1 月的银行对账单中是否存在该笔支出

B. 检查相关的采购合同、供应商销售发票和相应的验收报告及付款审批手续

C. 就 2013 年 12 月末银行存款余额向银行寄发询证函

D. 向相关的原材料供应商寄发询证函询证该笔购货业务

8. 为了证实资产负债表所列的库存现金是否存在，应采用监盘库存现金的程序。参与盘点的人员有(　　)。

A. 被审计单位出纳人员　　B. 被审计单位管理层

C. 注册会计师　　D. 被审计单位会计机构负责人

9. 影响银行存款的循环包括(　　)。

A. 销售与收款循环　　B. 采购与付款循环

C. 筹资与投资循环　　D. 生产与仓储循环

10. 在下列审计程序中，属于库存现金、银行存款账户实质性程序的有(　　)。

A. 监盘库存现金，编制库存现金监盘表

B. 抽查大额库存现金和银行存款收支，确定是否及时入账

C. 抽查是否每月编制银行存款余额调节表

D. 向开户银行函证银行存款余额

三、判断题

1. 库存现金盘点一般适宜突击式的盘点，库存现金的保管人员不必始终在场。(　　)

2. 对库存现金进行盘点时，出纳员、会计部门负责人、审计人员必须同时在场。(　　)

3. 库存现金截止测试是为了证实库存现金余额的正确性。(　　)

4. 单位现金收入应及时存入银行，不得直接用于单位自身的支出，因特殊情况需要坐支现金的，应事先报经开户行审查批准。(　　)

5. 若被审计单位某一银行账户已结清，注册会计师可不再向此银行进行函证。(　　)

6. 支票和印章仅由一人保管或名义上由两人保管而实际上已预先在支票上盖章，则该业务环节内部控制仍然有效。(　　)

7. 资产负债表日后进行库存现金盘点时，应倒推计算调整至资产负债表日的金额。(　　)

8. 银行存款余额调节表应由被审计单位根据不同的银行账户及货币种类分别编制。(　　)

9. 取得银行存款余额调节表后，审计人员应检查调节表中未达账项的真实性，以及资产负债表日后的进账情况，如果查明存在应于资产负债表日之前进账的款项，应做出记录并提出适当的调整建议。(　　)

10. 如果库存现金余额极小，小于审计风险指数，则注册会计师可以不进行实质性程序。(　　)

四、案例分析题

1. 注册会计师对安徽华泰股份有限公司货币资金内部控制状况进行调查，发现以下情况：

(1)出纳员负责以下事项：现金收付、收取、保管和开具银行支票，保管法人代表印章，开具销售发票，登记库存现金和银行存款日记账，不定期盘点现金，每年编制一次银行存款余额调节表(不论收到几张对账单)，三天去一次银行存取现金，并收取银行账单。

(2)三名会计人员分别登记库存现金、银行存款总账及收入费用总账和明细账，但是不了解银行存款未达账项，也不做任何账务处理。

(3)副总经理以上领导及经批准的特殊人员，可以根据需要到出纳员处开取印章齐全的空白支票，供用款之需。

(4)出差人员可以到出纳员处预支差旅费。预支差旅费时，应填写专门印制的借条，经副总经理以上领导批准后付款，借条抵作库存现金，不进行账务处理，出差人员回来报销后收回借条销毁。

要求：指出上述内部控制存在的问题，并提出相应的改进建议。

2. 注册会计师范永亮在审计安徽华泰股份有限公司 2013 年度报表时，对该公司的银行存款实施部分审计程序为：

(1)取得 2013 年 12 月 31 日的银行存款余额调节表；

(2)向开户银行寄发银行询证函，并直接收取寄回的询证函回函；

(3)取得开户银行 2014 年 1 月的银行对账单。

问题：

(1)注册会计师应采取什么方式才能直接收回开户银行的询证函回函？其目的是什么？

(2)注册会计师索取开户银行 2014 年 1 月的银行对账单，能证实 2013 年 12 月 31 日银行存款余额调节表的哪些内容？

3. 注册会计师刘圣妮在审查安徽华泰股份有限公司银行存款时发现，该公司 2013 年 12 月 31 日银行存款日记账的账面余额为 535 000 元，银行对账单中银行存款余额为 508 000 元，经核对，发现以下几笔账项记录：

(1)2013 年 12 月 29 日，委托银行收款 50 000 元，银行已收，但收款通知尚未到达该公司；

(2)2013 年 12 月 30 日，银行代付上月水电费 3 000 元，银行已入账，但企业未付；

(3)2013 年 12 月 30 日，该公司开出转账支票 1 600 元，该公司已登记入账，但银行尚未办理转账手续；

(4)2013 年 12 月 31 日，公司收到外单位转账支票 75 600 元，该公司已入账，银行尚未入账；

(5)2013 年 12 月 31 日，收到银行收款通知单，金额为 3 850 元，该公司入账时误记为 3 580元。

要求：根据上述资料，编制银行存款余额调节表。

第十三章　终结审计与审计报告

知识目标

了解管理层声明书、律师声明书的主要内容；熟悉审计终结阶段的工作流程；理解审计报告的作用。

能力目标

掌握审计差异调整表的编制；掌握审计报告的基本内容，熟悉审计报告的分类；掌握出具各种审计报告的条件和要求，并能编制审计报告。

引导案例

中注协年报审计情况快报

2013 年 5 月 16 日，中国注册会计师协会发布 2012 年年报审计情况快报(第十四期)，摘录如下：

一、年报审计报告总体情况

2013 年 1 月至 4 月，47 家证券资格会计师事务所共为 2 471 家上市公司出具了财务报表审计报告(见表 13－1)。其中，标准审计报告 2 382 份，带强调事项段的无保留意见审计报告 71 份，保留意见审计报告 15 份，无法表示意见的审计报告 3 份。

在 2 471 份财务报表审计报告中，非标准财务报表审计报告 89 份，占 3.6%。

表 13－1　上市公司 2012 年财务报表审计报告审计意见汇总表

财务报表审计意见类型	沪市主板	深市主板	中小板	创业板	合计
(标准)无保留意见	900	439	691	352	2382
带强调事项段的无保留意见	36	27	7	1	71
保留意见	6	4	3	2	15
否定意见	0	0	0	0	0
无法表示意见	2	1	0	0	3
非标准审计意见小计	44	32	10	3	89
合　计	944	471	701	355	2471
非标准审计意见比例	4.66%	6.79%	1.43%	0.85%	3.6%

二、非标准审计报告情况

分析：审计报告是审计工作的最终成果，承载着对已审计财务报表发表的审计意见，具有法律效力。

那么，应该如何发表审计意见，怎样编写审计报告？

第一节　终结审计

在终结审计阶段,注册会计师要完成一些综合性的工作。

一、获取管理层声明

管理层声明是指被审计单位管理层向注册会计师提供的关于财务报表的各项陈述。这些陈述是注册会计师在审计过程中与被审计单位管理层就财务报表审计相关的重大事项不断进行沟通所形成的。注册会计师在出具审计报告前,应向被审计单位索取管理层声明。

(一)管理层声明的作用

(1)明确管理层对财务报表的责任。被审计单位管理层在声明书中应对提供给注册会计师的有关资料的真实性、合法性和完整性做出正面陈述,并明确承认对财务报表负责。

(2)提供审计证据。在某些情况下,管理层声明是注册会计师通过实施其他审计程序获得的审计证据的补充,但是注册会计师不应以管理层声明替代能够合理预期获取的其他审计证据。

(二)管理层声明的形式

管理层声明包括书面声明和口头声明。书面声明作为审计证据通常比口头声明可靠。

(三)管理层声明书的主要内容

1. 名称

一般应注明“管理层声明书”字样。

2. 呈送对象

管理层声明书中应写明呈送的会计师事务所及从事审计的注册会计师姓名。

3. 内容

(1)关于财务报表的认定。

(2)关于信息完整性的认定。

(3)关于确认、计量和列报的认定。

4. 签署日期

管理层声明书标明的日期与审计报告日一致。在特定情况下,注册会计师也可以在审计过程中或审计报告日后就某些交易或事项获取单独的声明书。

5. 签署人

管理层声明书通常由管理层中对被审计单位及其财务负主要责任的人员签署。

(四)管理层拒绝提供声明时的措施

如果管理层拒绝提供注册会计师认为必要的声明,注册会计师应当将其视为审计范围受到限制,出具保留意见或无法表示意见的审计报告。

（五）管理层声明书范例

参考格式 13－1 管理层声明书

安徽大华会计师事务所并范永亮和刘圣妮注册会计师：

本公司已委托贵所对本公司 2013 年 12 月 31 日的资产负债表，2013 年度的利润表、现金流量表和股东权益变动表以及财务报表附注进行审计，并出具审计报告。

为配合贵所的审计工作，本公司就已知的全部事项做出如下声明：

1. 本公司承诺，按照《企业会计准则》的规定编制财务报表是我们的责任。

2. 本公司已按照《企业会计准则》的规定编制 2013 年度财务报表，财务报表的编制基础与上年度保持一致，本公司管理层对上述财务报表的真实性、合法性和完整性承担责任。

3. 设计、实施和维护内部控制，保证本公司资产安全和完整，防止或发现并纠正错报，是本公司管理层的责任。

4. 本公司承诺，财务报表符合适用的《企业会计准则》的规定，公允反映本公司的财务状况、经营成果和现金流量情况，不存在重大错报和漏报。贵事务所在审计过程中发现的未更正错报，无论是单独还是汇总起来，对财务报表整体均不具有重大影响。未更正错报汇总表附后。

5. 本公司已向贵事务所提供了：

（1）全部财务信息和其他数据；

（2）全部重要的决议、合同、章程、纳税申报表等相关资料；

（3）全部股东会和董事会的会议记录。

6. 本公司所有经济业务均已按规定入账，不存在账外资产或未计负债。

7. 本公司认为所有与公允价值计量相关的重大假设是合理的，恰当地反映了本公司的意图和采取特定措施的能力；用于确定公允价值的计量方法符合《企业会计准则》的规定，并在使用上保持了一贯性；本公司已在财务报表中对上述事项做出恰当披露。

8. 本公司不存在导致重述比较数据的任何事项。

9. 本公司已提供所有与关联方和关联方交易相关的资料，并按《企业会计准则》的规定识别和披露了所有重大关联方交易。

10. 本公司已提供全部或有事项的相关资料。除财务报表附注中披露的或有事项外，本公司不存在其他应披露而未披露的诉讼、赔偿、承兑、担保等或有事项。

11. 除财务报表附注披露的承诺事项外，本公司不存在其他应披露而未披露的承诺事项。

12. 本公司不存在未披露的影响财务报表公允性的重大不确定事项。

13. 本公司已采取必要措施防止或发现舞弊及其他违反法规行为，未发现：

（1）涉及管理层的任何舞弊行为或舞弊嫌疑的信息；

（2）涉及对内部控制产生重大影响的员工的任何舞弊行为或舞弊嫌疑的信息；

（3）涉及对财务报表的编制具有重大影响的其他人员的任何舞弊行为或舞弊嫌疑的信息。

14. 本公司严格遵守了合同规定的条款，不存在因未履行合同而对财务报表产生重大影响的事项。

15. 本公司对资产负债表上列示的所有资产均拥有合法权利，除已披露事项外，无其他被抵押、质押资产。

16. 本公司编制财务报表所依据的持续经营假设是合理的，没有计划终止经营或破产清算。

17. 本公司已提供全部资产负债表日后事项的相关资料，除财务报表附注中披露的资产负债日后事项外，本公司不存在其他应披露而未披露的重大资产负债表日后事项。

18. 本公司管理层确信：

（1）未收到监管机构有关调整或修改报表的通知；

（2）无税务纠纷。

19. 其他事项：

注册会计师认为重要而需声明的事项，或者管理层认为必要而声明的事项。例如：

（1）本公司在银行存款或现金运用方面未受到任何限制。

（2）本公司对存货均已按照《企业会计准则》的规定予以确认和计量；受托代销商品或不属于本公司的存货均未包括在会计记录内；在途物资或由代理商保管的货物均已确认为本公司存货。

（3）本公司不存在未披露的大股东及并联方占用资金和担保事项。

安徽华泰股份有限公司（盖章）

法定代表人：（盖章）

财务负责人：（盖章）

年　月　日

二、获取律师声明书

律师声明书是被审计单位法律顾问或律师对函证问题的答复和说明。注册会计师在出具审计报告前，应向被审计单位律师索取律师声明书，以了解被审计单位的期后事项和或有事项。

律师声明书所用的格式和措辞并没有定式。单位不同或情况不同，律师出具的声明书也不相同。

注册会计师应根据该律师的职业水准和声誉情况来确定律师声明书的可靠性。如果注册会计师对代理被审计单位重大法律事务的律师并不熟悉，则应查询诸如该律师的职业背景、声誉及其在法律界的地位等情况，并考虑从律师协会获取信息。

如果律师声明书表明或暗示律师拒绝提供信息或隐瞒信息，注册会计师一般应将其视为审计范围受到限制，根据影响的严重程度表示保留意见或无法表示意见。

三、审计终结阶段

审计终结阶段是审计的最后一个阶段。注册会计师按业务循环完成各财务报表项目的审计测试和一些特殊项目的审计工作后，在审计终结阶段应汇总审计测试结果，进行更具综合性的审计工作，如评价审计中的重大发现、汇总审计差异、评价独立性和道德问题、考虑被审计单位的持续经营假设的合理性、关注或有事项和期后事项对财务报表的影响、撰写审计总结、复核审计工作底稿和财务报表等。在此基础上，注册会计师评价审计结果，与客户沟通，获取管理层声明，并确定应出具审计报告的意见类型和措辞，进而编制并致送审计报告，终结审计工作。

（一）评价审计中的重大发现

重大发现涉及会计政策的选择、运用和一贯性的重大事项，包括相关的信息披露。这些信息披露包含但不限于说明复杂的或是不常见的交易活动、会计估计和包含管理层假设在内的不确定性。

在审计终结阶段，项目合伙人（或主任会计师，下同）和审计项目组考虑的重大发现和事项包括：

(1)中期复核中的重大发现及其对审计方法的相关影响；

(2)涉及会计政策的选择、运用和一贯性的重大事项，包括相关的披露；

(3)就特别审计目标识别的重大风险，对审计策略和计划的审计程序所做的重大修正；

(4)在与管理层和其他人员讨论重大发现和事项时得到的信息；

(5)与注册会计师的最终审计结论相矛盾或不一致的信息。

注册会计师在审计计划阶段对重要性的判断，与其在评估审计差异时对重要性的判断是不同的。如果在审计终结阶段确定的修订后的重要性水平远远低于在计划阶段确定的重要性水平，注册会计师应重新评估已经获得的审计证据的充分性和适当性。重要性的任何变化都要求注册会计师重新评估重大错报上限和审计策略。

(二)汇总审计差异

在完成按业务循环进行的控制测试、交易与财务报表项目的实质性程序以及特殊项目的审计后，对审计项目组成员在审计中发现的被审计单位的会计处理方法与《企业会计准则》的不一致，即审计差异，审计项目经理应根据审计重要性原则予以初步确定并汇总，并建议被审计单位进行调整，使经审计的财务报表所载信息能够公允地反映被审计单位的财务状况、经营成果和现金流量。对审计差异的“初步确定并汇总”直至形成“经审计的财务报表”的过程，主要是通过编制审计差异调整表和试算平衡表来完成的。

1.编制审计差异调整表

审计差异按是否需要调整账户记录划分，可分为核算错误和重分类错误。

(1)核算错误是因企业对经济业务进行了不正确的会计核算而引起的错误。用审计重要性原则来衡量每一项核算错误，又可把这些核算错误区分为建议调整的不符事项和不建议调整的不符事项(即未调整不符事项)。

(2)重分类错误是因企业未按《企业会计准则》列报财务报表而引起的错误，如企业在应付账款项目中反映的预付款项、在应收账款项目中反映的预收款项等。

无论是建议调整的不符事项、重分类错误还是未调整不符事项，在审计工作底稿中通常都是以会计分录的形式反映的。由于审计中发现的错误往往不止一两项，为便于审计项目的各级负责人综合判断、分析和决定，也为了便于有效编制试算平衡表和代编经审计的财务报表，通常需要将这些建议调整的不符事项、重分类错误以及未调整不符事项分别汇总至“账项调整分录汇总表”、“重分类调整分录汇总表”与“未更正错报汇总表”。这三张汇总表的格式分别见表13－2、表13－3和表13－4。

表13－2　账项调整分录汇总表

序号	内容及说明	索引号	调整内容				被审计单位调整意见
			借方项目	借方金额	贷方项目	贷方金额	

被审计单位授权代表签字：＿＿＿＿＿＿　　日期：＿＿＿＿＿＿

表 13－3　重分类调整分录汇总表

序号	内容及说明	索引号	调整内容				被审计单位调整意见
			借方项目	借方金额	贷方项目	贷方金额	

被审计单位授权代表签字：__________　　日期：__________

表 13－4　未更正错报汇总表

序号	内容及说明	索引号	未调整内容				备注
			借方项目	借方金额	贷方项目	贷方金额	

未更正错报的影响：

结论：

被审计单位授权代表签字：__________　　日期：__________

注册会计师确定了建议调整的不符事项和重分类错误后，应以书面方式及时征求被审计单位对需要调整财务报表事项的意见。若被审计单位予以采纳，应取得被审计单位同意调整的书面确认；若被审计单位不予采纳，应分析原因，并根据未调整不符事项的性质和重要程度，确定是否在审计报告中予以反映，以及如何反映。

2. 编制试算平衡表

试算平衡表是注册会计师在被审计单位提供未审财务报表的基础上，考虑调整分录、重分类分录等内容，以确定已审数与报表披露数的表式。有关资产负债表和利润表的试算平衡表的参考格式分别见表 13－5 和表 13－6。需要说明以下几点：

（1）试算平衡表中的“期末未审数”和“审计前金额”列，应根据被审计单位提供的未审计财务报表填列。

（2）试算平衡表中的“账项调整”和“调整金额”列，应根据经被审计单位同意的“账项调整分录汇总表”填列。

（3）试算平衡表中的“重分类调整”列，应根据经被审计单位同意的“重分类调整分录汇总表”填列。

（4）在编制完试算平衡表后，应注意核对相应的勾稽关系。例如：资产负债表试算平衡表左边的“期末未审数”列合计数、“期末审定数”列合计数应分别等于其右边相应各列的合计数；资产负债表试算平衡表左边的“账项调整”列中的借方合计数与贷方合计数之差应等于右边的“账项调整”列中的贷方合计数与借方合计数之差；资产负债表试算平衡表左边的

“重分类调整”列中的借方合计数与贷方合计数之差应等于右边的“重分类调整”列中的贷方合计数与借方合计数之差。

表 13－5 资产负债表试算平衡表

项目	期末未审数	账项调整		重分类调整		期末审定数	项目	期末未审数	账项调整		重分类调整		期末审定数
		借方	贷方	借方	贷方				借方	贷方	借方	贷方	
货币资金							短期借款						
交易性金融资产							交易性金融负债						
应收票据							应付票据						
应收账款							应付账款						
预付账款							预收款项						
应收利息							应付职工薪酬						
应收股利							应交税费						
其他应收款							应付利息						
存货							应付股利						
一年内到期的非流动资产							其他应付款						
其他流动资产							一年内到期的非流动负债						
可代出售金融资产							其他流动负债						
持有至到期投资							长期借款						
长期应收款							应付债券						
长期股权投资							长期应付款						
投资性房地产							专项应付款						
固定资产							预计负债						
在建工程							递延所得税负债						
工程物资							其他非流动负债						
固定资产清理							实收资本（股本）						
无形资产							资本公积						
开发支出							盈余公积						
商誉							未分配利润						
长期待摊费用													
递延所得税资产													
其他非流动资产													
合计							合计						

表 13－6　利润表试算平衡表工作底稿

被审计单位：________　索引号：________

项目：________　财务报表截止日/期间：________

编制：________　复核：________

日期：________　日期：________

项目	审计前金额	调整金额		审定金额
		借方	贷方	
一、营业收入				
减：营业成本				
营业税金及附加				
销售费用				
管理费用				
财务费用				
资产减值损失				
加：公允价值变动损益				
投资收益				
二、营业利润				
加：营业外收入				
减：营业外支出				
三、利润总额				
减：所得税费用				
四、净利润				

（三）复核审计工作底稿和财务报表

1. 对财务报表总体合理性实施分析程序

在审计结束或临近结束时，注册会计师运用分析程序的目的是确定经审计调整后的财务报表整体是否与对被审计单位的了解一致，是否具有合理性。注册会计师应当围绕这一目的运用分析程序。

在运用分析程序进行总体复核时，如果识别出以前未识别的重大错报风险，注册会计师应当重新考虑对全部或部分交易、账户余额、披露评估的风险是否恰当，并在此基础上重新评价之前计划的审计程序是否充分，是否有必要追加审计程序。

2. 评价审计结果

注册会计师评价审计结果，主要是为了确定审计意见的类型以及在整个审计工作中是否遵循了审计准则。为此，注册会计师必须完成以下两项工作：

(1)对重要性和审计风险进行最终的评价。

对重要性和审计风险进行最终评价,是注册会计师决定发表何种类型审计意见的必要过程。该过程可通过以下两个步骤来完成:①确定可能的错报金额。可能的错报金额包括已经识别的具体错报和推断误差。②根据财务报表层次的重要性水平,确定可能的错报金额的汇总数(即可能错报总额)对整个财务报表的影响程度。应当注意的是:①这里的"财务报表层次的重要性水平"是指审计计划阶段确定的重要性水平,如果该重要性水平在审计过程中已做过修正,则应当按修正后的财务报表层次重要性水平进行比较。②这里的"可能的错报总额"一般是指各财务报表项目可能的错报金额的汇总数,但也可能包括上一期间的任何未更正可能错报对本期财务报表的影响。上一期间的未更正可能错报与本期未更正可能错报累计起来,可能会导致本期财务报表产生重大错报,因此注册会计师在估计本期的可能错报总额时,应当包括上一期间的未更正可能错报。

(2)对被审计单位已审计财务报表形成审计意见,并草拟审计报告。

在审计过程中,要实施各种测试。这些测试通常是由参与本次审计工作的审计项目组成员来执行的,而每个成员所执行的测试可能只限于某几个领域或账项,所以在每个业务循环或报表项目的测试都完成之后,审计项目经理应汇总所有成员的审计结果。

在终结审计工作阶段,为了对财务报表整体发表适当的意见,必须将这些分散的审计结果加以汇总和评价,综合考虑在审计过程中收集到的全部证据。负责该审计项目的合伙人对这些工作负有最终责任。在有些情况下,这些工作可以先由审计项目经理初步完成,然后再逐级交给部门经理和项目负责合伙人认真复核。

在对审计意见形成最后决定之前,会计师事务所通常要与被审计单位召开沟通会。在沟通会上,注册会计师可口头报告本次审计所发现的问题,并说明建议被审计单位做必要调整或表外披露的理由。当然,管理层也可以在会上申辩其立场。最后,通常会对需要被审计单位做出的改变达成协议。如达成了协议,注册会计师一般即可签发标准审计报告,否则,注册会计师则可能不得不发表其他类型的审计意见。注册会计师的审计意见是通过审计报告来反映的。

3. 实施质量控制复核

会计师事务所对特定业务应实施独立的项目质量控制复核,并在出具审计报告前完成。这种独立复核应由没有直接参加该项目的审计人员进行,客观地评价项目组做出的重大判断和在准备报告时形成的结论,以及拟出具的审计报告的适当性。

第二节　审计报告

一、审计报告概述

审计报告是指注册会计师根据《中国注册会计师审计准则》的规定,在实施审计工作的基础上对被审计单位财务报表发表审计意见的书面文件。

审计报告是注册会计师在完成审计工作后向委托人提交的最终产品，具有以下特征：

(1)注册会计师应当按照《中国注册会计师审计准则》的规定执行审计工作。

(2)注册会计师在实施审计工作的基础上才能出具审计报告。注册会计师通过实施审计程序，获取充分、适当的审计证据，得出合理的审计结论，作为形成审计意见的基础。

(3)注册会计师通过对财务报表发表审计意见履行业务约定书约定的责任。在实施审计工作的基础上，注册会计师需要对财务报表形成审计意见，并向委托人提交审计报告。无论是出具标准审计报告，还是非标准审计报告，注册会计师一旦在审计报告上签名并盖章，就表明对其出具的审计报告负责。

(4)注册会计师应当以书面形式出具审计报告。审计报告具有特定的要素和格式，注册会计师只有以书面形式出具报告，才能清楚表达对财务报表发表的审计意见。注册会计师应当将已审计的财务报表附于审计报告后。审计报告是注册会计师对财务报表合法性和公允性发表审计意见的书面文件，因此注册会计师应当将已审计的财务报表附于审计报告之后，以便于财务报表使用者正确理解和使用审计报告，并防止被审计单位替换、更改已审计的财务报表。

二、审计报告的作用

1. 鉴证作用

注册会计师签发的审计报告，是以独立的第三者身份对被审计单位财务报表的合法性、公允性发表意见。这种意见具有鉴证作用，得到了政府及其各部门和社会各界的普遍认可。

2. 保护作用

注册会计师通过审计，可以对被审计单位财务报表出具不同类型审计意见的审计报告，以提高或降低财务报表信息使用者对财务报表的信赖程度，能够在一定程度上对被审计单位的财产、债权人和股东的权益及企业利害关系人的利益起到保护作用。

3. 证明作用

审计报告是对注册会计师审计任务完成情况及其结果所做的总结，它可以表明审计工作的质量并明确注册会计师的审计责任，因此审计报告可以对审计工作质量和注册会计师的审计责任起到证明作用。

三、审计报告的类型

审计报告分为标准审计报告和非标准审计报告。

非标准审计报告是指带强调事项段或其他事项段的无保留意见的审计报告和非无保留意见的审计报告。非无保留意见的审计报告包括保留意见的审计报告、否定意见的审计报告和无法表示意见的审计报告。

第三节　标准审计报告

标准审计报告是指不含有说明段、强调事项段、其他事项段或其他任何修饰性用语的无保留意见的审计报告。

一、无保留意见的含义

无保留意见是指当注册会计师认为财务报表在所有重大方面按照适用的财务报告编制基础编制并实现公允反映时发表的审计意见。注册会计师与审计委托人都希望见到无保留意见。

二、发表无保留意见的条件

注册会计师经过审计后,如果认为财务报表同时符合下列条件,应当发表无保留意见。

1. 不存在重大错报

不存在重大错报表现在两个方面:①财务报表在所有重大方面均按照适用的财务报告编制基础编制;②财务报表在所有重大方面公允地反映了被审计单位的财务状况、经营成果和现金流量。

2. 审计范围未受到限制

注册会计师按照《中国注册会计师审计准则》的规定计划和执行了审计工作,在审计过程中未受到限制,已获取充分、适当的审计证据。

三、标准审计报告的内容与格式

(一)标题

审计报告应当具有标题,统一规范为"审计报告"。

(二)收件人

审计报告的收件人是指注册会计师按照业务约定书的要求致送审计报告的对象,一般是指审计业务的委托人。审计报告应当按照审计业务的约定载明收件人的全称,如"某某有限责任公司董事会""某某股份有限公司全体股东"。

(三)引言段

审计报告的引言段应当包括以下几方面:①指出被审计单位的名称;②说明财务报表已经审计;③指出构成整套财务报表的每一财务报表的名称;④提及财务报表附注(包括重要会计政策概要和其他解释性信息);⑤指明构成整套财务报表的每一财务报表的日期或涵盖的期间。

(四)管理层对财务报表的责任段

审计报告应当包含标题为"管理层对财务报表的责任"的段落,用以描述被审计单位中负责编制财务报表的人员的责任。管理层对财务报表的责任段应当说明,编制财务报表是管理层的责任。这种责任包括:①按照适用的财务报告编制基础编制财务报表,并使其实现公允反映;②设计、执行和维护必要的内部控制,以使财务报表不存在由于舞弊或错误导致的重大错报。

（五）注册会计师的责任段

审计报告应当包含标题为“注册会计师的责任”的段落。注册会计师的责任段应当说明下列内容：

（1）注册会计师的责任是在执行审计工作的基础上对财务报表发表审计意见。

（2）注册会计师按照《中国注册会计师审计准则》的规定执行了审计工作。《中国注册会计师审计准则》要求注册会计师遵守《中国注册会计师职业道德守则》，计划和执行审计工作，以对财务报表是否不存在重大错报获取合理保证。

（3）审计工作涉及实施审计程序，以获取有关财务报表金额和披露的审计证据。选择的审计程序取决于注册会计师的判断，包括对由于舞弊或错误导致的财务报表重大错报风险的评估。在进行风险评估时，注册会计师应考虑与财务报表编制和公允列报相关的内部控制，以设计恰当的审计程序，但目的并非对内部控制的有效性发表意见。审计工作还包括评价管理层选用会计政策的恰当性和做出会计估计的合理性，以及评价财务报表的总体列报。

（4）注册会计师相信获取的审计证据是充分、适当的，为其发表审计意见提供了基础。

（六）审计意见段

审计报告应当包含标题为“审计意见”的段落。其作用表现在两方面：①表明合法性，即财务报表是否在所有重大方面按照适用的财务报告编制基础（如《企业会计准则》等）编制；②表明公允性，即财务报表是否在所有重大方面公允反映了被审计单位的财务状况、经营成果和现金流量。

（七）注册会计师的签名和盖章

审计报告应当由两名注册会计师签名并盖章，通常是对审计项目负最终复核责任的合伙人或主任注册会计师（即审计项目负责人）和具体负责该项目的注册会计师（即审计项目经理）。

（八）会计师事务所的名称、地址和盖章

审计报告应当载明会计师事务所的名称和地址，并加盖会计师事务所公章。

（九）报告日期

审计报告应当注明报告日期。审计报告日不应早于注册会计师获取充分、适当的审计证据（包括管理层认可对财务报表的责任且已批准财务报表的证据），并在此基础上对财务报表形成审计意见的日期。

在确定审计报告日时，注册会计师应当确信已获取下列两方面的审计证据：①构成整套财务报表的所有报表（包括相关附注）已编制完成；②被审计单位的董事会、管理层或类似机构已经认可其对财务报表负责。

（十）附件

注册会计师应当将已审计的财务报表附于审计报告之后，以便于财务报表使用者正确理解和使用审计报告，并防止被审计单位替换、更改已审计的财务报表。

参考格式 13－2 审计报告

安徽华泰股份有限公司全体股东：

我们审计了后附的安徽华泰股份有限公司（以下简称华泰公司）财务报表，包括 2013 年 12 月 31 日的资产负债表，2013 年度的利润表、股东权益变动表和现金流量表以及财务报表附注。

一、管理层对财务报表的责任

编制和公允列报财务报表是华泰公司管理层的责任，这种责任包括：①按照《企业会计准则》的规定编制财务报表，并使其实现公允反映；②设计、执行和维护必要的内部控制，以使财务报表不存在由于舞弊或错误导致的重大错报。

二、注册会计师的责任

我们的责任是在执行审计工作的基础上对财务报表发表审计意见。我们按照《中国注册会计师审计准则》的规定执行了审计工作。《中国注册会计师审计准则》要求我们遵守《中国注册会计师职业道德守则》，计划和执行审计工作，以对财务报表是否不存在重大错报获取合理保证。

审计工作涉及实施审计程序，以获取有关财务报表金额和披露的审计证据。选择的审计程序取决于注册会计师的判断，包括对由于舞弊或错误导致的财务报表重大错报风险的评估。在进行风险评估时，注册会计师考虑与财务报表编制和公允列报相关的内部控制，以设计恰当的审计程序，但目的并非对内部控制的有效性发表意见。审计工作还包括评价管理层选用会计政策的恰当性和做出会计估计的合理性，以及评价财务报表的总体列报。

我们相信，我们获取的审计证据是充分、适当的，为发表审计意见提供了基础。

三、审计意见

我们认为，华泰公司的财务报表在所有重大方面均按照《企业会计准则》的规定编制，公允反映了华泰公司 2013 年 12 月 31 日的财务状况以及 2013 年度的经营成果和现金流量。

安徽大华会计师事务所	中国注册会计师：范永亮
（盖章）	（签名并盖章）
	中国注册会计师：刘圣妮
	（签名并盖章）
中国合肥市	二〇一四年×月×日

第四节 非标准审计报告

一、带强调事项段的审计报告

（一）强调事项段的含义

审计报告的强调事项段是指审计报告中含有的一个段落，该段落提及已在财务报表中恰当列报或披露的事项，根据注册会计师的职业判断，该事项对财务报表使用者理解财务报表至关重要。

（二）增加强调事项段的条件

（1）已在财务报表中列报或披露。

(2)认为对财务报表使用者理解财务报表至关重要,有必要提醒财务报表使用者关注。

(3)注册会计师已获取充分、适当的审计证据证明该事项在财务报表中不存在重大错报。

(三)增加强调事项段的可能情形

(1)异常未决诉讼或监管行动的未来结果存在不确定性。

(2)提前运用(在允许的情况下)对财务报表有广泛影响的新会计准则。

(3)存在已经或持续对被审计单位财务状况产生重大影响的特大灾难。

(四)强调事项段的内容与格式

(1)强调事项段应紧接在审计意见段之后;

(2)使用"强调事项"或其他适当标题;

(3)明确提及被强调事项以及相关披露的位置,以便能够在财务报表中找到对该事项的详细描述;

(4)指出审计意见没有因该强调事项而改变。

由于增加强调事项段是为了提醒财务报表使用者关注某些事项,并不影响注册会计师的审计意见,为了使财务报表使用者明确这一点,注册会计师应当在强调事项段中指明,该段内容仅用于提醒财务报表使用者关注,并不影响已发表的审计意见。

参考格式 13－3　审计报告

(带强调事项段的无保留意见审计报告,在意见段之后加强调事项段,其他与参考格式 13－2 相同)

我们提醒财务报表使用者关注,如财务报表附注×所述,截至财务报表批准日,XYZ 公司对 ABC 公司提出的诉讼尚在审理当中,其结果具有不确定性。本段内容不影响已发表的审计意见。

二、非无保留意见的审计报告

(一)非无保留意见的含义

非无保留意见是指保留意见、否定意见或无法表示意见。

(二)发表非无保留意见的情形

当存在下列情形之一时,注册会计师应当在审计报告中发表非无保留意见:

1. 财务报表存在重大错报

(1)管理层在会计政策选择方面的错报。例如:坏账采用直接转销法核算;发出存货成本的计量采用了会计准则已经取消的后进先出法;长期股权投资后续计量在成本法与权益法之间随意转换,以调节利润等。

(2)管理层在会计估计方面的错报。例如,没有对应收款项估计坏账损失,对固定资产折旧年限估计错误,等等。

(3)管理层对财务报表披露方面的错报。例如,没有充分、清晰地披露关联方和关联方交易,等等。

2. 审计范围受到限制

(1)客观环境造成的限制。例如,由于被审计单位存货的性质或位置特殊,导致注册会计师无法监盘存货,等等。

(2)被审计单位管理层的主观限制。例如,管理层不允许注册会计师观察存货盘点或者拒绝提供债务人的地址,导致无法对应收账款实施函证,等等。

表 13－7 列示了注册会计师对导致发生非无保留意见的事项的性质和这些事项对财务报表产生或可能产生影响的广泛性做出的判断,以及注册会计师的判断对审计意见类型的影响。

表 13－7　审计意见决策表

导致发生非无保留意见的事项的性质	这些事项对财务报表产生或可能产生影响的广泛性	
	重大但不具有广泛性	重大且具有广泛性
财务报表存在重大错报	保留意见	否定意见
无法获取充分、适当的审计证据	保留意见	无法表示意见

(三)发表保留意见

当存在下列情形之一时,注册会计师应当发表保留意见:

(1)在获取充分、适当的审计证据后,注册会计师认为错报单独或汇总起来对财务报表影响更大,但不具有广泛性。

注册会计师在获取充分、适当的审计证据后,只有当认为财务报表就整体而言是公允的但还存在对财务报表产生重大影响的错报时,才能发表保留意见。如果注册会计师认为错报对财务报表产生的影响极为严重且具有广泛性,则应发表否定意见。保留意见被视为注册会计师在不能发表无保留意见情况下最不严厉的审计意见。

(2)注册会计师无法获取充分、适当的审计证据以作为形成审计意见的基础,但认为未发现的错报(如存在)对财务报表可能产生的影响重大但不具有广泛性。

注册会计师因审计范围受到限制而发表保留意见还是无法表示意见,取决于无法获取的审计证据对形成审计意见的重要性。注册会计师在判断重要性时,应当考虑有关事项潜在影响的性质和范围及其在财务报表中的重要程度。只有当未发现的错报(如存在)对财务报表可能产生的影响重大但不具有广泛性时,才能发表保留意见。

(四)发表否定意见

在获取充分、适当的审计证据后,如果认为错报单独或汇总起来对财务报表的影响重大且具有广泛性,注册会计师应当发表否定意见。

(五)发表无法表示意见

如果无法获取充分、适当的审计证据以作为形成审计意见的基础,但认为未发现的错报(如存在)对财务报表可能产生的影响重大且具有广泛性,注册会计师应当发表无法表示意见。在极其特殊的情况下,可能存在多个不确定事项,即使注册会计师对每个单独的不确定事项获取了充分、适当的审计证据,但由于不确定事项之间可能存在相互影响以及可能对财务报表产生累积影响,注册会计师不可能对财务报表形成审计意见,这时注册会计师应当发表无法表示意见。

(六)非无保留意见的审计报告的格式和内容

1. 导致非无保留意见的事项段

(1)审计报告格式和内容的一致性。

如果对财务报表发表非无保留意见,除规定的审计报告要素外,注册会计师还应当直接在审计意见段之前增加一个段落,并使用恰当的标题,如"导致保留意见的事项"、"导致否定意见的事项"或"导致无法表示意见的事项",说明导致发表非无保留意见的事项。

(2)量化财务影响。

如果财务报表中存在与具体金额(包括定量披露)相关的重大错报,注册会计师应当在导致非无保留意见的事项段中说明并量化该错报的财务影响。举例来说,如果存货被高估,注册会计师就可以在审计报告的导致非无保留意见的事项段中说明该重大错报的财务影响,即量化其对所得税、税前利润、净利润和股东权益的影响;如果无法量化财务影响,注册会计师应当在导致非无保留意见的事项段中说明这一情况。

2. 审计意见段

(1)标题。

在发表非无保留意见时,注册会计师应当对审计意见段使用恰当的标题,如"保留意见"、"否定意见"或"无法表示意见"。审计意见段的标题能够使财务报表使用者清楚注册会计师发表了非无保留意见,并能够表明非无保留意见的类型。

(2)发表保留意见。

当由于财务报表存在重大错报而发表保留意见时,注册会计师应当根据适用的财务报告编制基础在审计意见段中说明:注册会计师认为,除了导致保留意见的事项段所述事项产生的影响外,财务报表在所有重大方面均按照适用的财务报告编制基础编制,并实现了公允反映。

当无法获取充分、适当的审计证据而导致发表保留意见时,注册会计师应当在审计意见段中使用"除……可能产生的影响外"等措辞。

当注册会计师发表保留意见时,在审计意见段中使用"由于上述解释"或"受……影响"等措辞是不恰当的,因为这些措辞不够清晰或没有足够的说服力。

(3)发表否定意见。

当发表否定意见时,注册会计师应当根据适用的财务报告编制基础在审计意见段中说明:注册会计师认为,由于导致否定意见的事项段所述事项的重要性,财务报表没有在所有重大方面按照适用的财务报告编制基础编制,未能实现公允反映。

(4)发表无法表示意见。

当由于无法获取充分、适当的审计证据而发表无法表示意见时,注册会计师应当在审计意见段中说明:由于导致无法表示意见的事项段所述事项的重要性,注册会计师无法获取充分、适当的审计证据以为发表审计意见提供基础，因此注册会计师不对这些财务报表发表审计意见。

3. 非无保留意见对审计报告要素内容的修改

当发表保留意见或否定意见时，注册会计师应当修改对注册会计师责任的描述，以说明：注册会计师相信，注册会计师已获取的审计证据是充分、适当的，为发表非无保留意见提供了基础。

当发表无法表示意见时，在引言段不能用“我们审计了”，应当删除注册会计师的责任段，在意见段之前增加说明段，说明导致无法表示意见的原因。

（七）非无保留意见的审计报告的参考格式

1. 由于财务报表存在重大错报而出具保留意见的审计报告（见参考格式 13－4）

2. 由于财务报表存在重大错报而出具否定意见的审计报告（见参考格式 13－5）

3. 由于注册会计师无法获取充分、适当的审计证据而出具保留意见的审计报告（见参考格式 13－6）

4. 由于注册会计师无法针对财务报表多个要素获取充分、适当的审计证据而出具无法表示意见的审计报告（见参考格式 13－7）

参考格式 13－4 审计报告

安徽华泰股份有限公司全体股东：

我们审计了后附的安徽华泰股份有限公司（以下简称华泰公司）财务报表，包括 2013 年 12 月 31 日的资产负债表，2013 年度的利润表、现金流量表和股东权益变动表以及财务报表附注。

一、管理层对财务报表的责任

编制和公允列报财务报表是华泰公司管理层的责任，这种责任包括：①按照《企业会计准则》的规定编制财务报表，并使其实现公允反映；②设计、执行和维护必要的内部控制，以使财务报表不存在由于舞弊或错误导致的重大错报。

二、注册会计师的责任

我们的责任是在执行审计工作的基础上对财务报表发表审计意见。我们按照《中国注册会计师审计准则》的规定执行了审计工作。《中国注册会计师审计准则》要求我们遵守职业道德守则，计划和执行审计工作，以对财务报表是否不存在重大错报获取合理保证。

审计工作涉及实施审计程序，以获取有关财务报表金额和披露的审计证据。选择的审计程序取决于注册会计师的判断，包括对由于舞弊或错误导致的财务报表重大错报风险的评估。在进行风险评估时，注册会计师考虑与财务报表编制和公允列报相关的内部控制，以设计恰当的审计程序，但目的并非对内部控制的有效性发表意见。审计工作还包括评价管理层选用会计政策的恰当性和做出会计估计的合理性，以及评价财务报表的总体列报。

我们相信，我们获取的审计证据是充分、适当的，为发表保留意见提供了基础。

三、导致保留意见的事项

华泰公司 2013 年 12 月 31 日的资产负债表中存货的列示金额为 × 元，管理层根据成本对存货进行计量，而没有根据成本与可变现净值孰低的原则进行计量，这不符合《企业会计准则》的规定。华泰公司的会计记录显示，如果管理层以成本与可变现净值孰低来计量存货，存货列示金额将减少 × 元，相应地，资产减值损失将增加×元,所得税、净利润和股东权益将分别减少×元、×元和×元。

四、保留意见

我们认为,除"三、导致保留意见的事项"段所述事项产生的影响外,华泰公司财务报表在所有重大方面均按照《企业会计准则》的规定编制,公允反映了华泰公司2013年12月31日的财务状况以及2013年度的经营成果和现金流量。

(本部分报告的格式和内容,取决于相关法律法规对其他报告责任的规定)

安徽大华会计师事务所　　　　　　　　　　中国注册会计师:范永亮

(盖章)　　　　　　　　　　　　　　　　（签名并盖章）

中国注册会计师:刘圣妮

（签名并盖章）

中国合肥市　　　　　　　　　　　　　　二〇一四年×月×日

参考格式13-5　审计报告

安徽华泰股份有限公司全体股东:

我们审计了后附的安徽华泰股份有限公司(以下简称华泰公司)的合并财务报表,包括2013年12月31日的合并资产负债表,2013年度的合并利润表、合并现金流量表和合并股东权益变动表以及财务报表附注。

一、管理层对合并财务报表的责任

编制和公允列报合并财务报表是华泰公司管理层的责任,这种责任包括:①按照《企业会计准则》的规定编制合并财务报表,并使其实现公允反映;②设计、执行和维护必要的内部控制,以使合并财务报表不存在由于舞弊或错误导致的重大错报。

二、注册会计师的责任

我们的责任是在执行审计工作的基础上对合并财务报表发表审计意见。我们按照《中国注册会计师审计准则》的规定执行了审计工作。《中国注册会计师审计准则》要求我们遵守职业道德守则,计划和执行审计工作,以对合并财务报表是否不存在重大错报获取合理保证。

审计工作涉及实施审计程序,以获取有关合并财务报表金额和披露的审计证据。选择的审计程序取决于注册会计师的判断,包括对由于舞弊或错误导致的合并财务报表重大错报风险的评估。在进行风险评估时,注册会计师考虑与合并财务报表编制和公允列报相关的内部控制,以设计恰当的审计程序,但目的并非对内部控制的有效性发表意见。审计工作还包括评价管理层选用会计政策的恰当性和做出会计估计的合理性,以及评价合并财务报表的总体列报。

我们相信,我们获取的审计证据是充分、适当的,为发表否定意见提供了基础。

三、导致否定意见的事项

如财务报表附注×所述,2013年华泰公司通过非同一控制下的企业合并获得对XYZ公司的控制权,因未能取得购买日XYZ公司某些重要资产和负债的公允价值,故未将XYZ公司纳入合并财务报表的范围,而是按成本法核算对该公司的股权投资。华泰公司的这项会计处理不符合《企业会计准则》的规定。如果将XYZ公司纳入合并财务报表的范围,华泰公司合并财务报表的多个报表项目将受到重大影响,但我们无法确定未将XYZ公司纳入合并范围对财务报表产生的影响。

四、否定意见

我们认为,由于"三、导致否定意见的事项"段所述事项的重要性,华泰公司的合并财务报表没有在所有重大方面按照《企业会计准则》的规定编制,未能公允反映华泰公司及其子公司2013年12月31日的财务状况以及2013年度的经营成果和现金流量。

安徽大华会计师事务所　　　　　　　　　　中国注册会计师：范永亮
（盖章）　　　　　　　　　　　　　　　　（签名并盖章）
　　　　　　　　　　　　　　　　　　　　中国注册会计师：刘圣妮
　　　　　　　　　　　　　　　　　　　　（签名并盖章）
中国合肥市　　　　　　　　　　　　　　　二〇一四年×月×日

参考格式 13-6　审计报告

安徽华泰股份有限公司全体股东：

我们审计了后附的安徽华泰股份有限公司（以下简称华泰公司）财务报表，包括2013年12月31日的资产负债表，2013年度的利润表、现金流量表和股东权益变动表以及财务报表附注。

一、管理层对财务报表的责任

编制和公允列报财务报表是华泰公司管理层的责任，这种责任包括：①按照《企业会计准则》的规定编制财务报表，并使其实现公允反映；②设计、执行和维护必要的内部控制，以使财务报表不存在由于舞弊或错误导致的重大错报。

二、注册会计师的责任

我们的责任是在执行审计工作的基础上对财务报表发表审计意见。我们按照《中国注册会计师审计准则》的规定执行了审计工作。《中国注册会计师审计准则》要求我们遵守职业道德守则，计划和执行审计工作，以对财务报表是否不存在重大错报获取合理保证。

审计工作涉及实施审计程序，以获取有关财务报表金额和披露的审计证据。选择的审计程序取决于注册会计师的判断，包括对由于舞弊或错误导致的财务报表重大错报风险的评估。在进行风险评估时，注册会计师考虑与财务报表编制和公允列报相关的内部控制，以设计恰当的审计程序，但目的并非对内部控制的有效性发表意见。审计工作还包括评价管理层选用会计政策的恰当性和做出会计估计的合理性，以及评价财务报表的总体列报。

我们相信，我们获取的审计证据是充分、适当的，为发表保留意见提供了基础。

三、导致保留意见的事项

如财务报表附注×所述，华泰公司于2013年取得了XYZ公司30%的股权，因能够对XYZ公司施加重大影响，故采用权益法核算该项股权投资，于2013年度确认对XYZ公司的投资收益为×元，截至2013年12月31日该项股权投资的账面价值为×元。由于我们未被允许接触XYZ公司的财务信息、管理层和执行XYZ公司审计的注册会计师，我们无法就该项股权投资的账面价值以及华泰公司确认的2013年度对XYZ公司的投资收益获取充分、适当的审计证据，也无法确定是否有必要对这些金额进行调整。

四、保留意见

我们认为，除"三、导致保留意见的事项"段所述事项可能产生的影响外，华泰公司财务报表在所有重大方面均按照《企业会计准则》的规定编制，公允反映了华泰公司2013年12月31日的财务状况以及2013年度的经营成果和现金流量。

安徽大华会计师事务所　　　　　　　　　　中国注册会计师：范永亮
（盖章）　　　　　　　　　　　　　　　　（签名并盖章）
　　　　　　　　　　　　　　　　　　　　中国注册会计师：刘圣妮
　　　　　　　　　　　　　　　　　　　　（签名并盖章）
中国合肥市　　　　　　　　　　　　　　　二〇一四年×月×日

参考格式 13 – 7　审计报告

安徽华泰股份有限公司全体股东：

我们接受委托，审计后附的安徽华泰股份有限公司（以下简称华泰公司）财务报表，包括 2013 年 12 月 31 日的资产负债表，2013 年度的利润表、现金流量表和股东权益变动表以及财务报表附注。

一、管理层对财务报表的责任

编制和公允列报财务报表是华泰公司管理层的责任，这种责任包括：①按照《企业会计准则》的规定编制财务报表，并使其实现公允反映；②设计、执行和维护必要的内部控制，以使财务报表不存在由于舞弊或错误导致的重大错报。

二、导致无法表示意见的事项

我们于 2014 年 1 月接受华泰公司的审计委托，因而未能对华泰公司 2013 年年初金额为 × 元的存货和年末金额为 × 元的存货实施监盘程序。此外，我们也无法实施替代审计程序获取充分、适当的审计证据。华泰公司于 2013 年 9 月采用新的应收账款电算化系统，由于存在系统缺陷导致应收账款出现大量错误。截至审计报告日，管理层仍在纠正系统缺陷并更正错误，我们也无法实施替代审计程序，以对截至 2013 年 12 月 31 日的应收账款总额 × 元获取充分、适当的审计证据。基于以上所述，我们无法确定是否有必要对存货、应收账款以及财务报表其他项目做出调整，也无法确定应调整的金额。

三、无法表示意见

由于"二、导致无法表示意见的事项"段所述事项的重要性，我们无法获取充分、适当的审计证据以为发表审计意见提供基础，因此我们不对华泰公司财务报表发表审计意见。

安徽大华会计师事务所　　　　　　　　　　　　中国注册会计师：范永亮
（盖章）　　　　　　　　　　　　　　　　　　（签名并盖章）
　　　　　　　　　　　　　　　　　　　　　　中国注册会计师：刘圣妮
　　　　　　　　　　　　　　　　　　　　　　（签名并盖章）
中国合肥市　　　　　　　　　　　　　　　　　二〇一四年 × 月 × 日

本章小结

本章阐述了管理层声明书、律师声明书的主要内容、审计终结阶段的工作流程，以及审计报告的作用和类型。

审计终结阶段是审计的最后一个阶段。在审计终结阶段，应汇总审计测试结果，进行更具综合性的审计工作。在此基础上，注册会计师评价审计结果、与客户沟通、获取管理层声明，并确定应出具审计报告的意见类型和措辞，进而编制并致送审计报告，终结审计工作。

审计报告是指注册会计师根据《中国注册会计师审计准则》的规定，在实施审计工作的基础上对被审计单位财务报表发表审计意见的书面文件。

审计报告分为标准审计报告和非标准审计报告。

标准审计报告是指不含有说明段、强调事项段、其他事项段或其他任何修饰性用语的无保留意见的审计报告。

非标准审计报告是指带强调事项段或其他事项段的无保留意见的审计报告和非无保留意见的审计报告。非无保留意见的审计报告包括保留意见的审计报告、否定意见的审计报告和无法表示意见的审计报告。

思考与练习

一、单项选择题

1. A 与 B 注册会计师于 2013 年 2 月 8 日进驻甲公司审计其 2012 年度财务报表。3 月 10 日,注册会计师与甲公司进行沟通,3 月 15 日甲公司正式签署 2012 年度财务报表,3 月 20 日对外公布其财务报表,通常情况下,审计报告日是(　　)。

A. 2013 年 2 月 8 日　　B. 2013 年 3 月 10 日

C. 2013 年 3 月 15 日　　D. 2013 年 3 月 20 日

2. 由于未能取得充分、适当的审计证据,注册会计师对被审计单位财务报表整体不能发表意见,应当(　　)。

A. 拒绝接受委托　　B. 拒绝提供审计报告

C. 出具无法表示意见的审计报告　　D. 出具否定意见的审计报告

3. 审计报告的说明段省略时,则注册会计师发表了(　　)。

A. 否定意见　　B. 保留意见　　C. 无保留意见　　D. 无法表示意见

4. 下列书面文件中,注册会计师认为可以作为书面声明的是(　　)。

A. 董事会会议纪要　　B. 财务报表副本

C. 管理层建议书　　D. 内部法律顾问出具的法律意见书

5. 审计报告的日期可能为(　　)。

A. 财务报表截止日　　B. 董事会正式批准的财务报表日

C. 审计业务约定书签定日　　D. 审计报告完稿日期

6. 会计师事务所对某股份有限公司的财务报表进行审计,审计报告的收件人应为(　　)。

A. 全体职工　　B. 全体股东　　C. 董事会　　D. 董事长

7. 注册会计师出具无保留意见的审计报告,如果认为必要,可以在(　　)增加强调事项段,对重大事项加以说明。

A. 引言段之后　　B. 意见段之后

C. 意见段之前　　D. 审计报告附注中

8. 注册会计师在出具保留意见、否定意见或无法表示意见的审计报告时,应在(　　)增加说明段,说明所持意见的理由。

A. 意见段之前　　B. 意见段之后

C. 引言段之前　　D. 引言段之后

9. 注册会计师在出具保留意见、否定意见或无法表示意见的审计报告时,应在意见段之前增加说明段,说明所持意见的全部理由,并在可能的情况下指出其对(　　)的影响程度。

A. 审计意见　　B. 财务报表

C. 审计风险　　D. 被审计单位现金流量

10. 在我国,注册会计师的审计报告的标题统一为(　　)。

A. 会计师事务所审计报告　　B. 查账报告

C. 审计报告　　D. 注册会计师审计报告

二、多项选择题

1. 审计报告的引言段主要说明(　　)。

A. 被审计单位的名称

B. 财务报表已经过审计

C. 构成整套财务报表的每张报表的名称、日期和涵盖的期间

D. 提及财务报表附注

2. 审计意见的基本类型有(　　)。

A. 无保留意见　　B. 否定意见

C. 保留意见　　D. 无法表示意见

3. 出现下列(　　)情形之一,且不影响已发表的意见,注册会计师可能在意见段之后增加强调事项段。

A. 存在未决诉讼

B. 存在可能对财务报表产生重大影响的不确定事项

C. 提前应用(在允许的情况下)对财务报表有广泛影响的新会计准则

D. 存在已经或者持续对被审计单位财务状况产生重大影响的特大灾难

4. 审计范围受到限制可能是(　　)。

A. 客观环境造成的　　B. 审计成本过高造成的

C. 管理层造成的　　D. 审计抽样造成的

5. 下列情况中,注册会计师应当发表保留意见或无法表示意见的有(　　)。

A. 因审计范围受到被审计单位限制,注册会计师无法对可能存在的对财务报表产生重大影响的错误与舞弊获取充分、适当的审计证据

B. 因审计范围受到被审计单位限制,注册会计师无法对可能对财务报表产生重大影响的违反或可能违反法规行为获取充分适当的审计证据

C. 注册会计师无法确定已发现的错误与舞弊对财务报表的影响程度

D. 被审计单位管理层拒绝就对财务报表具有重大影响的事项提供必要的书面声明,或拒绝就重要的口头声明予以书面确认

6. 下列情况中,注册会计师可能对K公司的财务报表出具无法表示意见的审计报告的有(　　)。

A. K公司管理层拒绝向注册会计师出具管理层声明书

B. 在存在疑虑的情况下,注册会计师不能就K公司持续经营假设的合理性获取必要的审计证据

C. 审计范围受到限制

D. K公司财务报表整体上没有按照《企业会计准则》进行编制

三、判断题

1. 注册会计师明知应当出具否定意见的审计报告时，为了规避风险，可以用无法表示意见的审计报告代替。（　　）

2. 将财务报表与审计报告一同提交给财务报表使用者，可以减少被审计单位管理层对财务报表真实性、合法性所负的责任。（　　）

3. 审计报告的日期为审计报告完稿日期。（　　）

4. 因审计范围受到限制，未能取得充分、适当的审计证据，未发现的错报可能影响重大但不广泛，则注册会计师应当发表保留意见。（　　）

5. 由于审计范围受到被审计单位管理层或客观环境的限制，不能获取必要的审计证据，以致无法对财务报表整体反映发表意见时，注册会计师应当出具否定意见的审计报告。（　　）

四、案例分析题

1. 安徽大华会计师事务所的注册会计师范永亮带领项目组已于2013年4月10日完成了对安徽华泰股份有限责任公司2012年度财务报表的审计工作，获取了充分、适当的审计证据。主任会计师刘圣妮复核了底稿。注册会计师确定的财务报表层次重要性水平为5万元。在审计过程中，发现以下问题：

（1）2012年12月，预付2013年财产保险费0.5万元，全部做当月管理费用处理。该公司没有接受注册会计师的调整建议。

（2）2012年1月，从二级市场购入10万元股票，将其列入管理费用账户，造成资产、利润、所得税反映失实。注册会计师提出了调整建议，该公司拒绝采纳。

（3）该公司管理层拒绝注册会计师参加存货盘点，该存货占总资产的50%，注册会计师无法对存货运用替代审计程序。

要求：

（1）针对发现的问题，分别说明注册会计师应发表何种审计意见，并简要说明理由。

（2）假如只存在第一个问题，试编写一份审计报告。

2. 安徽大华会计师事务所注册会计师对安徽华泰股份有限公司2012年度财务报表进行了审计，于2013年2月28日完成了审计工作，获取了充分、适当的审计证据。2013年3月5日审计报告完稿。A为项目经理，B为负责该项目的合伙人。注册会计师确定的财务报表层次重要性水平为10万元。复核底稿时发现：该公司对年度应调整的应收账款500万元做了调整，但对注册会计师提出调整建议的其他应收款2万元未予调整；该公司对机器设备计提折旧以前一直采用平均年限法，由于行业技术进步较快，自2012年1月1日起改为加速折旧法，此项变更已在财务报表附注中做了说明。

要求：

（1）上述事项是否会对审计意见类型产生影响，请简要说明理由。

（2）编写一份审计报告。